VALUE

기업가치란 무엇인가

VALUE
기업가치란 무엇인가

고봉찬 옮김

McKinsey & Company

Tim Koller • Richard Dobbs • Bill Huyett

차례
Contents

저자 소개 ix
저자 서문 xi
감사의 글 xv
역자 서문 xix

1부 가치의 4대 원칙

1장 가치가 왜 중요한가? 3

많은 기업들이 가치창출이라는 명목으로 기업 가치를 구성하는 의사결정을 해 나간다. 그러나 용기와 독립심을 지닌 경영자야말로 기업재무의 4가지 핵심원칙을 적용하여 지속적인 가치창출로 향하는 건전한 의사결정을 내릴 수 있다.

2장 가치의 핵심 15

자본수익률과 성장률은 가치창출의 두 견인차이지만, 이 두 가지가 똑같이 중요한 것은 아니다. 어떤 경우에는 자본수익률을 높이는 것이 더 중요한 반면, 또 다른 경우에는 성장률을 가속화하는 것이 더 중요하다.

3장 가치보존 29

당신은 가치 환상에 빠질 수도 있고 실제 가치를 창출할 수도 있다. 인수합병이나 금융공학 설계는 가치를 창출할 수도 있지만 그렇지 못한 경우도 많다. 재무 파이를 어떻게 나누더라도, 오직 현금흐름을 증진하는 것만이 가치를 창출한다.

4장 기대 쳇바퀴 41

어느 기업도 주식시장의 기대를 지속적으로 초과할 수 없다. 기업의 성과가 기대를 초과했을 때, 시장의 기대도 상승한다. 결국 늘 좋은 성과를 유지해야 한다는 부담감으로 작용한다. 이러한 쳇바퀴 현상은 고성과 기업의 주가가 때때로 꺾이거나, 반대로 저성과 기업의 주가가 상승하는 이유를 설명해준다.

5장 최상의 소유자 51

어떤 기업도 객관적이고 태생적인 가치를 타고나지 않는다. 어떤 목표 사업은 그 사업 소유자의 현금흐름 창출 능력에 따라 그 소유자에게 일정한 가치가 있고, 또 다른 잠재 소유자에게 추가적인 가치가 있을 수 있다.

2부 주식시장

6장 주식시장 참여자는 누구인가? 63

일반적으로 투자자들을 성장 투자자와 가치 투자자로 나누지만, 이러한 구분은 잘못된 것이다. 투자자들을 더 직관적으로 구분하는 방법이 존재하며, 그에 따라 가치지향적인 경영진에게 가장 중요한 투자자들을 추려낼 수 있다.

7장 주식시장과 실물경제 73

일반적으로 주식시장의 성과와 실물경제는 서로 조화되어 있지만, 그렇다고 완벽하지는 않다. 이 점을 이해하는 경영진과 투자자들은 가치지향적 의사결정을 더 효과적으로 내리게 된다.

8장 주식시장 버블 89

주식시장 전체의 버블은 드물고, 특정 산업이나 회사에 한정되는 경우가 보통이다. 버블이 왜 그리고 언제 발생하는지를 안다면, 경영자들은 회사의 내재가치에 근거한 건전한 전략적 의사결정을 내리는 데 집중할 수 있다.

9장 이익조정 105

이익변동을 완만하게 보이게 하려는 시도는 바보들의 게임으로서 역효과를 가져와 어떤 경우에는 가치를 파괴할 수도 있다. 장기적인 가치를 창출하기 위해서는 단기적인 이익을 희생하는 결정이 필요할 때가 있다.

3부 가치창출 경영

10장 자본수익률 121

한 기업이 매력적인 산업구조와 명확한 경쟁우위를 지니지 못한다면 높은 자본수익률을 지속할 수 없다. 그런데도 기업의 자본수익률을 이끌어내는 경쟁우위를 정확하게 지적해낼 수 있는 경영진이 그리 많지 않다는 사실은 놀라운 일이다.

11장 성장 141

성장 없이 가치를 창출하기는 어렵지만, 성장 하나만으로 가치를 창출할 수 있는 것은 아니다. 중요한 것은 기업의 성장 유형이 어떤 것이고, 그 성장에 따르는 수익률이 얼마나 되느냐이다.

12장 사업 포트폴리오 155

한 기업의 운명은 대체로 그 기업이 소유하는 사업들과 함께 하며, 사업 포트폴리오의 적극적인 관리가 소극적 관리보다 우월한 성과를 보인다. 때로는 고성과의 사업들도 매각함으로써 가치를 창출할 수 있다.

13장 인수합병 173

대부분의 인수합병은 가치를 창출하지만, 일반적으로 인수기업의 주주들은 그 창출된 가치의 일부분만 얻고, 대부분은 인수대상 기업의 주주들에게 돌아간다. 그렇지만 인수기업이 가치를 창출할 수 있는 인수합병의 전형적인 방법들도 존재한다.

14장 위험 187

사업에 있어서 위험관리의 필요성은 분명히 존재하지만 매우 복잡하다. 위험관리는 기업, 이사진, 투자자, 의사결정권자에게 대단히 중요하기 때문에 그 필요성은 분명하다. 또한 이들 각 그룹이 서로 다른 관점을 갖고 있기 때문에 위험관리는 매우 복잡하다.

15장 자본구조 201

자본구조를 적정하게 유지하는 것은 중요하지만, 이것 자체가 가치를 창출하지는 못한다. 그러나 잘못된 자본구조는 막대한 가치를 파괴할 수도 있다. 재무구조와 관련해서는 가능하면 단순하게 유지하는 것이 최선이다.

16장 투자자 소통 213

바람직한 투자자 소통은 기업의 주가가 내재가치와 일치하도록 해준다. 그리고 투자자 소통은 일방적인 것만이 아니다: 경영진은 회사에 대해 투자자들에게 알려주는 만큼 올바른 투자자들의 의견을 경청하는 것도 필요하다.

17장 가치창출을 위한 경영 227

단기적인 재무성과와 장기적인 가치창출 사이에서 성공적인 경영을 하기란 쉽지 않다. 특히 복잡한 대기업의 경우가 그렇다. 그 비결은 당신의 경영과정들을 세분화하고 투명화함으로써 복잡한 것들을 뚫고 나가는 것이다.

부록 A. 가치 공식 241

부록 B. 이익배수의 올바른 사용 245

찾아보기(한글) 249

찾아보기(영문) 251

역자 소개 255

저자 소개
About the Authors

McKinsey & Company는 경영컨설팅 회사로서, 선도적인 사기업, 공기업, 사회부문 조직들이 각각 차별적이고 지속적으로 더 나은 성과를 거두도록 지원하고 있다. 지난 70년간 회사의 가장 핵심적인 목표에는 변함이 없었다: 상부 경영진이 직면하는 주요 이슈들에 대하여 가장 신뢰도 있는 외부의 자문 서비스를 제공하는 것이다. McKinsey는 50여 개국의 90여 개 사무소에 배치된 컨설턴트들을 활용하여 기업의 전략, 영업, 조직, 재무, 기술적 이슈들에 대하여 자문을 제공한다. McKinsey는 대부분의 주요 산업 및 기업의 핵심 기능에 대하여 광범위한 경험을 보유하고 있다.

McKinsey는 고객 기업들을 자문할 때, 기업재무 업무를 전략 및 위험 업무와 더불어 해당 산업에 대한 통찰력 및 McKinsey의 글로벌 입지와 독점적인 지식을 독특하게 통합하여 적용한다. 이러한 업무들은 고객 기업들이 기업 포트폴리오 방향을 설정하고, 투자안의 위험을 관리하고, 효과적인 가치경영 능력을 배양하는 데 도움을 준다.

Tim Koller는 McKinsey 뉴욕 사무소의 파트너이며, 기업성과센터(Corporate Performance Center)의 대표를 역임하는 동시에 글로벌 기업재무업무의 리더십 그룹 멤버이다. McKinsey 뉴욕과 암스테르담에서 25년간의 컨설팅 업무 동안, Tim은 전세계의 고객 기업들을 대상으로 기업전략과 자본시장, 인수합병, 가치지향 경영에 관한 자문을 제공해왔다. 그는 '기업가치평가'(Valuation: Measuring and Managing the Value of Companies)의 공저자로서, 현재 5판은 전세계의 은행, 기업, 일류 경영대학들에서 권위 있는 교재로 사용되고 있다. Tim은 McKinsey의 가치평가와 자본시장 연구팀을 지휘하고 있다. McKinsey에 합류하기 전에 Stern Stewart & Company와 Mobil Corporation에서 재직하였고, University of Chicago에서 MBA 학위를 취득하였다.

Richard Dobbs는 McKinsey 서울 사무소의 파트너이며, 회사의 경영과 경제연구 부문인 McKinsey 글로벌 연구소(McKinsey Global Institute)의 소장을 역임하고 있다. 그 이전에 Richard는 McKinsey의 기업재무업무의 R&D를 감독하는 업무를 수행했다. 1988년에 런던에서 McKinsey에 합류한 이후, 전세계의 고객 기업들을 대상으로 기업전략과 자본시장, 인수합병, 가치지향 경영에 관한 자문을 제공해왔다. 그는 Oxford University를 졸업한 후, Oxford의 Saïd Business School의 부연구원을 지냈고, Fulbright Scholar로서 Stanford Graduate School of Business에서 MBA 학위를 취득하였다.

Bill Huyett는 McKinsey 보스톤 사무소의 파트너이며, 회사의 전략, 기업재무, 헬스케어 업무의 주임을 맡고 있다. 보스톤, 취리히, 워싱턴에서 23년간의 컨설팅 업무 동안, 전세계 고객 기업들을 대상으로 제품개발, 인수합병, 기업 리더십에 관한 자문을 제공해왔다. McKinsey에 합류하기 전에, Bill은 전자산업에서 다양한 분야의 관리직을 지냈다. 그는 University of Virginia에서 전자공학과 컴퓨터공학을 전공했으며, MBA 학위를 취득했다.

저자 서문

Preface

대부분의 경영진들은 주주들의 가치를 창출하는 방법을 잘 알고 있다. 경험을 통해서 또는 관찰이나 직관을 통해서 그들은 개인적으로 풍부한 지혜를 쌓아 왔으며, 이러한 지혜는 어느 정도의 운과 함께 올바른 길을 선택하는 데 도움을 준다.

그러나 이것을 직시하자: 그러한 지혜가 항상 보편적인 것은 아니다. 실제로 2008년의 금융위기 이전에는 가장 전문적인 조직에서조차 재무적 신화나 유행, 오해가 얼마나 쉽게 지혜를 압도하는가를 보여주었다.

경영진은 쉽지 않은 경험을 했다. 기업의 주가와 기본적인 경제적 가치가 비교적 조화되어 있는 시기에 주주들이 터무니 없이 높은 수익률을 기대할 경우 이에 흔들리지 않고 버티는 것은 매우 힘들다. 2008년에 경쟁업체들의 이익이 겉보기에도 무분별하게 급증할 때, 또는 인터넷 버블 시기에 주가가 전례 없이 지속할 수 없는 수준에 도달할 때, 경영진이 기본 원칙을 고수하는 것은 더욱 힘들었다.

그런 기간 중에는 새로운 경제 이론들이 우리를 유혹한다. 이러한 이론들은 지난 100년 이상 진리로 받아들여진 재무원칙에서 보면 심하게 모순되어 보이지만, 이들은 저널리스트와 트레이더, 이사진, 투자자, 경영진의 관심을 불러일으킨다.

이러한 희망사항에 불과한 사건들은 가치창출을 위한 불변의 원칙들을 오히려 더욱 강화해주었다. 우리가 **기업재무의 핵심원칙**(the cornerstones of corporate finance)이라고 부르는 네 가지 원칙들은 기업이 고객의 요구를 만족시키면서 투자자들에게 믿을만한 수익률을 가져다 주기 위해 존재한다는 논리에서부터 시작된다. 이들 핵심원칙들은 경영진이 전략과 인수합병, 예산, 재무정책, 기술, 성과측정에 관한 의사결정을 하는 데 있어서 시장과 경제 및 산업이 변화하더라도 그 근간이 되는 기초를 구성한다.

기능별, 사업별 또는 기업의 책임을 지는 경영진이 이러한 핵심원칙을 무시하게 되면, 기업가치를 잠식하는 의사결정을 하게 되거나 완전한 기업실패를 낳게 된다. 이에 대해 두 가지 예를 들어보자.

첫째, 레버리지이다: 2007년과 2008년에 시장이 과열됨에 따라 많은 금융회사의 정통한 경영진들은 레버리지가 단순히 가치를 재배분하는 게 아니라 가치를 창출하는 데 사용될 수 있다고 생각했다. 이러한 오해는 핵심원칙들과 모순되는 것이다. 레버리지는 회계적 이익을 신속히 만들어내는 방법이 되지만, 이것은 단순히 현금흐름에 대한 청구권을 재배열할 뿐이고 위험을 증가시키기 때문에 기업이나 경제 전체에 실질적인 가치를 부가하지 않는다.

둘째, 변동성이다: 어떤 이들은 기업이 안정적이고 예측 가능한 이익성장률을 거둘 때 더 가치가 높아진다고 말한다. 이것 또한 핵심원칙들과는 무관한 가정이다. 실제로 가장 정교한 투자자들도 – 경영진에게 가장 중요한 투자자들 – 회사의 통제 범위를 넘는 경제역학의 변화에 기인하는 이익 변동성은 예상할 수 있다. 이와 관련하여 주당이익에 대한 가이던스를 제공하는 것과 이런 활동에 소비되는 경영자의 많은 시간이 투자자들에게 가치 있다고 하는 믿음인데, 이것에 대한 실증적인 증거도 명확하지 않다.

이러한 오해들이 서로 복잡하게 얽히면서 재무성과가 경제이론과 실제 자료를 반영하는 과정에서 괴리가 발생한다. 이러한 괴리는 최고 경영자의 사업전략과 투자에 대한 판단을 흐리게 할 수 있다. 예를 들어 기초 경제학에 의하면 자본비용 이상의 수익률은 경쟁에 의해 사라지게 된다. 그러나 실제 자료에서는 어떤 기업들은 경쟁업체나 신규 진입자에 대해 면역된 사업모델을 활용하여 우월한 수익률을 지속적으로 얻고 있음을 볼 수 있다.

우리는 컨설팅업무를 진행하는 과정에서 일반 관리자와 기능조직 리더들의 재무적 능력이 불균형적으로 개발되어 있음을 발견한다. 이들 리더들은 그들의 재무 지식을 핵심원칙들에 근거하여 배우지 않았기 때문에, "우리는 매출보다 더 빠른 이익 성장이 필요하다"와 같이 너무나 단순화된 푸념만을 반복하곤 한다. 또는 그러한 근거 없는 재무 지식은 자본생산성이나 성장률을 희생하면서도 주당이익을 너무나 과도하게 강조한 탓에 기인하는 것이기도 하다.

우리가 이러한 오해, 재무와 경제학의 괴리, 재무 지식의 불균형적 개발들을 모두 함께 고려할 때, 영구적인 원칙들에서 벗어나는 의사결정들의 근원을 이해하게 된다. 즉 미디어의 목소리도 종종 명백하지 못하며, 어떤 것이 가치를 구축하고 어떤 것이 그렇지 않은지에 대한 투자자들의 의견도 분분하고, 트레이더는 개별 기업 또는 전체 섹터의 주가를 무리하게 올리거나 내림으로써 더욱 혼동을 초래한다.

기업재무의 네 가지 핵심원칙들을 내재화하고, 이들이 실물경제 및 주식시장(또는 개별 소유자의 기대)과 어떠한 관계를 갖는지 이해하고, 기업 전체에 이들 원칙을 적용할 용기를 갖는 것은 중요한 이점을 가져다 줄 것이며 손해 볼 것은 거의 없다. 적어도 네 가지 핵심원칙들은 경영진이 가치창출을 해치는 전략, 재무, 사업 의사결정을 하지 못하도록 할 수 있다. 또한 이들 핵심원칙들은 경영진, 이사진, 투자자, 은행가, 언론 사이에서 더 건설적이고 가치지향적인 논의를 장려하여, 지속적인 기업가치를 구축하는 용감한 의사결정이 가능하도록 해줄 것이다.

이러한 목적을 위해 우리는 이 책을 당신에게 권한다.

우리의 바램은 경영진이 전략을 수립하고, 의사결정을 하고, 차기 리더를 구축하는 과정을 개선하는 데 있어서 이 책이 촉매 역할을 해주고 구체적인 지침을 제공해주는 것이다. 궁극적으로 우리는 이러한 원칙들을 수용하는 회사들이 더 많아지는 전체적인 효과를 통해 더 안정적이고 생산적인 경제가 만들어지기를 희망한다.

감사의 글
Acknowledgments

McKinsey는 1990년에 '기업가치평가'(Valuation: Measuring and Managing the Value of Companies) 책을 처음 발간했다. 그 이후 10개 언어로 50만 부 이상 팔렸고, 2010년 중반에는 5판이 발간되었다.

'기업가치평가'의 성공이 이 책의 구성으로 연결되었기 때문에 우리는 그 저자들에게 무한한 은혜를 입었다. Tom Copeland와 Jack Murrin은 '기업가치평가'의 첫 3판까지 공저자였고, Marc Goedhart와 David Wessels은 4판과 5판의 공저자로 참여하였다. 이들의 통찰력과 노력이 없었다면, 오늘 이 책은 존재하지 못했을 것이기 때문에 이들 훌륭한 동료들에게 무한한 감사를 드린다.

이 책은 또한 우리의 생각과 통찰력을 연마해준 고객 기업들이 없었다면 분명 만들어지지 못했을 것이다. 그들은 우리가 계속해서 가정과 아이디어를 검증하는 데 대한 현실을 제공해주었고, 그들의 경험은 진실을 찾아내기 위해 학술적 이론과 함께 결합하는 바로 그 본질이었다.

이 책의 지적 기원은 자본예산의 현가계산 방법과 Merton Miller 교수와 Franco Modigliani 교수가 1961년에 Journal of Business에 게재한 "배당정책과 성장 및 주식 평가"라는 논문에서 개발한 가치평가 방법에서 찾을 수 있다. 그 이후 다른 학자들이 이들의 방법을 널리 보급시켰다. 특히, Northwestern University의 Alfred Rappaport 교수와 Stern Stewart & Company의 Joel Stern은 Miller-Modigliani의 기업가치평가 공식을 실제 현실에 확장 적용한 첫 학자들이었다.

Ennius Bergsma가 1980년대 중반에 McKinsey의 기업재무 업무를 개발하는 데 선두적인 역할을 한 것에 대해 우리는 특별한 감사를 드린다. 그는 원래의 내부 McKinsey 가치평가핸드북을 격려해주었고, 이 핸드북이 외부 청중을 위한 출판된 책으로 나오기까지 각종 지원을 불러 모았다. 또한 Dave Furer가 20여 년 전에 '기업가치평가'의 초안을 작성하기 위해 밤늦게까지 도움을 준 것에 특별한 감사를 드린다.

McKinsey의 기업재무 업무의 리더십 그룹, 특히 Christian Caspar, Bernie Ferrari, Massimo Giordano, Ron Hulme, Rob Latoff, Thomas Leudi, Nick Leung, Michael Patsalos-Fox, Jean-Marc Poullet, Pedro Rodeia, Michael Silber, Vincezo Tortoricci, Felix Wenger의 지원과 격려가 없었다면 이 책에 시간과 에너지를 쏟을 수가 없었을 것이다.

마찬가지로 McKinsey의 이전 전무 Ian Davis와 현 전무 Dominic Barton의 비전이 없었다면 이 책에 시간과 에너지를 바칠 수가 없었을 것이다.

또한 기업재무와 전략, 경제학에 관해 자주 도전적인 질문을 통해 우리의 지식을 형성해준 이들에게 감사를 드리고 싶다. 이들은 Buford Alexander, Ennius Bergsma, Peter Bisson, Tom Copeland, Mike Dodd, Bill Fallon, Bernie Ferrari, Richard Foster, Marc Goedhart, John Goetz, Robert Harris, Tim Jenkinson, Larry Kanarek, Jack McDonald, Michael Mauboussin, Colin Meyer, Michael Mire, Jack Murrin, Jonathan Peacock, Chandan Sengupta, Bennett Stewart, Bill Trent, Robert Uhlaner, James Van Horn, David Wessels이며, 이들에게 감사를 드린다.

우리의 생각에 매일 매일 영향을 준 헌신적인 재무전문가들의 그룹인 McKinsey의 기업성과센터(CPC)와 함께 작업을 하게 되어 영광으로 생각한다. 기업성과센터의 리더들은 Ankur Agrawal, André Annema, Andres Cottin, Bas Deelder, Susan Nolen Foushee, Marc Goedhart, Regis Huc, Mimi James, Mauricio Jaramillo, Bin Jiang, Marc Metakis, Jean-Hugues Monier, Rishi Raj, Werner Rehm, Ram Sekar, Zane Williams로 구성되어 있다.

풍부한 자료와 심도 있는 분석력을 갖춘 McKinsey의 기업성과분석도구(CPAT)를 광범위하게 사용하였다. CPAT를 개발하고 관리하는 Bin Jiang과 필요한 자료분석을 해준 Bing Cao에게도 감사한다. McKinsey의 퇴임한 파트너인 Dick Foster가 CPAT의 개발을 격려해주었다.

우리의 주편집장인 Neil DeCarlo는 각 장의 구조에 관해 토론하고 우리의 생각을 가장 잘 전달할 수 있는 표현을 찾는 데 있어서 자문역할뿐만 아니라, 코치 때로는 조정자 역할을 담당해주었다. 그는 어떻게 우리의 바쁜 일정을 수용하는지 놀라울 정도로 시간대가 유연했다. 많은 부분에서 그는 이 책의 네 번째 공저자나 마찬가지이다.

Rik Kirkland와 Michael Stewart는 McKinsey의 외부 출판과 외부 소통팀이 큰 도움을 받도록 해주었다. McKinsey의 편집팀 소속의 Bill Javetski와 Dennis Swinford는 이 책에 나오는 수많은 기사들과 연구들에 대하여 우리들과 연속하여 협력 작업을 해주었다. 게다가 Joanne Mason은 우리의 마케팅과 유통 노력을 조정해주었고, Drew Holzfeind, Joe Mandel, Katherine Boas는 사실확인과 편집지원을 신중하게 해주었다.

Kim Bartko는 다양한 양식과 기술이 사용되는 매우 어려운 작업인 이 책의 표 제작을 노련하게 감독하여 주었다. 그녀의 영상재능을 우리의 많은 원본 표들을 개선하는 데 사용하였는지 이루 표현하기 어렵다. Mark Bergeron, Gail Farrar, Richard Peal이 Kim을 도와 효율적이고 전문적인 표 제작 작업을 수행해줬다.

어떤 장들의 아이디어 기원은 수년간 우리들의 생각에 영향을 준 분들로 거슬러 올라간다: Rob McLean과 John Stuckey는 5장의 최상의 소유자에 관하여, Werner Rehm과 Rob Palter는 6장의 투자자 구분과 16장의 투자자 소통에 관하여, Marc Goedhart는 8장의 주식시장 버블의 논의에 관하여, Lee Dranikoff와 Antoon Schneider는 12장의 기업분할의 논의에 관하여, Marc Goedhart와 Werner Rehm은 15장의 자본구조 논의에 관하여 영향을 주었다.

'기업가치평가'의 다섯 번의 출판은 여러 사람들의 작업과 아이디어, 분석에 의지하고 있다: Carlos Abad, Paul Adam, Buford Alexander, Petri Allas, Alexandre Amson, André Annema, 고인이 된 Pat Anslinger, Vladimir Antikarov, Ali Asghar, Bill Barnett, Dan Bergman, Oliver Berlage, Peter Bisson, 고인이 된 Joel Bleeke, Nidhi Chadda, Carrie Chen, Steve Coley, Kevin Coyne, Johan Depraetere, Mikel Dodd, Lee Dranikoff, Will Draper, Christian von Drathen, David Ernst, Bill Fallon, George Fenn, Susan Nolen Foushee, Russ Fradin, Gabriel Garcia, Richard Geralds, Alo Ghosh, Irina Grigorenko, Fredrik Gustavsson, Marco de Heer, Keiko Honda, Alice Hu, Régis Huc, Mimi James,

Chris Jones, William Jones, Phil Keenan, Phil Kholos, David Krieger, Shyanjaw Kuo, Bill Lewis, Kurt Losert, Harry Markl, Yuri Maslov, Perry Moilionoff, Fabienne Moimaux, Mike Murray, Terence Nahar, Juan Ocampo, Martijn Olthof, Rob Palter, Neha Patel, John Patience, Bill Pursche, S. R. Rajan, Frank Richter, David Rothschild, Michael Rudolf, Yasser Salem, Antoon Schneider, Meg Smoot, Silvia Stefini, Konrad Stiglbrunner, Ahmed Taha, Bill Trent, David Twiddy, Valerie Udale, Sandeep Vaswani, Kim Vogel, Jon Weiner, Jack Welch, Gustavo Wigman, David Willensky, Marijn deWit, Pieter deWit, Jonathan Witter, David Wright, Yang Yang.

원고를 준비하고 서류, 이메일, 전화 등을 정리하느라 도움을 준 보조자들, Jennifer Fagundes, Sumi Choi, Alice Morris에게도 감사를 드린다.

또한 우리는 John Wiley & Sons의 팀들에게도 진심으로 감사를 전한다: Tiffany Charbonier, Mary Daniello, Bill Falloon, Meg Freeborn, Mike Freeland, Pamela van Giessen, Emilie Herman, Joan O' Neil, Cristin Riffle-Lash. John Wiley 팀의 우수성과 전문가 정신은 뭐라 말로 표현할 수 없는 정도이다. 또한 우리의 원고를 최종 출판된 책의 형태로 마무리하는 데 있어서 엄격한 작업을 수행해준 Cape Cod Compositors에게도 은혜를 입었다.

마지막으로 Melissa Koller, Cathy Dobbs, Lauren Huyett와 우리 아이들에게 감사한다. 부인과 가족들은 우리의 힘의 진정한 원천이다. 이 책은 그들의 격려와 성원과 희생이 없었다면 불가능했을 것이다.

역자 서문

맥킨지의 '기업가치평가'(Valuation)는 맥킨지 컨설턴트들을 위한 내부 가이드에서 출발하여 1990년 초판 발행 이후 20여 년의 세월이 흐르는 동안 5판까지 출간될 만큼, 기업가치평가에 관한 매우 실용적이고 현실적인 방법론을 집대성하고 있다. 실제로 그 동안 이 책은 실무 담당자들에게 없어서는 안 될 기본서가 되었으며, 많은 경영대학에서도 가치평가 과목의 필독서로 사용되어져 왔고, 기업가치평가 방법론을 보편화하는 데 많은 기여를 한 것이 사실이다.

이렇게 '기업가치평가'가 많은 독자들로부터 사랑을 받아 오면서도, 다른 한편으로 기업의 주어진 가치를 평가하고 분석하는 지식에서 한 걸음 더 나아가서 기업의 가치를 어떻게 근본적으로 높일 수 있는가에 대한 사고의 틀과 행동 준칙들을 체계적으로 정리한 서적의 필요성이 제기되어 왔다. 이에 대해 맥킨지의 파트너들로 구성된 본서의 저자들은 수십 년간의 기업가치 평가와 창출에 관한 컨설팅 경험을 토대로 기업 경영자에게 꼭 필요한 가치창출의 원칙을 체계적으로 정리한 본서 'Value'를 집필하게 된 것이다.

이처럼 본서는 기업 경영자가 기업가치에 영향을 주는 의사결정에 직면하게 될 때 가치창출을 위해서는 어떠한 대안을 선택해야 하고 우선순위는 어디에 두어야 할지 등에 대한 현실적인 가이드와 전략방향을 제시해주고 있다. 저자들은 이미 잘 알려진 기업재무의 핵심적인 이론들을 바탕으로 자신들의 실무 컨설팅 경험과 자료를 결합하여 직관적이고 설득력 있는 가치창출의 4대 원칙을 제안하고 있으며, 이들 4대 원칙이 자본구조, 배당, 자본수익률, 성장률, 이익조정, 투자자 소통, 주식시장 버블 등과 같이 경영자가 직면하게 되는 중요한 기업재무 현상과 의사결정들에서 어떻게 적용되고 활용되는지를 실제 사례들을 통해 설득력 있게 설명해주고 있다. 특히 단기적인 재무성과와 장기적인 가치창출의 상충관계에서 경영자들은 관련 경영과정의 복잡성을 세분화하고 투명화하여 뚫고 나가는 용기와 독립심을 지녀야만 지속적인 가치창출이 가능해진다고 역설하고 있다. 따라서 기업의 장기적인 가치창출을 위한 재무전략 도출에 목말라하는 경영자와 실무 담당자 및 학계의 독자들에게 많은 도움이 될 것으로 기대된다.

본서의 번역을 시작한 지난 봄 4월 중순에 약 2달 정도라는 제한된 시간 내에 번역을 마쳐야 한다는 제약 때문에 나름대로 집중적인 노력을 기울여서 번역을 완성했고 그 후에도 몇 번의 교정작업을 거쳤지만 아직 원저의 훌륭함에 비하면 많이 부족할 것이다. 이러한 부족한 점들은 향후 독자 여러분의 지적과 의견을 반영하여 보완해내도록 하겠다. 독자 여러분들의 끊임없는 성원과 질책을 기다린다.

본서가 출간되기까지 여러 가지로 후원해주신 인피니티북스의 채희만 사장님과 직원 여러분께 깊은 감사를 드리며, 초벌 교정과정에서 직접 도움을 주신 맥킨지 서울사무소의 직원 여러분께도 깊은 감사를 드린다. 또한 교정작업을 도와준 서울대 경영대학의 엘펌(LFiRM) 연구원들에게도 심심한 감사를 표한다. 마지막으로 주말과 휴일에도 계속 반복되는 번역과 교정 작업을 마무리하기까지 인내와 애정으로 기다려준 아내 지영에게 고맙고 사랑한다는 말을 전하고 싶다.

2011년 11월

역자 고 봉 찬

1

가치의 4대 원칙
The Four Cornerstones

1

가치가 왜 중요한가?
Why Value Value?

가치가 시장경제에서 가장 핵심적인 척도라는데 반론의 여지는 없을 것이다. 투자자들은 자신의 투자금액에 대한 시간가치 보상과 함께 위험 부담에 대한 충분한 보상을 기대하여 가치를 판단하며, 이러한 위험-수익 관계는 은행예금이나 회사채, 주식, 부동산을 포함한 모든 형태의 투자자산에 적용된다.[1]

따라서 기업가치를 어떻게 창출하고 측정하는가를 잘 아는 것은 경영자가 필수적으로 갖춰야 할 소양이라고 할 수 있다. 최근의 금융위기와 그 이전의 경제 버블과 붕괴의 과정을 거치면서 교훈을 얻은 것이 있다면, 그것은 가치창출과 측정에 관한 원칙들은 시대를 초월하는 진리라는 점이다. 금융공학이나 과도한 레버리지의 사용은 기존 경제원칙들이 더 이상 적용되지 않아 보이는 과열된 호황 시에나 유행하는 아이디어들이지만, 이들에 대한 잘못된 이해는 기업가치를 파괴하고 경제 전체를 불안하게 할 수 있음을 보았다.

가치창출과 측정에 관하여 이 책에서 소개하는 아이디어는 시대를 초월하는 진리임과 동시에 명쾌하다. 텍사스 오스틴 대학의 수학과 교수인 Michael Starbird 교수는 미적분학에 대하여 다음과 같이 명쾌하게 말한 바 있다: "1,200페이지에 달하는 전형적인 미적분학 교과서에서 아이디어는 겨우 두 페

1 이 책에서 가치와 가치창출을 병행하여 사용한다. 이들을 굳이 구분하자면, 가치는 미래에 기대되는 현금흐름의 현가 합계이며(한 시점에서의 측정치), 가치창출은 기업 성과에 기인하는 가치 변화분이라고 할 수 있다. 또한 가치 또는 가치창출은 보통 미래 성장률, 자본수익률, 현금흐름에 대한 예측치를 토대로 논의하게 되지만, 어떤 경우에는 가치의 대용치로 기업 주식시장가치를 사용하거나, 가치창출의 대용치로 주주총수익률(주가 상승분과 배당금의 합계)을 사용하기도 한다.

이지에 불과하며 나머지 1,198페이지는 예제와 응용문제로 가득 차있다." 기업재무도 마찬가지로 가치창출의 핵심을 다음과 같은 네 가지 원칙 또는 초석으로 집약할 수 있다.[2] 이 원칙들을 통해 경영자들은 어떤 사업전략을 선택하고, 어떤 인수제안을 채택하고, 자사주 매입을 단행할 것인지의 여부와 같은 대부분의 기업재무 문제에 있어서 가치창출을 위한 답을 찾게 될 것이다.

이들 네 가지 가치창출의 원칙은 또한 직관적이다. 예를 들면 대부분의 경영자들은 경영자 주식옵션이 손익계산서 상의 비용으로 기록되든 재무제표의 주석사항으로 기록되든 기업 현금흐름에는 아무런 영향이 없기 때문에 기업가치와 무관하다는 것을 잘 알고 있다. 따라서 이러한 주식옵션의 경제적 효과를 기록하기 위한 회계기준을 놓고 지난 10여 년간 논쟁을 해온 것에 대해 경영자들이 의아해하는 것은 당연하다.

네 가지 가치창출의 원칙

그럼 기업재무에서 가치창출을 위한 네 가지 원칙은 무엇이고, 장기적인 기업가치 창출을 위해 어떻게 활용될 수 있는가?

첫 번째 원칙은 **투자자들이 요구하는 자본비용보다 높은 수익률로 미래 현금흐름을 만들어낼 수 있을 때 기업가치가 창출된다**는 것이다. 기업의 수익이 빠르게 성장할수록, 그리고 높은 수익률에 많은 자본을 투자할수록 기업가치는 더 많이 창출된다는 것이다. 간단히 말해서, 수익의 성장률과 투하자본수익률(ROIC; Return on Invested Capital)의 최적 조합이 가치창출을 가져오는 원동력이 된다.[3]

이 원칙은 짧게 말해서 **가치의 핵심(core of value)**이라고 할 수 있는데, 성장률과 ROIC의 가능한 조합들을 살펴봄으로써 성장률이 낮은 기업도 높은 주가수익비율(PER; Price to Earnings Ratio)에 거래될 수 있음을 알 수 있다. 예를 들어 유명 브랜드 소비재 산업에 속하는 Hershey는 글로벌 과자 제조업체로서 2009년말 수익 성장률은 3~4% 수준에 지나지 않았지만, 이 회사의 PER는 미국 400대 제조기업 평균보다 70%나 높은 수치인 18배에 달하였다.

2 이 책에서 원칙(principles)과 초석(cornerstones)를 병행하여 사용한다.

3 여기서 성장은 수익(revenues) 또는 이익(earnings)을 기준으로 정의하며, 자본수익률은 영업이익을 고정자산, 운전자본, 기타 자산 등에 투자한 자본으로 나눈 값으로 정의한다.

이처럼 성장률과 ROIC의 가능한 조합에 따라 가치창출을 위한 사업전략의 방향이 어느 쪽인지를 파악할 수 있다는 점에서 이 원칙은 중요한 의미를 갖는다. 즉, 자본수익률이 높은 기업은 성장률의 개선을 통해 최대의 가치창출을 가져올 수 있으며, 자본수익률이 낮은 기업은 ROIC의 개선을 통해 최대의 가치창출을 가져올 수 있는 것이다.

두 번째 원칙은 첫 번째 원칙의 파생명제로서, **기업가치는 현금흐름에 대한 청구권을 단순 재분배하는 것만으로 창출되지 않으며, 더 많은 현금흐름을 만들어낼 수 있을 때만 창출될 수 있다**. 우리는 이 원칙을 **가치보존(conservation of value)**의 원칙이라고 부르기로 한다. 결국 수익 신장이나 ROIC 개선을 통해 현금흐름을 증가시키지 못한다면 기업가치는 창출되지 않는다는 것이다 (기업의 위험 내역은 불변이라고 가정). 예를 들면 기업이 부채로 자기자본을 대체한다거나 부채발행으로 자사주매입을 하는 경우, 현금흐름에 대한 청구권의 소유주는 변하지만 전체 현금흐름의 변화는 없으므로 기업가치는 증가되지 않는다 (부채 증가로 인한 절세효과가 현금흐름을 증가시키는 경우를 제외한다면). 마찬가지로 실제 현금흐름은 동일한데 회계처리만 변경하여 기업성과를 높게 나타내는 착각을 유도할 수 있으나 이 때도 기업가치는 변하지 않는다.

흔히 PER가 높은 기업이 PER가 낮은 기업을 인수하면 낮은 PER 기업의 이익이 높은 PER 기업으로 재평가된다는 얘기를 듣는다. 그러나 결합기업의 성장률, ROIC, 현금흐름에 전혀 변화가 없다면, 왜 인수대상 기업의 이익이 시장에서 재평가되겠는가? 이러한 재평가 주장에는 논리적 모순뿐만 아니라 이를 지지하는 실증적 증거도 찾아볼 수 없다. 따라서 새로운 결합기업의 이익이나 현금흐름이 개선되지 않는다면 실제 가치는 창출되지 않는 것으로 보아야 한다.

세 번째 원칙은 주식시장에서 기업의 성과는 성장률, ROIC, 현금흐름과 같은 실제 성과에 좌우될 뿐만 아니라 주식시장이 갖고 있는 기대의 변화에도 영향을 받는다는 것이다. 이 원칙은 주식시장에서 주가에 대한 기대가 높을수록 현 주가 수준을 유지하기 위해 더 좋은 성과를 계속 만들어내야 한다는 점에서 **기대 쳇바퀴(expectations treadmill)**이라고 부르기로 한다.

예를 들어 미국의 대형 유통업자인 Home Depot는 1999년부터 2009년 사이에 매력적인 ROIC와 함께 연 11%라는 놀라운 수익성장률을 보였음에도 불구하고 주가는 반토막이 되었다. 이것은 1999년 당시 시가총액이 1,320억 달러라는 매우 높은 수준이었고, 이것이 지속되기 위해서는 향후 15년간 연 26%라는 달성하기 매우 어려운 높은 수익 성장률이 요구되었기 때문이다.

한편 이와 정반대 예로서, 독일계 글로벌 자동차 부품공급업체인 Continental AG는 2003년 초에 시장에서의 기대가 낮아서 PER가 겨우 6에 지나지 않았던 바람에 그 후 3년간 주주들은 연 74%라고 하는 높은 수익률을 얻은 바 있다. 이러한 높은 수익률의 3분의 1은 시장에서의 부정적인 기대가 해소되면서 Continental의 PER가 정상적인 수준인 11을 회복한 것에 기인한다.

오래된 격언에도 있듯이, 현재 좋은 기업이라고 해서 반드시 좋은 투자대상이라고 말할 수는 없다. 경영자의 보상이 상대적으로 단기간의 주가성과에 과도하게 연계되어 있을 경우, 고성과 기업이 더욱 높은 수준의 성과를 올리게 하는 것보다 저성과 기업을 호전시키는 편이 경영자에게도 보다 용이하다.

기업재무의 네 번째이면서 마지막 원칙은 **누가 경영을 하고, 어떤 전략을 펼치는가에 기업가치가 달려 있다**는 것이다. 우리는 이 원칙을 **최상의 소유자(best owner)**라고 부르고자 하며, 이것은 기업가치를 증가시킬 수 있는 경영자 고유의 능력에 따라 기업의 현금흐름이 달라질 수 있다는 것이다.

이러한 원칙은 기업가치가 타고난 것이 아니라, 누가 경영을 하느냐에 따라 상대적으로 가치가 정해진다는 것이다. 예를 들어 기술을 보유한 신흥 기업이 그 기술을 상업화 하는데에 탁월한 역량을 갖춘 경영자를 만나 가치를 극대화 하듯이, 다른 사업부문들과의 결합을 통해 가치가 창출되는 경우가 종종 있다.다.

이상과 같은 네 가지 기업재무의 원칙은 장기적인 기업가치 창출을 위한 경영의사결정을 하는데 있어서 지속적인 기준을 제공해줄 것이다. 그러나 이들 원칙을 무시할 경우에는 기업가치를 잠식시키는 잘못된 의사결정을 하게 되고, 어떤 경우에는 주식시장에서의 엄청난 버블을 초래하여 매우 뼈아픈 금융위기를 초래하게 될 수도 있을 것이다.

가치 무시의 결과

기업 수익의 성장과 ROIC가 가치창출의 원동력이 된다는 가치창출의 첫 번째 원칙과 이의 파생명제인 가치보존의 원칙은 오랜 기간 실증적으로 검증되어 왔다. Alfred Marshall은 이미 1890년 경제원론 교과서에서 자본수익률과 자본비용의 관계에 관해서 설명하면서, 기업 경영자와 이사회 및 투자자들이 이러한 단순한 진리를 망각할 경우 재앙을 경험하게 된다고 지적하고 있다.[4]

4 A. Marshall, Principles of Economics, vol. 1 (New York: MacMillan & Co., 1890), p. 142

1970년대의 대규모 기업집단의 흥망성쇄, 1980년대 미국의 적대적 기업인수, 1990년대 일본의 버블경제 붕괴, 1998년 동남아시아 위기, 인터넷 버블, 2007년부터 시작된 글로벌 경제위기들은 모두 가치창출의 4대 원칙을 잘못 이해했거나 잘못 적용한 결과라고 할 수 있다. 실제로 인터넷 버블 시기에 경영자와 투자자들은 ROIC의 원천을 간과하였고 심지어는 중요성 자체를 망각하고 있었던 것이 사실이다.

Netscape가 1995년에 신규상장될 때 연간 수익이 8천5백만 달러에 불과한데도 시가총액은 60억불이라는 놀라운 수준으로 평가되었었다. 금융시장에서는 인터넷이 지금까지의 사업 규칙을 바꿔놓을 것이라고 확신하였고, 인터넷 관련기업을 만들어 경쟁적으로 신규상장하는데 전념하였다. 그리하여 1995년부터 2000년까지 미국과 유럽에서 4,700여개 기업이 신규상장하게 되었으며, 많은 경우 시가총액이 수십억 달러에 달하였다. 이 당시 창업한 기업들 중 Amazon, eBay, Yahoo와 같은 기업은 상당한 이익과 가치 창출에 성공하였고 앞으로도 계속될 것으로 예상된다. 그러나 탄탄하고 혁신적인 아이디어가 있다해도 Netscape과 같이 장단기적으로 충분한 수익과 현금흐름을 창출하는데 실패하는 경우가 매우 많았다. 따라서 이러한 기업들이 상장초기 주식시장에서 성공한 원인은 과거 실적보다는 이들 기업에 대한 과장광고가 성공한 탓이다.

많은 경영자와 투자자들은 인터넷 혁명의 와중에서 경제학의 기본원칙들을 망각하거나 내버렸다. 예를 들어 **규모에 대한 수익체증(increasing returns to scale)**의 법칙을 생각해보자. 이것은 "네트워크 효과" 또는 "수요측면의 규모의 경제"라고도 하는데, 1990년대에 캘리포니아 버클리대학의 칼 샤피로(Carl Shapiro) 교수와 홀 베리안(Hal Varian) 교수가 그들의 책 **Information Rules: A Strategic Guide to the Network Economy**에서 이 개념을 설명하면서 유명해졌다.[5]

이 개념의 기본적인 아이디어는 다음과 같다. 일정 조건 하에서 기업 규모가 점점 커지면 그 기업의 제품은 새로운 고객들을 흡수하게 되어 그 기업은 더 높은 마진과 자본이익을 얻게 된다. 대부분의 산업에서는 경쟁때문에 수익이 합리적인 수준으로 되돌아오게 되지만, 수익체증 산업에서는 시장 선도기업의 단위 원가 감소때문에 경쟁이 저지되어 "승자독식"현상이 나타나게 된다.

5 C. Shapiro and H. Varian, Information Rules: A Strategic Guide to the Network Economy (Boston: Harvard Business School Press, 1999).

이러한 규모에 대한 수익체증 개념은 탄탄한 경제학적 근거를 갖는다. 다만 인터넷 버블 시기에 문제가 되었던 것은 인터넷과 관련된 거의 모든 제품과 서비스에 이 개념이 잘못 적용되었다는 것이다. 과거 혁신의 역사를 되돌아볼 때 독점적인 자본수익률을 얻는 것은 매우 특별한 경우를 제외하고는 상당히 어렵다는 것을 알 수 있다. 시장의 많은 분석가들은 이러한 역사를 무시하고 인터넷 주식들에 대해 무분별한 추천을 하였다. 그들은 다양한 지적 수단을 이용하여 인터넷 버블을 초래한 기술주들의 불합리한 가격을 정당화하였다. 그 당시 그와 같은 새로운 경제원칙에 의문을 품는 사람들은 프톨레마이오스의 천동설을 지지하는 사람들처럼 제대로 이해하지 못하는 사람들로 낙인이 찍혔다.

그러나 항상 그렇듯이 새로운 경제원칙이 널리 퍼지게 되면서, 인터넷 사업은 온라인 애완동물 식품이나 식료품 배달과 같이 난공불락의 경쟁우위를 갖지도 않고 보통 정도의 자본수익률을 얻는 데 지나지 않는다는 것이 명백해졌다. 인터넷은 이전의 다른 혁신들과 마찬가지로 실물경제를 혁신하는 데는 기여했지만, 경제원칙과 경쟁, 그리고 가치창출의 원칙을 바꾸지도 못했고 바꿀 수도 없었다.

2007년부터 시작된 글로벌 금융위기도 가치창출의 원칙을 무시한 것에 기초를 두고 있다. 은행과 투자자들이 가치보존의 원칙을 무시한 채 지속 불가능한 수준의 위험을 부담하고 있었던 것이다. 먼저 주택구입자와 투기자들이 비유동자산인 주택을 매입하기 시작했고, 초기 몇 년간은 인위적으로 낮게 책정된 티저금리(teaser rate)에 모기지대출을 받았으나 그 이후 금리는 상당히 높은 수준으로 상승하기 시작했다. 실제로 모기지대출자와 주택구입자들은 모두 티저금리 기간이 끝나고 나면 모기지 상환이 어려워질 수 있다는 것을 알고 있었다. 그러면서도 그들은 주택구입자의 소득이 모기지 상환에 충분한 정도로 증가하거나, 주택가격이 충분히 상승하여 새로운 모기지 대출자가 나오면 낮은 티저금리로 차환할 수 있을 것으로 기대하였다.

은행들은 이러한 고위험 모기지부채를 장기 증권으로 유동화하여 투자자들에게 다시 판매하였다. 이 증권들은 유동성이 낮은 장기 모기지증권으로서 이를 매입한 헤지펀드와 다른 은행들은 주로 단기 부채로 자금을 조달하였고, 결국 단기 자금 대출자들에게 장기 위험이 전가되는 결과를 낳았다.

그 후 시장금리가 상승함에 따라 주택구입자의 모기지 변동금리도 상승하게 되었고, 많은 주택구입자들은 모기지 상환을 더 이상 감당하기 어려워졌다. 이렇게 부실이 발생하기 시작하자 부동산 가격은 폭락하게 되었고, 주택가격은 모기지 대출금액보다도 낮게 되었다. 결국 주택구입자들은 모기지 상환도 어려워지고 해당 주택을 팔 수도 없게 된 것이다. 한편 모기지 증권투자자들에게 단기 자금을 제공했던 은행들도 이들 대출에 대한 만기 연장을 꺼리게 되자 모기지 증권투자자들은 모두 한꺼번에 증권 매각에 나서게 되었다. 모기지 증권의 가격은 폭락하고 말았으며, 많은 대형 은행들은 더 이상 만기 연장이 되지 않는 단기 자금으로 매입한 모기지 증권의 보유손실을 장부에 기록하지 않을 수 없게 되었다.

이러한 글로벌 금융위기는 모기지 증권시장의 참가자들이 간과했던 두 가지의 기본적인 오류에 기인하고 있다. 첫째, 주택대출을 유동화하면 자산의 위험을 감소시켜 새로운 가치를 창출할 것이라고 착각했으나, 이는 가치보존의 원칙을 무시한 것이다. 주택대출의 전체 현금흐름은 증권유동화 과정에서 결코 증가되지 않았으며, 따라서 어떠한 가치도 창출되지 않았고 위험도 그대로 남았다. 자산을 유동화한다는 것은 위험을 단순히 다른 투자자 또는 다른 곳으로 전가하는 것이다. 그러나 유동화된 증권 사슬은 너무나 복잡하여 누가 어떤 위험을 부담하고 있는지 알아내는 것이 거의 불가능하다. 주택시장이 폭락하자 금융기관들은 거래 상대방이 대규모 위험으로 인해 파산할 수 있다는 두려움을 갖게 되었으며, 이것이 실물경제의 장기침체를 가져온 신용경색의 시작이었다.

두 번째 오류는 차입을 이용한 투자가 그 자체로 가치를 창출한다는 잘못된 믿음이었다. 그러나 가치보존의 법칙에서 알 수 있듯이 차입은 투자의 현금흐름을 증가시키지 않는다. 많은 은행들이 비유동적인 장기 자산을 매입하기 위하여 대규모 단기 부채를 끌어 들였으나, 이러한 부채는 은행 주주를 위한 장기 가치를 창출하지 못하였으며, 단지 은행 자본의 위험만을 증가시켰을 뿐이다.

시장 버블과 붕괴는 고통스러울 정도로 파괴적이지만, 그걸 이해하고 회피하기 위해 경쟁과 재무에 대한 새로운 원칙을 다시 쓸 필요는 없다. 인터넷은 우리가 쇼핑하고 소통하는 방법을 바꾸었으나, **신경제(new economy)**라고 하는 실질적으로 다른 경제체계를 만들어내지는 못했다. 반면에 인터넷은 특히 가격에 관한 정보를 투명하게 하여 실물시장의 시장경쟁을 심화시키는 데 기여하였다. 마찬가지로 2007년에 시작된 글로벌 금융위기도 능력 밖의 주택을 매입하거나, 무분별한 신용카드 차입과 같은 최근의 경제 거품을 걷어내는 계기가 될 것이다. 그러나 이와 같은 위기들을 반복하지 않기 위해 가장 중요한 것은 새로운 경제법칙을 만드는 것이 아니고 근본적인 경제법칙들을 재확인하는 것이다.

가치 중시 경영의 이점

기업 성과에 대한 척도로서 주주가치의 중요성은 기업의 고용이나 사회적 책임 실적과 대비하여 활발하게 논의되고 있다. 이념과 법적 체계 측면에서 미국과 영국은 기업의 주된 기능으로서 주주가치 극대화에 더 큰 비중을 두고 있다.

그러나 유럽 대륙에서는 기업의 목표와 지배구조 및 조직체계에 관한 폭넓은 시각이 주류를 이루고 있다. 예를 들면 네덜란드와 독일에서 대기업의 이사회는 주주 뿐만 아니라 종업원과 지역사회를 포함하는 이해관계자들의 이익을 위해 사업의 계속성을 지원하는 것이 주된 의무가 되고 있다.

우리의 분석과 경험으로 볼 때 세상의 어떤 기업이라 하더라도 장기적인 주주가치 창출을 추구하는 것이 대부분의 경우 결코 다른 이해관계자의 이익을 희생하는 것이 아님을 확인할 수 있다. 오히려 가치창출에 매진하는 기업일수록 더 튼튼하고 강한 경제를 건설하고, 더 높은 생활수준과 다양한 기회를 개인들에게 제공해준다고 할 수 있다.

이해관계자로서 종업원을 생각해보자. 낡은 작업 환경에서 저임금으로 종업원 혜택마저 절감하여 수익을 부양하려는 기업은 양질의 종업원을 유인하고 유지하는데 어려움을 겪게 된다. 이러한 회사들은 더욱 유동적이고 교육을 잘 받은 오늘날의 인재들을 고려할 때 매력적인 작업환경을 제공하는 경쟁사 대비 장기적으로 큰 어려움을 겪을 것이다. 종업원을 잘 대해주는 것은 기분 좋은 일일뿐만 아니라 사업을 잘 영위하는 길이 된다.

가치창출 기업은 또한 많은 일자리를 만들어 낸다. 미국과 유럽의 기업들 중 지난 15년간 가장 많은 주주가치를 창출한 기업들일수록 더 높은 고용성장을 보였다. 표 1.1에서 보면, 주주총수익률(TRS: Total Returns to Shareholders)이 높을수록 고용성장이 높음을 알 수 있다. 이러한 결과는 개별 산업 섹터별로 보아도 마찬가지이다.

기업은 주주가치 창출을 위해서 단기 회계 이익에 초점을 두는 것이 중요하다는 말을 종종 듣지만, 이것은 잘못된 주장이다. 오히려 장기 주주수익률과 장기 가치창출과 직결되는 R&D 투자증가율 간에 매우 유의한 양의 상관관계가 존재한다. 표 1.2에서 보듯이 가장 높은 주주수익률을 얻은 기업은 R&D 지출

[표 1.1] **주주총수익률(TRS)과 고용성장률 간의 상관관계**

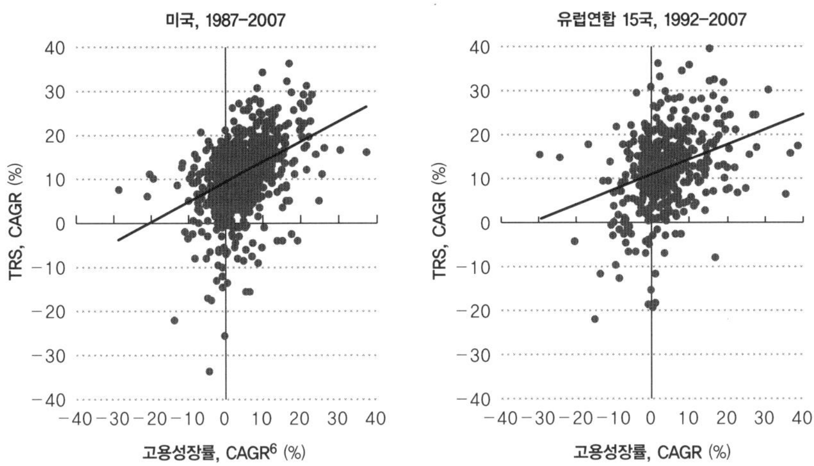

증가율이 가장 높음을 알 수 있다. 이러한 결과는 개별 산업 섹터별로 보았을 때도 유효하다.

[표 1.2] **주주총수익률(TRS)과 R&D 지출증가율 간의 상관관계**

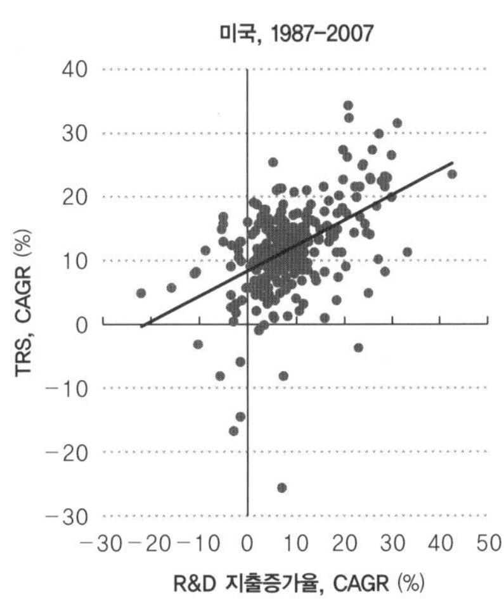

6 역주: CAGR은 Compound Annual Growth Rate의 약자로서 연평균복리성장률을 의미하며, (마지막 해의 수치/첫 해의 수치)$^{(1/연수)}$ −1로 계산된다.

또 한가지 잘못된 믿음은 가치창출 기업이 사회적 책임을 무시하는 경향이 있다는 것이다. 그러나 진실은 정반대인 경우가 많으며 우리가 분석한 바에 의하면 사회적 책임에 대한 많은 적극적 활동은 주주가치 창출에 도움이 된다는 것이다.[7]

예를 들어 IBM은 신흥국 시장의 중소기업들에게 웹기반 경영자원을 무료로 제공하고 있다. 이러한 중소기업들을 돕는 것은 새로운 시장에서 IBM의 평판을 개선시키는 데 도움이 될 뿐만 아니라 미래 고객이 될 수 있는 기업들과 관계를 만들어 나갈 수 있다. Best Buy는 여직원들의 이직률을 낮추기 위해서 여직원들 자신의 지원망을 설립하고 리더십 스킬을 쌓도록 지원하는 프로그램을 운영하여 여직원들의 이직률을 5% 이상 낮추는 효과를 거두었다.

결론적으로 중요한 것은 장기 주주가치 창출에 매진하는 경영자들은 주식시장에서 좋은 성과로 보상받는다는 사실이다. 또한 주주에게 보다 지속적인 가치를 제공하는 기업들은 보다 많은 재무적, 인적 자본을 보유하게 되고 이를 통해 다른 이해관계자들에게도 유익한 영향을 주는 방향으로 행동하게 된다.

경영자의 도전

경영자로서 장기간에 걸쳐 ROIC와 수익 성장률에 매달리는 것은 매우 어려운 일이다. 더욱이 이러한 일이 더 많은 투자자와 더 높은 주가 상승을 가져온다는 확신이 없다면 아무도 선불리 하지 않으려 할 것이다. 그러나 후속 장들에서 보여주는 실증적 증거들은 이를 압도적으로 지지해준다. 즉, 투자자들은 실제로 장기 현금흐름과 성장률, ROIC를 중요시 하며, 이러한 척도들에서 좋은 성과를 보이는 기업은 주식시장에서도 좋은 성과를 보인다는 것이다.

그러나 주주들이 가치를 중시하고 있다는 이러한 사실에도 불구하고, 기업들은 여전히 시장이 원하는 것에 대한 잘못된 조언에 귀를 기울이고 있다. 예를 들면 미심쩍은 회계 처리방법이나 정교하게 짜여진 재무구조, 또는 주당이익(EPS)에 대한 단기적인 집중 등과 같이 여러 가지 검증되지 않은 방법으로 가치를 창출할 수 있을 것이라는 데 집착하고 있다. 그러나 이러한 것들은 분명 잘못된 믿음이다.

유망한 기업인수 기회를 분석할 경우, 경영자들은 종종 첫 1~2년에 걸쳐

7 Sheila Bonini, Timothy Koller, and Phillip H. Mirvis, "Valuing Social Responsibility Programs," McKinsey on Finance, no. 32 (Summer 2009): 11-18.

EPS가 증가 또는 희석화될 것인가에 관심을 기울이는데 이것은 사실 아무 의미가 없는 것이다. 지금까지의 어떠한 실증 분석에서도 EPS 증가 또는 희석에 대한 예측치가 기업인수를 통해 가치가 증가 또는 감소할 것인지에 대한 중요한 지표가 된다는 것을 보여준 바가 없다. EPS를 증가시키는 인수든 희석시키는 인수든, 이로 인해 기업가치가 증가 또는 감소할 확률은 동일하다.

직관적으로 말해서 기업인수를 통한 가치창출은 단기 EPS의 증가/희석과 같이 간단하지 않다. EPS의 증가/희석은 다양한 요인에 영향 받는데, 그 중에서도 인수대상 기업의 성장률과 시너지 실현시기와 같은 것은 가치창출에도 중요한 요인이 되는 반면, 인수 거래가 어떻게 구성되고 어떠한 회계기준을 적용하느냐와 같은 요인은 중요하지 않다는 것이다.

그러나 EPS의 증가/희석과 같은 개념이 오류라고 한다면 왜 그러한 개념이 만연하고 있는가? 재무의 간단하고 직관적인 본질에도 불구하고 왜 경영자들이 자명한 원칙과 자신들의 본능에 반하는 의사결정을 자주 하고 있는가?

최근에 한 기업과 거래은행들과의 토론에서 EPS 희석에 관한 질문이 나왔다. 한 은행가는 다음과 같이 말했다: "EPS에 대한 영향은 가치와 전혀 관계가 없지만, 이사회와 소통하는 단순한 방법으로 사용하고 있을 뿐이다." 그 기업의 경영자들도 EPS에 대한 영향은 중요치 않다고 믿지만, 월가에서 이를 사용하기 때문에 그들도 사용한다고 말했다. 투자자들도 어떤 거래의 단기 EPS 영향은 중요치 않다고 말한다. 결국 거의 모든 사람들이 어떤 거래의 단기 EPS 영향은 중요치 않다고 하면서도 그들은 모두 그것에 매달리고 있는 것이다.

이와 같은 집단사고 오류와 가치 무시의 사고는 가치를 잠식하거나 가치창출의 기회를 포기하는 의사결정을 낳게 한다. 실제로 장기 가치창출을 위해서 단기 이익을 감소시키는 것이 종종 필요하기 때문에, 가치창출과 이익성장을 연관시키려 하는 것은 바보들의 장난에 지나지 않는다. 게다가 경영자가 의사결정 기준으로 EPS를 사용한다면, 실제로 해당 의사결정의 분석을 담당하는 실무자들은 혼동될 수 밖에 없다.

1997년부터 2003년까지 대표적인 한 선도기업의 연간 EPS 성장률은 지속적으로 11%에서 16%에 달하였다. 외견상 매우 고무적으로 보이지만, 정작 가치창출에 중요한 수익성장률의 값을 들여다 보면 얘기가 달라진다. 즉 같은 기간 동안 이 기업의 수익성장률은 연간 2%에 지나지 않았던 것이다. 결국 이 기업은 비용절감으로 이익성장률을 높였고, 더 이상의 비용절감이 어렵게 되자 마케팅이나 제품개발 비용을 절감하여 높은 이익성장을 유지하였던 것이다.

결국 이 기업의 주가는 2003년에 폭락하였고, 그 후 경영자는 장기 성장동력에 대한 투자를 하지 못했으며 골치 아픈 재건작업을 하지 못했음을 인정하였다.

기업이 성숙해지고 성장률이 둔화되면 월등한 단기 성과를 보여주어야 한다는 압력이 거세진다. 투자자들도 높은 성장률을 거세게 요구하게 된다. 경영자는 장기적인 성장을 고민하면서도 단기 이익이 계속 증가하고 있음을 보이는 방법을 찾게 된다. 분명 단기 이익 증가가 우선시 되는 상황도 있을 수 있으며, 경영자들이 단기에 할 수 있는 것과 해야 하는 것들을 도외시한 데 대한 변명으로서 장기 가치 중요성을 주장할 수도 있다. 그러나 생산적인 투자를 줄여 이익을 조정하려는 단기 노력은 장기 성장을 달성하는 것을 더욱 어렵게 하며 성장률하락의 소용돌이라는 악순환에 빠지게 된다.

어떤 애널리스트나 투자자들은 단기 성과를 끈질기게 요구하기도 한다. 장기 성장에 열중인 기업은 그들의 요구에 항상 대응하지는 않지만, 이러한 계속적인 압력은 경영자들이 열심히 노력하게 하는 장점은 있다. 용기있게 정당한 요구를 하는 것이 한 개인에게 있어 중요한 것처럼 단기 이익과 장기 가치창출 간의 상반관계를 잘 분간해내는 것은 경영자에게 중요하다.

달리 말하자면, **가치창출의 원칙을 적용하는 것은 독립성과 용기가 필요하다**. 마찬가지로 중요한 것은 기업의 이사회는 경영자가 올바른 상반관계를 분간하는지를 판단할 수 있을 정도로 기업의 사업 포트폴리오를 이해하고 조사해야 하며, 무엇보다도 경영자가 단기 이익 대신에 장기 가치창출을 선택할 때 지원해주는 역할을 담당해야 한다.

가치창출의 원칙들을 적용해나가는 것은 때때로 대세를 거스르는 것이 된다. 이것은 공짜 점심이 없다는 것을 인정하는 것이며, 실제 데이터 및 사려 깊은 분석과 해당 산업의 경쟁역학에 대한 깊은 이해를 바탕으로 한다. 이러한 관점에서 이 책의 후속 장들에서는 투자자와 사회 전체를 위한 가치창출의 의사결정을 어떻게 만들고 지켜나가야 하는가에 대해 도움을 주고자 한다.

2

가치의 핵심
The Core of Value

기업은 현재의 자금을 투자하여 미래의 더 많은 현금흐름을 창출함으로써 주주가치를 창출하고자 한다. 여기서 새로 창출된 가치는 투자금액의 현가와 미래 현금유입액의 현가 간의 차이로 측정된다. 미래 현금유입액의 현가는 화폐의 시간가치와 미래 현금흐름의 위험을 고려한 할인율로 할인한 가치를 말한다. 후술하겠지만, 기업의 투하자본수익률(ROIC)과 수익성장률은 기업 수익이 어떻게 현금흐름으로 전환되는가를 결정하는 핵심 변수이다.[8] 따라서 가치창출의 원동력은 궁극적으로 ROIC와 수익성장률, 그리고 이 둘의 장기적 지속가능성에 달려 있다. 이러한 가치창출의 첫 번째 원칙인 **가치핵심(core of value)**은 표 2.1에 요약되어 있다.

기업가치를 측정하고 관리하는 방법에 관하여 이미 보편적인 합의가 있는 것으로 생각하기 쉽지만 실제로는 그렇지 않다. 예를 들면 많은 경영진과 이사진, 그리고 저널리스트들은 기업의 이익규모와 이익성장에만 관심을 집중하는 것을 흔히 볼 수 있다. 기업 이익은 일반적으로 현금흐름과 상관관계가 높지만, 가치창출의 전체 과정을 결정하는 게 아니기 때문에 너무 이익에만 집중할 경우 기업 경영의 방향을 잘못 잡을 수도 있다.

구체적인 예로서, 약국업체인 Walgreens와 껌 제조사인 Wm. Wrigley Jr.는 1968년부터 2007년까지 이익성장률에서 상당한 차이를 보였음에도 불구하고 양 기업의 주주들이 얻은 수익률은 비슷하였다. 동 기간 중 Walgreens은 미국의 고도성장기업의 하나로서 연간 수익이 6억2천3백만 달러에서 540억

8 여기서 ROIC는 세후영업이익을 투하자본(운전자본과 고정자산의 합)으로 나눈 값으로 정의된다.

[표 2.1] **성장률과 ROIC가 가치창출의 원동력**

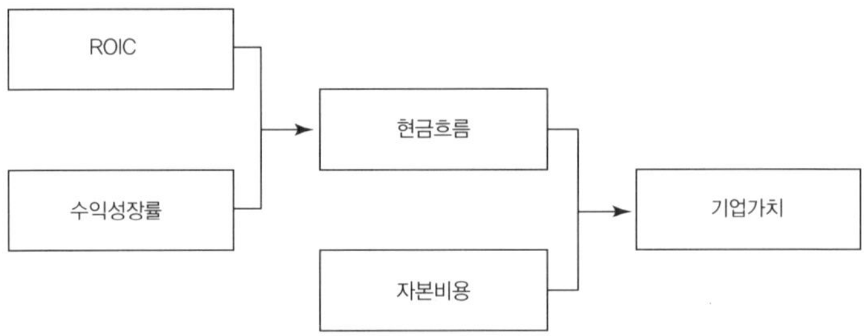

달러로 증가하여 연 12%의 성장률을 보였고, Wrigley의 수익은 연간 1억6천만 달러에서 54억 달러로 증가하여 연 9%의 성장률을 보였다. 한편 두 기업 주주들의 연수익률은 Walgreens이 16%이었으나 Wrigley는 오히려 이보다 약간 높은 17%이었다. 이처럼 성장률 측면에서 Wrigley는 Walgreens보다 25% 낮았지만 주주가치를 더 많이 창출해낼 수 있었던 것은 연 28%라고 하는 높은 자본수익률이 있었기 때문이다. 이에 비해 Walgreens의 자본수익률은 소매업체로서는 높은 수준이었으나 14%에 불과했다.

바로 이러한 점들이 많은 경영진과 애널리스트, 은행가, 저널리스트들이 간과하는 부분이다. 이익성장률은 기업성과를 결정하는데 있어 그저 하나의 (불완전한) 요소에 지나지 않는다는 증거들은 수두룩하다. 이익 또는 이익성장률만으로는 자본활용도를 제대로 측정할 수 없기 때문이다. 이익성장률이 가치창출의 핵심 측정치가 되기 위해서는 모든 기업들이 동일한 자본수익률을 가진다는 가정이 필요하다. 그러나 이러한 가정은 애널리스트나 학계에서 흔히 단순화를 위해 사용되지만, 우리가 10장에서 보듯이 자본수익률은 동일 산업 내에서도 상당한 편차를 보이게 된다.

Deere and Co.는 이러한 점을 잘 알고 있었다. 그래서 2001년에 경영자 보상체계를 바꾸면서 ROIC에 더 초점을 두도록 하였다. 이러한 변화는 경영자 보상을 이익과 이익성장률에만 의존하던 기존 경향에서 탈피하여 자본생산성을 증진하기 위함이었다. 그 결과는 매우 인상적이었는데, Deere의 ROIC가 2001년 10% 이하 수준에서 최근 2007년에는 40%까지 급증하였으며, 주가도 세배로 뛰었다.[9]

9 "The Future of Corporate Performance Management: A CFO Panel Discussion," McKinsey on Finance, no. 29 (Autumn 2008): 14-17 참조.

성장률, ROIC, 현금흐름 간의 관계

현금흐름을 수익 성장률과 ROIC로 분해해서 본다면 기업 성과의 원동력이 무엇인지를 더욱 분명히 알 수 있게 된다. 예를 들어 한 기업의 현금흐름이 작년 1년간 100달러에서 내년에는 150달러로 예상된다고 하자. 이러한 정보가 경제적 의미를 갖기 위해서는 50달러만큼의 현금흐름 증가가 어디서 오는 것인지, 예를 들어 수익의 증가, 자본지출의 삭감, 또는 마케팅 비용 절감 등에서 오는 것인지를 알아야 한다. 또한 이 기업의 수익 성장률이 연 7%이고, ROIC는 15%와 같이 구체적인 값이 주어진다면, 이 성장률을 동일 산업 또는 경제 전체의 성장률과 비교해보거나, ROIC를 경쟁기업이나 과거 추세에 비추어 성과를 평가 할 수 있다.

실제로 성장률과 ROIC는 현금흐름과 긴밀하게 연관되어 있다. 예를 들어 표 2.2에서처럼 가상의 Value기업과 Volume기업에 대한 미래 수익과 이익, 현금흐름 예측치가 주어졌다고 하자. 두 기업의 첫해 이익은 모두 100달러이고, 매년 수익과 이익은 5%씩 성장하는 것으로 가정한다. 그런데 Value기업은 동일한 5%의 이익성장을 달성하기 위해 필요한 투자금액이 Volume기업보다 적기 때문에, 동일한 이익에 대해서 더 많은 현금흐름을 창출해내고 있다. 즉 Value기업은 동일한 5% 성장률을 달성하기 위해 이익의 25%를 투자(소위 투자율)하는데 반해, Volume기업은 이익의 50%를 투자하고 있으며, 그 결과 동일한 이익에 대해 현금흐름은 Value기업이 50% 더 높게 나타나고 있다. 따라서 이익 규모에만 관심을 집중하다 보면 잘못된 가치 판단을 할 수 있다. 이익 자체뿐만 아니라 투자율에도 기업들간 중요한 차이가 있는지 관심을 가져야 하며, 이에 대해서는 10장의 자본수익률 부분에서 상술하기로 한다.

여기서 두 기업의 가치평가를 위해서는 각 기업의 투자자들이 기대하는 수익률(소위 자본비용)을 할인율로 하여 미래 현금흐름을 할인해야 한다. 대체로

[표 2.2] **두 기업의 이야기: 동일한 이익에 상이한 현금흐름**

백만달러

	Value 기업					Volume 기업				
	1 년후	2 년후	3 년후	4 년후	5 년후	1 년후	2 년후	3 년후	4 년후	5 년후
수익	1,000	1,050	1,102	1,158	1,216	1,000	1,050	1,102	1,158	1,216
이익	100	105	110	116	122	100	105	110	116	122
투자금액	(25)	(26)	(28)	(29)	(31)	(50)	(53)	(55)	(58)	(61)
현금흐름	75	79	82	87	91	50	52	55	58	61

[표 2.3] **Value기업의 가치평가: 현금흐름할인법**

백만달러

	Value 기업						
	1 년후	2 년후	3 년후	4 년후	5 년후	X 년후	합계
이익	100	105	110	116	122	...	–
투자금액	(25)	(26)	(28)	(29)	(31)	...	–
현금흐름	75	79	82	87	91	...	–
현재가치	68	65	62	59	56	...	1,500

75불을 10%로 1년간 할인한 현가 (1 년후 현재가치 68)

87불을 10%로 4년간 할인한 현가 (4 년후 현재가치 59)

대기업들의 자본비용이 8%에서 10% 수준임을 고려하여, 표 2.3에서는 Value기업의 자본비용을 10%로 가정하여 매년의 현금흐름을 할인한 현가 합계, 즉 기업가치가 1,500달러로 계산된다. Volume기업에 대해서도 동일한 계산과정을 거치면 1,000달러의 기업가치를 얻게 된다. 또한 두 기업의 가치를 첫 해 예상 이익인 100달러로 나누어서 PER를 계산하면, Value기업의 PER는 15, Volume기업의 PER는 10을 얻게 된다. 결국 두 기업이 동일한 이익과 이익성장률을 갖고 있음에도 투자율과 현금흐름의 차이로 인하여 이익배수가 달라지게 됨을 알 수 있다.

이처럼 Value기업이 더 많은 현금흐름을 창출해낼 수 있는 이유는 Volume기업보다 적은 투자금액이 소요되기 때문이며, 이것은 바로 자본수익률이 높은 것에 기인한다. 즉 Value기업은 첫 해 100달러의 이익 중 25달러를 투자해서 둘째 해에 5달러의 이익성장을 얻으므로, 자본수익률은 둘째 해의 이익성장 5달러를 첫 해 투자금액 25달러로 나누면 20%가 된다.[10] 한편 Volume기업의 자본수익률은 둘째 해의 이익성장 5달러를 첫 해 투자금액 50달러로 나누면 10%가 된다. 결국 ROIC와 성장률은 다음 등식에서 보듯이 현금흐름을 결정하는 투자율과 수학적으로 연결되어 있다.

$$\text{투자율} = \text{성장률} \div \text{ROIC}$$

Value기업: $25\% = 5\% \div 20\%$

Volume기업: $50\% = 5\% \div 10\%$

10 여기서 둘째 해의 이익 증가분은 모두 첫 해 투자에 기인하는 것으로 가정하며, 기존 자본수익률도 변화가 없는 것으로 가정한다.

[표 2.4] **성장률과 ROIC 조합에 대한 지급가능 현금흐름 비율**

현금흐름/이익 비율 (%)

성장률 \ ROIC	7%	9%	13%	25%
3%	57%	67%	77%	88%
6%	14%	33%	54%	76%
9%	−29%	0%	31%	64%

이들 세 변수들은 등식으로 연결되어 있으므로 두 변수 값만 알면 세 번째 변수의 값을 알 수 있다. 따라서 어떤 기업의 성과평가를 하는 데 있어서 세 변수 중 어느 두 변수 값만 알면 된다. 그 중에서도 성장률과 ROIC를 중심으로 기업성과를 평가하는 것이 더 유용한 경제적 통찰력을 가져다 준다. 예를 들면 Value기업과 Volume기업의 성장률은 5%로 동일하지만, ROIC는 투자율의 차이로 인하여 Value기업은 20%이나, Volume기업은 10%에 지나지 않는다.

표 2.4는 특정 연도의 성장률과 ROIC의 조합에 따라 투자자들에게 지급가능한 현금흐름이 얼마나 되는지를 보여준다. 이 표를 통해 현금흐름 결정요인으로서 두 변수의 중요성을 확인할 수 있다. 즉 성장률이 낮고 ROIC가 높으면 이익 대비 현금흐름의 비율은 높게 되지만, 성장률은 높고 ROIC는 낮을 경우 현금흐름 비율은 음수가 될 수 있다.[11] 그러나 이 표는 당해 연도에 국한된 스냅샷으로서 낮은 성장률이 더 좋다는 의미는 결코 아니다. 높은 성장률은 현재의 현금흐름을 낮추지만 장기적으로 더 높은 현금흐름을 가져올 수 있는 것이다.

11 역주: 예를 들어 표에서 성장률 3%와 ROIC 25%인 경우, 현금흐름/이익 비율 = 100% − 3% ÷ 25% = 88%로 계산된다.

[표 2.5] **성장률과 ROIC 조합에 대한 기업가치 계산결과**

기업가치[1], 달러

성장률		ROIC 7%	ROIC 9%	ROIC 13%	ROIC 25%
	3%	900	1,100	1,400	1,600
	6%	700	1,100	1,600	2,100
	9%	400	1,100	1,900	2,700

1 첫 해 이익 100달러와 9% 자본비용을 가정하여 계산된 미래 현금흐름의 현재가치임(15년까지는 해당 셀의 성장률을, 그 이후는 4.5% 성장률을 가정함).

표 2.5는 성장률과 ROIC의 조합에 따른 미래 현금흐름을 자본비용으로 할인한 가치를 보여주고 있다. 여기서 자본비용은 9%를 가정했으며, 첫 해의 이익은 100달러를 가정했다.[12] 표에 나타난 결과는 실제 현실에서 쉽게 찾아볼 수 있다는 점에서 의미가 있다. 예를 들어 전형적인 대규모 기업에 대하여 성장률은 연간 약 5~6%, ROE는 13%, 자본비용은 9%라고 가정한다면, 이 기업의 가치는 표의 해당 셀에서 약 1,500~1,600달러가 됨을 알 수 있으며, 이를 첫 해의 이익 100 달러로 나누면 PER는 약 15~16배가 될 것이다. 이 정도의 PER 값은 불경기를 제외하면 실제로 대기업들의 PER 중앙값에 해당한다.

또한 표에서 보면 성장률을 고정한 상태에서 ROIC가 증가할수록 기업가치는 증가하고 있다. 다시 말해, 다른 조건이 일정하다면, 높은 ROIC는 항상 기업가치에 긍정적인 영향을 준다. 그러나 성장률은 반드시 그렇지만은 않다. ROIC가 높은 수준에서는 성장률이 높을수록 기업가치도 증가하지만, ROIC가 낮은 수준에서는 성장률이 높을수록 기업가치는 감소한다. 이처럼 성장률

12 성장률은 15년까지 해당 셀의 성장률을, 그 이후는 4.5%를 가정했다. 만약 한 기업의 성장률이 영원히 경제 성장률 이상으로 지속된다면, 전체 경제를 모두 그 기업이 인수하는 셈이 될 것이다.

이 기업가치를 증가 또는 감소시키게 되는 경계선은 ROIC가 자본비용과 같을 때이다. ROIC가 자본비용보다 높을 때는 성장률이 기업가치를 증가시키게 되지만, ROIC와 자본비용과 같은 경계선 상에서는 성장률의 높고 낮음이 기업가치에 차이를 발생시키지 않는다.

우리는 종종 기업이 성장할수록 자본수익률은 자연히 증가하므로, ROIC가 낮은 기업들도 성장에 매진해야 한다는 주장을 듣는다. 그러나 이러한 주장은 신생기업 또는 자본활용도가 극히 저조한 기업들에 대해서만 적용될 수 있을 뿐이다. 일반적으로 낮은 ROIC는 잘못된 사업모델이나 매력적이지 않은 산업구조를 반영하는 경우가 많다. 부록 A를 보면 가치창출의 핵심을 이들 성장률과 ROIC의 함수로 표현하는 수학적 도출과정을 통해 설명하고 있다.

실제 현실의 증거

앞에서 설명한 가치창출의 핵심에 관한 논리는 실제로 주식시장에서 주가로 평가되어 나타난다. 이미 앞에서 언급했듯이 Walgreens가 Wrigley보다 훨씬 높은 성장률을 보였음에도 주주수익률은 왜 같은 수준으로 나타났는지를 살펴보았다.

또 다른 예로서 GE의 잭 웰치(Jack Welch)는 CEO로 재직하던 10년간 주가가 1991년의 5달러에서 2001년 40달러로 상승함에 따라 주주들에게 배당금 포함 5천190억 달러의 가치를 벌어주었다. 동일한 금액을 S&P500 지수에 투자했다면 가치 증가분은 2천120억 달러에 불과했을 것이다.

GE가 어떻게 이렇게 많은 주주가치 증가를 가져왔을까? GE의 제조부문과 금융부문은 서로 차이는 있지만 모두 이러한 가치증가에 크게 기여하였다. 해당 기간 동안 GE의 제조부문 수익은 경제성장률보다 낮은 연 4%로 성장하였지만, ROIC는 13%에서 31%로 급증하였다. 금융부문은 좀더 균형잡힌 모습을 보였는데 연 18%의 성장률을 보이면서 ROIC는 14%에서 21%로 증가하였다. 결국 제조부문에서는 ROIC가 가치창출에 주요 원동력이 되었고, 금융부문은 성장률과 ROIC가 모두 가치창출에 크게 기여했다고 할 수 있다.

이처럼 기업 차원에서 살펴본 가치창출의 핵심원칙이 산업 차원에서도 적용될 수 있을까? 이에 대한 답을 찾기 위해 소비재 산업에 속하는 기업들을 생각해보자. 이 산업 내의 Procter & Gamble이나 Colgate Palmolive와 같은 기업들은 고성장기업들은 아니지만, 시장에서 이들 기업의 이익배수는 높게 평가 되고 있다.

소비재 산업 내의 전형적인 대기업들은 1998년부터 2007년까지 연간 약 6% 성장하여 모든 대기업 성장률의 평균치인 8%보다 낮은 수준을 보였다. 그러나 금융위기 직전인 2007년말 이들 대기업의 PER 중앙값은 약 20배로서 모든 대기업의 중앙값 17배보다 높은 수준이었다. 결국 이들 대기업의 높은 이익배수는 높은 ROIC로 설명될 수 밖에 없는데, 실제로 이들 대기업의 ROIC 중앙값은 20%인데 비해 전체 대기업의 중앙값은 13%에 지나지 않았다.

2008년 80억 달러의 수익을 기록한 Campbell Soup과 160억 달러의 수익을 기록한 고도성장 할인매점인 Kohl을 비교해보면 더욱 분명해진다. 2000년대 중반에 Kohl의 수익은 연 15%의 높은 성장률을 보인 반면, Campbell은 겨우 4%의 성장률을 보였음에도 불구하고 두 기업의 PER는 거의 비슷한 수준이었다. 결국 Campbell은 연 50%에 달하는 높은 수준의 ROIC를 통해 낮은 성장률을 만회할 수 있었고, 이에 반해 Kohl의 ROIC는 연 15%에 불과하였다.

이제 가치창출의 핵심원칙이 국가나 글로벌 차원에서도 적용될 수 있는지 살펴보기 위하여 왜 미국 기업들이 일본이나 아시아의 호랑이 국가들(홍콩, 대한민국, 대만, 싱가폴)의 경쟁기업들보다 더 높은 이익배수를 보이는지 그 원인을 찾아보자.[13] 어떤 경영자들은 그 원인을 단순히 투자자들이 미국 기업들에 더 높은 가격을 지불할 용의가 있기 때문이라고 생각한다. 또 어떤 경우에는 미국 이외 국가의 기업들이 뉴욕증권거래소에 상장함으로써 주가 상승을 기대하기도 한다.

그러나 미국 기업들이 높은 이익배수에 거래되는 진정한 이유는 이들 기업의 자본수익률이 높다는 사실 때문이다. 실제로 미국 대기업의 ROIC 중앙값은 2007년에 16%인 반면, 아시아 국가 대기업들이 중앙값은 10%이었다. 역사적으로 보더라도 아시아 국가 기업들이 수익성이나 ROIC보다는 성장률에 더 집착해왔다는 사실도 미국 기업들과의 이익배수 차이를 설명해준다. 물론 이와 같은 대략적인 비교는 기업간 또는 산업간 차이를 고려하지 않고 있는데, Toyota 자동차회사와 같은 몇몇 아시아 기업들은 미국 경쟁기업들보다 우월한 성과를 보이기도 한다.

가치창출의 핵심원칙은 PER가 시간에 따라 변화하는 패턴을 이해하는 데도 유용하다. 표 2.6은 1962년부터 2009년까지 S&P500지수 구성기업들의

13 미국 대기업들의 시가대장부가(market-to-book) 비율의 중앙값은 2007년 2.4인데 반해 아시아 호랑이 국가들의 대기업 중앙값은 약 1.8에 불과하였다.

[표 2.6] **시장 PER의 예측치**

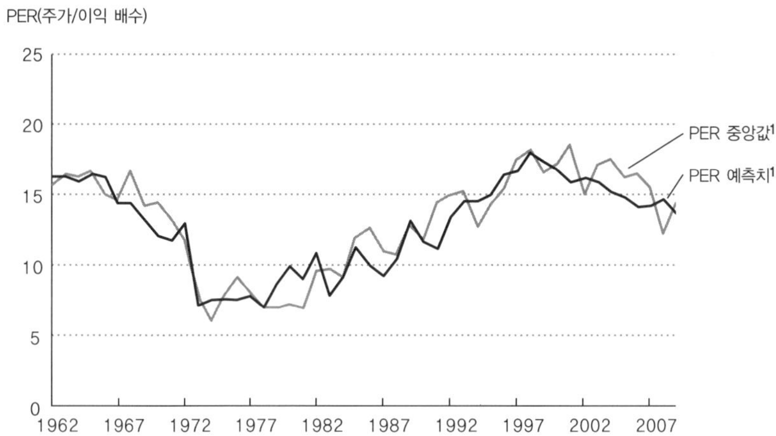

1 PER는 주가/12개월 예상 주당순이익으로 계산됨
출처: McKinsey Corporate Performance Center 분석자료

[표 2.7] **필수소비재 산업: 성장률과 ROIC의 조합에 따른 PER**

추정 PER 중앙값, 2007년 12월

수익 성장률 2004년~2007년 CAGR	2007년 ROIC 10%-20%	2007년 ROIC 20%-35%	2007년 ROIC > 35%
< 7.5%	16	16	17
7.5%-15.0%	14	17	20
> 15.0%	20	n/a[1]	n/a[1]

1 해당 셀의 기업 수가 2개 이하인 경우
출처: McKinsey Corporate Performance Center 분석자료

PER 중앙값을 보여주는 한편, 성장률, ROIC, 자본비용에 기반한 가치창출의 핵심원칙에 따라 계산된 PER의 예측치도 보여주고 있다. 표에서 보듯이, PER 예측치는 실제 값에 매우 근사하고 있음을 알 수 있다 (이들 관계에 대한 자세한 설명은 7장의 주식시장과 실물경제 부분을 참조).

가치창출의 핵심원칙이 필수소비재 산업의 기업들에게 어떻게 적용되는지 살펴보자. 표 2.7에는 수익 성장률과 ROIC의 조합에 따라 구분된 기업들의 PER 중앙값을 보여주고 있다. 첫 두 줄에서 보면, 일정한 성장률 하에서 ROIC가 높아질수록 PER가 높아지는 것을 알 수 있다. ROIC가 높은 오른쪽 두 칼럼을 보면, 성장률이 높을수록 PER도 높아지고 있으나, ROIC가 낮은 첫 칼럼에서는 성장률이 15% 이상인 고 성장기업들만 높은 PER를 보이고 있다. 이들 기업들을 좀더 자세히 들여다 보면 모두 신생기업들로 구성되어 있음을 알 수 있다. 즉 이들 기업은 수년간 고도성장에 필요한 자본을 대량 투자함에 따라 ROIC가 낮아진 것이다. 한편 낮은 ROIC와 중간 수준의 성장률을 보이는 기업들은 가장 낮은 PER를 보이고 있는데, 이것은 이들 기업의 성장률이 가치창출에 충분한 정도가 아니기 때문이다.

지금까지 성장률과 ROIC의 중요성을 보여주기 위해 기업가치의 요약 수단으로서 이익배수(PER)를 사용하였다. 그러나 실제로 이익배수를 분석하고 해석하는 것은 그리 간단치 않다. 부록 B에서는 이러한 이익배수를 분석하는데 있어 미묘한 점들을 해설해주고 있다.

기업 경영에의 시사점

자본수익률과 성장률이 기업경영의 차원에서 갖는 의미에 대해서는 10장과 11장에서 더 자세하게 살펴볼 것이다. 여기서는 표 2.5를 재검토하면서 경영자들을 위한 중요한 전략적 통찰을 찾아보기로 한다. 이 표에 나타나 있는 좌표를 이용하면 ROIC와 성장률의 변화가 기업가치에 어떠한 영향을 미치는지 파악할 수 있다. 즉, 고수익 기업들은 ROIC가 일정하다고 할 때 성장률을 증가시킴으로써 더 많은 가치를 창출하게 되며, 저수익 기업들은 성장률이 아닌 ROIC를 증가시킴으로써 더 많은 가치를 창출하게 된다.

좀더 구체적으로 표 2.8에서 보면, 강력한 브랜드를 소유한 전형적인 고수익 소비재 기업들은 성장률 1%의 증가가 10%의 가치 증가를 가져오는 반면, 전형적인 중간수익 소매기업들은 동일한 1%의 성장률 증가 결과 가치증가는

[표 2.8] **가치 증가분: 성장률과 ROIC 증가로 인한 영향**

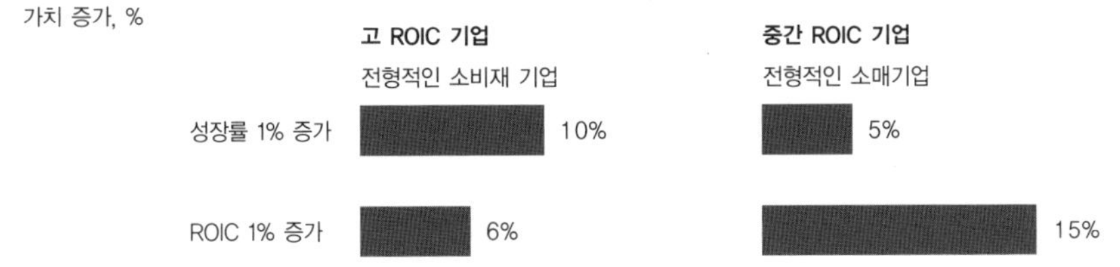

출처: McKinsey Corporate Performance Center 분석자료

5%에 불과하다. 한편, 중간수익 기업들은 ROIC 1%의 증가로부터 15%의 높은 가치증가를 얻지만, 고수익 기업들은 동일한 1% ROIC 증가 결과 가치증가는 고작 6%에 불과하다.

결국 고수익 기업들은 성장률에 집중하는 게 유리하고, 저수익 기업들은 성장률보다는 수익성 개선에 역점을 두어야 한다는 교훈을 얻을 수 있다. 물론 이러한 분석은 다른 조건이 일정할 때 성장률 1% 증가와 ROIC 1% 증가는 모두 동일한 정도로 어렵다는 가정을 기초로 한다. 그러나 현실적으로 서로 다른 산업과 기업에 있어서는 이 어려운 정도가 달라질 수도 있고, 성장률과 ROIC의 증감에 대한 상대적 영향도 달라질 수 있지만, 이러한 분석은 기업의 전략적 우

[표 2.9] **성장 형태에 따른 가치 창출: 소비재 기업**

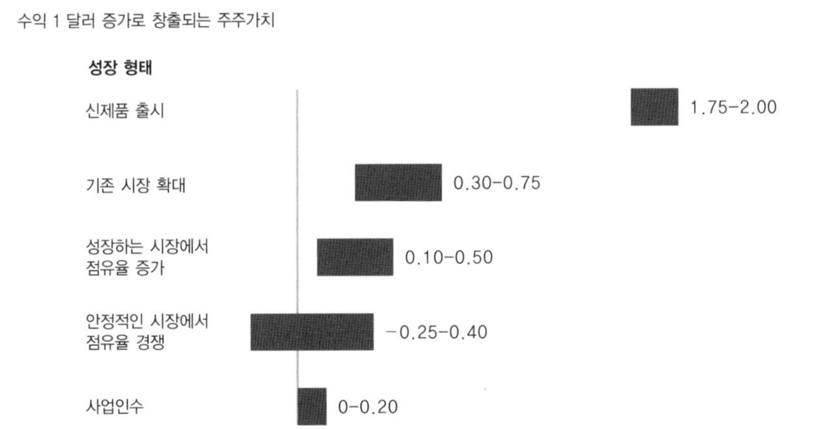

출처: McKinsey Corporate Performance Center 분석자료

선순위를 결정할 때 반드시 필요한 분석이라고 볼 수 있다.

지금까지 모든 성장은 동일한 자본수익률과 동일한 가치를 창출한다고 가정하였으나, 실제로는 그렇지 않다. 해당 산업과 기업에 따라 성장 형태가 다르게 되고 그에 따라 벌어들이는 수익률과 가치는 다르게 된다. 표 2.9에서는 전형적인 소비재 기업이 다른 형태의 성장으로부터 창출되는 가치가 서로 다르다는 것을 보여준다. 이 결과는 엄밀한 분석을 거친 것은 아니지만 우리에게 익숙한 특정 사례들에 기초하면서 일반적인 현실을 잘 반영해준다.[14] (서로 다른 성장 형태에 따라 가치창출 금액이 서로 다르게 된다는 것에 대한 추가적인 논의는 11장을 참조)

표 2.9는 1달러의 수익증가로 창출되는 주주가치를 보여주고 있다. 예를 들면 소비재 기업이 신제품 출시를 통해 1달러의 추가적인 수익을 벌어들이면 1.75~2달러의 주주가치가 창출됨을 보여준다. 여기서 가장 중요한 것은 가치창출 순위인데, 가장 많은 주주가치를 창출하는 성장형태는 신제품 출시이며, 가장 적은 주주가치 창출 성장형태는 사업인수이다. 이러한 양극단에 내재하는 핵심적인 결정요인은 자본수익률이다.

유기농 신제품 개발에 기초한 성장전략은 신규 자본을 많이 필요로 하지도 않고 기존 생산라인과 유통시스템에 추가될 수 있기 때문에 아주 높은 수익률을 종종 가져다 준다. 게다가 신제품 개발에 필요한 투자는 다년간에 걸쳐 지출되므로, 투자 초기의 결과가 그리 유망해 보이지 않는다면 투자자금을 줄이거나 취소할 수도 있다.

그러나 인수전략의 경우에는 모든 투자금액이 선지급되어야 한다. 이 선지급금은 목표기업에서 기대되는 현금흐름의 현가에 다른 인수경쟁자를 물리치기 위한 프리미엄이 더해져서 결정된다. 따라서 목표기업을 구조조정해서 매력적인 자본수익률을 창출해낸다고 해도 그 수익은 자본비용에 비하면 매우 작은 부분에 지나지 않는다.

공정하게 얘기하자면, 위 분석에서 실패위험을 고려하지 않았다. 많은 제품개발 아이디어는 시장에 도달하기 전에 실패하는데, 이러한 실패한 아이디어 비용은 표의 수치들에 포함되지 않았다. 또한 인수전략에서는 기존 기업에서 벌어들이는 수익과 현금흐름을 사용할 수 있다는 점에서 인수기업의 하향손실

14 우리는 각 성장 형태에 대한 사례를 찾아낸 후, 그들이 가치창출에 미친 영향을 측정하였다. 예를 들면 신제품 출시에 대하여 마진과 요구자본에 따라 여러 사례를 수집하여 분석하였다.

위험을 제한해주는 장점이 있다.

소비재 기업들에게서 두 번째로 낮은 가치창출을 가져오는 성장형태는 안정적인 시장에서 점유율 경쟁을 하는 것이다. 이것은 해당 산업 내의 모든 기업들에게 손해가 되는 가격전쟁과 같은 혹독한 일을 치르지 않고는 경쟁기업들이 순순히 물러서지 않을 것이기 때문이다.

가치창출 순위 사다리의 그 위 칸은 성장하는 시장에서 점유율을 증가시키는 것인데, 이것은 안정적인 시장에서 점유율 경쟁을 하는 것보다 더 많은 가치를 창출하게 된다. 그 이유는 시장이 빠르게 성장할 때는 경쟁기업들이 점유율을 다소 잃더라도 빠르게 성장해나갈 수 있고 가격전쟁으로 복수하려고 하지 않기 때문이다.

끝으로, 기존 시장을 확대한다는 것은 기존 시장에서 새로운 고객들을 찾아낸다는 것이므로 높은 가치를 창출해준다. 이러한 새로운 고객들을 만족시키는데 필요한 추가적인 비용이나 자본은 낮은 수준이다.

성장률과 ROIC 간의 상호작용도 매우 중요하다. 예를 들면 미국의 성공적인 고수익 기업들은 성장을 위한 투자가 ROIC(또는 이익마진)를 낮추게 된다면 투자를 하지 않겠다고 말한다. 우리가 잘 아는 한 기술기업은 30% 영업이익마진과 50% 이상의 ROIC를 갖고 있었는데, 25%의 수익률이 예상되는 사업은 기업 전체 수익률을 희석시킬 수 있다는 우려로 인해 투자를 원치 않았다. 여기서 25%의 수익률 사업기회는 이 기업 전체의 평균 수익률은 낮추겠지만 그래도 가치창출은 하는 사업이 아니냐고 반문할 수 있을 것이다.

그러나 현실적인 사례들을 보면, 낮은 수익률 사업에 투자하지 않는 것이 가치를 창조하게 된다는 것이 명확하다. 실제로 1996년부터 2005년까지 고수익기업(30% 이상의 자본수익률) 78개를 분석하였다.[15] 이 중에서 주주총수익률 기준으로 가장 높은 가치를 창출한 기업들은 가장 빠른 성장률을 보이면서 높은 자본수익률을 유지한 기업들이다. 두 번째로 높은 주주가치를 창출한 기업들도 역시 가장 빠른 성장률을 보이면서 보통 정도의 자본수익률 감소를 경험한 기업들로 나타났다. 이들 기업들은 성장률은 낮으면서 자본수익률은 오히려 증가한 기업들보다 더 높은 가치를 창출하였다.

기업이 성장할수록 고정비용을 더 많은 수익원들에 배분할 수 있게 되므로

15 Bin Jiang and Timothy Koller, "How to Choose between Growth and ROIC," McKinsey on Finance, no. 25 (Autumn 2007): 19-22.

수익률이 증가할 것이라는 생각에 저수익률 기업들도 성장률 증대를 통해 이익마진과 수익률을 개선할 수 있다고 말한다. 그러나 소규모 신생기업이나 자본활용도가 낮은 기업 이외에는 성장을 가속화 한다고 해서 낮은 자본수익률 문제가 해결되지 않는다. 낮은 자본수익률은 보통 항공산업과 같이 열악한 산업구조나 웹밴(Webvan)과 같은 잘못된 사업모델 또는 취약한 경영진 역량 등의 문제가 있음을 의미한다. 따라서 자본수익률의 문제가 해결되기 전까지는 성장 전략을 사용하지 말아야 한다. 1996년부터 2005년까지 저수익 기업 64개의 성과를 분석한 결과는 이러한 충고를 지지해준다. 즉 저성장이지만 자본수익률을 증가시킨 기업들은 고성장이면서 자본수익률을 증가시키지 못한 기업들보다도 더 우월한 성과를 보였다.

3

가치보존
The Conservation of Value

앞 장에서 논의한 가치창출의 첫 번째 원칙은 기업이 고성장 또는 고수익, 혹은 그 둘 간의 적절한 조합을 통해 더 많은 현금흐름을 창출해야만 가치가 창출된다는 것이었다. 두 번째 원칙인 **가치보존(conservation of value)**의 원칙은 첫 번째 원칙의 파생명제로서 현금흐름을 증가시키지 않는 어떤 기업 활동도 가치 창출을 하지 못한다는 것이다.

기업이 부채로 자기자본을 대체하거나 부채를 발행하여 자기주식매입을 하는 것은 기업 현금흐름에 대한 청구의 소유권을 바꿀지는 몰라도 총현금흐름은 변화시키지 않으므로, 기업가치는 전혀 변화하지 않고 그대로 보존된다. 마찬가지로 실질적인 현금흐름은 변하지 않았는데 회계처리만을 변경하여 현금흐름의 모습만 바꾸는 것도 기업가치를 변화시키지 못한다.[16]

이러한 원칙이 일견 명백한 것으로 보일 수도 있으나, 기업 경영자와 투자자, 전문가들은 종종 찾기 힘든 공짜 점심의 매력에 빠져 더 높은 가치로 보이게 하는 회계처리 방법을 선택하거나 특이한 재무구조가 큰 돈을 벌어줄 것이라는 잘못된 기대를 하기 때문에 이를 좀 더 명확히 하는게 필요하다.

경영자주식옵션을 어떻게 처리해야 할 것인가에 대한 오랜 논쟁은 경영자들이 여전히 주식시장의 무지를 믿고 있다는 것을 보여준다. 기업은 종업원들의 이해가 기업의 이해관계와 일치하도록 동기부여를 하기 위해서, 그리고 현

16 한 기업의 자본구조에서 더 많은 부채를 사용함으로써 자본비용을 절감하게 된다면 기업가치는 증가될 수 있다. 그러나 이 경우에도 기업가치 증가의 원천은 세금절감이지만, 세전 자본비용에는 변함이 없는 것이다. 더 자세한 내용에 대해서는 15장의 자본구조 부분을 참조하시오.

금을 절약(특히 젊은 신생기업들에게 중요함)하기 위해서 현금 보상 대신에 경영자주식옵션을 발행한다. 경영자주식옵션이 발행되는 시점에는 직접적인 현금 효과가 없지만, 그 옵션이 행사될 경우에는 지분 희석화를 통해 기존 주주들에게 귀속되는 현금흐름을 줄이게 된다. 그럼에도 불구하고 1970년대부터 사용되어오고 있던 회계기준에 의하면 기업은 경영자주식옵션을 발행한 효과를 손익계산서에 보고하지 않아도 된다.

경영자주식옵션이 점점 중요해지면서, 1990년초에 재무회계기준위원회(FASB)는 이러한 회계처리의 오류를 인정하고, 기업이 발행한 경영자주식옵션의 가치를 비용으로 기록하도록 변경할 것을 제안하였다. 워런 버핏(Warren Buffett)과 다른 사람들은 만약 옵션이 종업원들에게 가치가 있다고 한다면 이것은 주주들에게 비용이 되어야 한다는 것을 이미 분명히 알고 있었다. 그러나 많은 경영자들과 벤처 자본가들은 만약 옵션이 손익계산서에 비용으로 나타나게 되면 투자자들이 우려하게 될 것이라고 걱정했다. 어떤 사람들은 옵션으로 많은 보상을 지급하는 젊은 신생기업들이 손실을 보게 될 것이기 때문에 벤처캐피탈 산업 전체가 훼손될 수 있다고 주장하였다. 그들은 상원의원 조 라이버맨(Joe Lieberman)을 설득시켜 FASB로 하여금 회계기준 변경을 중단시키기 위한 법안을 제안하였다.

FASB는 이 이슈를 다루기 시작하여 10여 년이 지난 후, 그리고 닷컴버블을 지나 2000년대 초에 회계부정으로 인해 반대 의견이 약해진 상태에서 새로운 회계기준을 2004년에 최종적으로 발표하였다.[17] 엄청난 부정적인 예측에도 불구하고, 주가는 새로운 회계처리 기준의 적용에 대해 별다른 반응이 없었는데, 그 이유는 시장이 이미 옵션의 비용을 가치평가에 반영시켰기 때문이다. 한 존경받는 애널리스트가 말하길, "나는 그 옵션이 비용으로 기록되건 단순히 주석으로 공시되건 별로 상관하지 않는다. 이미 그 정보로 무엇을 해야 하는지 알고 있기 때문이다."

곧 알게 되겠지만 가치보존의 원칙은 이 같은 주식옵션에 대한 회계처리 문제 이외에도 더 많은 중요한 이슈들을 함축하고 있다. 예를 들면 가치보존의 원칙은 기업인수에서 가치창출의 원천이 단순히 보고이익의 증가 때문인지, 그리고 주주들에게 현금은 환원해주기 위하여 배당금 대신 자기주식매입을 사용해야 하

17 2004년 12월에 재무회계기준(Financial Accounting Standard) 제123호가 발표되었고, 2005년 6월 15일 이후부터 적용되었다.

는지, 금융공학이 과연 가치를 창출하는건지 등과 같은 질문에 답할 수 있다.

경영자들은 현금흐름을 증가시키는데 관심을 집중해야 하며, 기업가치를 투자자들 간 단순히 재배분하거나 보고된 이익의 겉모양만 개선하는 속임수는 쓰지 말아야 한다. 또한 경영자들은 기업 이익의 크기를 실제로 증가시키는지 확신할 수 없는 한 기업가치를 창출할 수 있다고 주장하는 제안들을 경계해야 한다. 가치창출의 원천을 분명히 구분해낼 수 없다면 환상을 보고 있는 것일 수 있기 때문이다.

가치보존의 기초

가치보존의 원칙은 노벨 경제학상 수상자인 프랑코 모딜리아니(Franco Modigliani)와 머튼 밀러(Merton Miller)가 1950년대 말과 1960년대 초에 과연 경영자들이 기업의 자본구조를 변경하여 주가를 증가시킬 수 있는가에 대한 답을 제공했던 선구자적인 업적에 기초를 두고 있다. 1958년에 그들은 기업이 창출한 현금흐름의 총량이 변하지 않는 한 부채와 자기자본의 소유구조를 변경하는 것만으로는 기업가치가 변하지 않는다는 것을 보여주었다.[18]

예를 들어 부채가 하나도 없고 매년 현금흐름 100달러를 창출하는 기업을 생각해보자. 만약 이 기업의 가치가 1,000달러인데, 200달러를 차입하여 주주들에게 지급한다고 가정하자. 우리가 알고 있는 가치창출의 핵심원칙과 가치보존의 원칙에 의하면, 이 기업의 주주와 채권자에게 지급할 매년 현금흐름이 여전히 100달러이기 때문에, 이 기업의 가치는 여전히 1,000달러이고, 그 중에서 채권자 몫은 200달러, 주주의 몫은 800달러가 된다.

그러나 대부분의 국가에서 차입금에 대한 이자비용은 소득공제가 되기 때문에 차입으로 인해 기업이 지급할 총 세금은 적어져서 주주와 채권자에게 지급 가능한 현금흐름은 증가하게 된다. 게다가 부채를 보유하여 경영자를 더 부지런하게 함으로써 기업의 현금흐름을 증가시킬 수도 있다. 반면에 부채를 보유함으로써 경영자가 매력적인 투자기회에 필요한 자본을 조달하는 것이 더 어려워질 수도 있으며, 이럴 경우 기업의 현금흐름은 감소할 수도 있다. 중요한 것은 부채로 자기자본을 대체하는 것 자체가 아니라, 그러한 대체를 통해 얻어

18 F. Modigliani and M. H. Miller, "The Cost of Capital, Corporate Finance and the Theory of Investment," American Economic Review 48 (1958): 261-297.

진 세금절약이 기업 현금흐름을 증가시키고 경영의사결정의 변화가 기업 가치를 변화시키게 되느냐에 달려있는 것이다.

이와 관련하여 1960년대에 재무 학계에서는 효율적 시장이라는 아이디어를 개발해냈다. 효율적 시장의 의미와 유효성에 대해서는 계속 논쟁이 있어 왔고, 특히 2000년대 닷컴버블과 부동산 버블의 붕괴 이후 더 열띤 논쟁이 있었지만, 효율적 시장에 관한 한 가지 시사점은 여전히 변함이 없다. 그것은 기업이 실제 현금흐름을 증가시키지 않은 채 보고된 회계이익만을 증가시킨다고 해도 주식시장은 쉽게 속아 넘어가지 않는다는 점이다.

우리는 이 장의 앞부분에서 경영자주식옵션에 대한 회계처리의 문제를 살펴보았다. 이와 유사한 예로서, FASB에서 2002년부터 영업권상각제도를 폐지했을 때와 국제회계기준위원회(IASB)도 2005년에 이를 폐지했을 때, 많은 기업들이 증가된 이익을 보고하였으나 이러한 회계처리 변경이 현금흐름에는 영향을 주지 않았기 때문에 실제로 기업가치에는 변동이 없었다. 이것은 현금흐름에 영향을 주지 않는 기업활동에 시장이 속아 넘어가지 않는다는 강력한 증거가 된다.

기업 경영에의 시사점

가치보존의 원칙은 가치창출을 위한 기업활동이 어떤 것이어야 하는지를 알려준다는 점에서 매우 유용하다. 간단히 말해서 현금흐름에 영향을 줄 수 있는 기업활동을 찾아야 한다. 이 원칙은 9장의 회계정책, 13장의 인수합병, 12장의 기업 포트폴리오 결정, 15장의 배당정책과 자본구조정책 등과 같이 중요한 경영의사결정에 광범위하게 적용된다. 아래에서는 이 원칙이 자기주식매입과 인수합병, 금융공학에 어떻게 적용되는가에 대해 논의하도록 하겠다.

자기주식매입

15장에서 더 자세히 다루게 되는 자기주식매입은 투자자들에게 현금을 환원해주는 방법으로 많이 사용된다. 1980년 초까지만 해도 미국의 대기업들이 주주들에게 배분해준 총 이익의 90% 이상이 배당금이었고 자기주식매입은 10%도 채 안되었다. 그러나 1998년 이후 총 배분이익의 50~60%는 자기주식매입으로 이루어지고 있다.[19]

19 Michael J. Mauboussin, "Clear Thinking about Share Repurchases," in Mauboussin on Strategy (Legg Mason Capital Management, 2006).

자기주식매입이 가치창출을 하는지 판단하기 위해서는 자기주식매입에 사용된 자금의 원천을 파악해야 한다. 예를 들면 어떤 기업이 발행주식의 10%를 매입하는 데 필요한 자금 100달러를 차입하고, 이에 대해 6%의 이자를 지급한다고 가정하자. 그러면 총 이익은 세후(35%) 이자비용인 3.9달러만큼(100 × 0.06 × (1 − 세율)) 감소하고, 발행주식 수는 10% 감소할 것이므로, 주당이익은 약 5%만큼 증가할 것이다.

이처럼 쉽게 주당이익이 5% 증가한다는 것은 아주 매력적으로 보인다. 게다가 이 기업의 PER(P/E ratio)가 일정하게 유지된다고 가정하면, 이 기업의 주당 시장가치도 5% 증가할 것이다. 결국 PER를 그대로 유지한 채 주당이익이 증가한다는 것은 공짜로 가치증가를 얻을 수 있다는 셈이 된다.

그러나 불행히도 이 예는 총 현금흐름을 증가시키지 않기 때문에 가치보존의 원칙에 맞지 않는다. 주당이익을 5% 증가시키기 위해 부채가 증가하였다는 점을 고려해야 한다. 또한 부채비율의 증가는 자기자본에 대한 현금흐름의 변동성을 키우게 되고, 투자자들은 더 높은 수익률을 요구하게 된다. 결국 주가는 하락하고 PER도 감소하여 주당이익 증가라는 매력을 상쇄하게 된다.

한편 자기주식매입이 현금흐름을 증가시키지 않았더라도 최소한 경영자가 그 현금을 낮은 수익률에 투자할 가능성을 줄인다고 얘기할 수 있다. 이처럼 경영자가 비효율적인 투자를 할 가능성이 정말로 존재한다면 자기주식매입을 통해 영업현금흐름이 증가될 수 있으므로 가치창출이 가능하다고 할 수 있다. 달리 말하면, 저수익의 비효율적 투자의 가능성이 높다면 자기주식매입은 가치파괴를 회피하는 전술로서 의미를 가진다고 볼 수 있다.

흔히 경영자는 주가가 저평가되고 있을 때 자기주식을 매입해야 한다고 말한다. 만약 현재의 주가가 기업의 잠재력을 충분히 반영하지 못하고 있다고 믿는 경영자가 오늘 자기주식을 매입한다고 가정해보자. 그리고 1년 후, 경영자가 기대한대로 시장가격이 조정되었다고 가정하자. 과연 이때 가치창출이 이루어졌다고 말할 수 있는가? 대답은 "그렇지 않다"이다. 단지 1년 전에 주식을 매도한 주주들로부터 주식을 매도하지 않고 계속 보유한 주주들에게로 가치가 이전되었을 뿐이다. 즉 계속 주식을 보유한 주주들은 이익을 보았을지 모르지만, 주주 전체로 보아서는 가치변화가 없는 것이다. 이처럼 주가가 저평가되고 있을 때 자기주식을 매입하는 것은 계속 보유하는 주주들에게 유리하다고 할 수 있지만, 실증적인 연구 결과 자기주식매입의 시점이 적절하지 않고 오히려 주가가 높을 때 종종 자기주식매입을 하는 것으로 나타난다.

원칙적으로 경영자들은 주당이익을 부풀림으로써 가치를 창출하는 것처럼 보이는 거래들에 주의해야 한다. 가치창출의 원천이 어디에 있는가에 대해 항상 질문해야 한다. 예를 들면 연구개발집약적 산업의 기업들은 주당이익을 낮추게 되는 연구개발비용을 절감하기를 기대하여 복잡한 조인트벤처들과 함께 연구개발지출을 자본화하고자 하는 다양한 방법들을 검토한다. 그러나 그 조인트벤처가 단기 주당이익을 증가시키고 가치를 창출하는가? 대답은 "아니오"이며, 오히려 성공 잠재력(그리고 물론 위험도)을 파트너에게 이전하는 셈이기 때문에 가치를 갉아먹는 결과를 가져온다고 볼 수 있다.

인수합병

13장에서 더 자세히 다루게 될 인수합병을 통해 가치를 창출하기 위해서는 결합된 두 기업의 수익성장 가속화나 비용절감, 또는 고정자산과 운전자본의 효율적 사용 등으로 인한 결합된 현금흐름이 증가될 수 있어야 한다.

Johnson & Johnson이 Pfizer의 소비자건강사업을 2006년 말에 160억 달러에 인수했을 때 매년 6억 달러의 비용을 절감할 수 있을 것이라고 공시하였다. 이러한 비용절감은 두 기업의 소비자사업부문의 결합영업이익을 30% 증가시켰으며, 현가로는 50억에서 60억 달러에 해당한다. 이러한 비용절감만으로도 인수가격의 3분의 1을 보전할 수 있었기 때문에 이 거래는 가치창출 거래임이 분명했던 것이다.

수익 증대에 기초한 또 다른 가치창출 사례는 Johnson & Johnson이 스킨케어 제품을 생산하는 Neutrogena를 1994년에 9억2천4백만 달러에 인수한 것이다. 그 후 신제품개발과 미국 이외 국가에서 브랜드 존재를 강화함으로써 Johnson & Johnson은 Neutrogena의 매출을 2억8천1백만 달러에서 2002년 7억7천8백만 달러로 증가시켰다. 표 3.1은 Johnson & Johnson이 Neutrogena 브랜드로 출시한 신제품의 범위를 보여준다.

이러한 두 가지 형태 인수합병의 공통적인 요소는 미미한 변화가 아니라 급진적인 성과개선을 추구했다는 점이다. 그러나 때로는 소위 마법이라고 불릴 수 밖에 없는 요소들을 통해 정당화시키려는 인수합병도 볼 수 있다. 예를 들면 기대현금흐름을 기준으로 A기업은 100달러의 가치를 갖고, B기업은 50달러의 가치를 갖는다고 가정하자. A기업은 B기업을 50달러에 인수하고 그 대가로 주식을 발행해준다. 단순화를 위해 결합 현금흐름은 증가되지 않을 것으로 기대된다고 가정하자. 이 때 결합된 AB기업은 얼마의 가치를 갖는가?

[표 3.1] **Johnson & Johnson이 Neutrogena의 고도성장을 추진한 사례**

출시제품	출시 연도 1994-1996	 1997-1999	 2000-2002
남성용			• 남성제품 라인 완성
화장품			• "Dermatologist Developed" 85개 이상의 상품라인
발제품		• "Clean" 브랜드의 신제품	
자외선 차단제품	• 비스틱형 선스크린 • SPF 손로션	• 투명 선스크린	• Healthy Defense 브랜드
바디케어	• Rainbath 브랜드 (재출시) • 노르웨이식 발크림 브랜드	• Body Clear 브랜드	
얼굴케어			
여드름	• On-the-Spot 브랜드 여드름 치료제	• 종합비타민 여드름 치료제 • 무유분 여드름 치료제	
보습제	• Healthy Skin Care 브랜드	• 야간 보습제	• Visibly Firm 브랜드
클렌징 크림	• 모공 치료제 • Deep Clean, Deep Pore 브랜드	• Extra Gentle 브랜드 • 모공수축 브랜드	• Skin Clearing 브랜드

출처: McKinsey Corporate Performance Center 분석자료

인수 직후, 두 기업은 그 이전과 동일한 현금흐름을 갖고, 두 기업의 원래 주주들은 결합기업의 주식을 계속 보유한다. 따라서 AB기업은 150달러의 가치를 가질 것이고, 원래의 A기업 주주들은 100달러의 가치를 갖고, 원래의 B기업 주주들은 50달러의 가치를 갖게 된다.

이러한 거래에 추가적인 가치를 부가하기 위해 경영자와 재무전문가들은 다음과 같은 것을 시도한다. 이를 살펴보기 위해 A기업은 내년에 5달러를 벌 것으로 예상되어 PER는 20배가 된다고 가정하자. B기업은 내년에 3달러를 벌 것으로 예상되며 PER는 16.7배가 된다고 가정한다. 그렇다면 AB기업의 PER는 얼마가 되겠는가? 간단한 계산만으로 AB기업의 가치는 150달러로 유지되고 이익은 8달러이므로, PER는 A기업과 B기업의 중간인 약 18.8이 된다.

그러나 마법은 여기서부터 시작된다. 즉 일단 A기업이 B기업을 인수하면,

A기업의 PER 20이 B기업의 이익에도 적용될 것으로 믿는다. 달리 말해서 B기업의 이익이 A기업에 의해 인수되면서 더 높은 가치를 갖는다고 믿는 셈이다. 따라서 AB기업의 가치는 10달러만큼 증가하여 160달러가 될 것이다.

이러한 현상을 놓고 미국에서는 **배수확장(multiple expansion)**, 그리고 영국에서는 **재평가(rerating)**라고 부른다. B기업의 이익배수가 A기업의 이익배수로 확장되는 이유는 A기업 이익에 결합된 B기업 이익이 대등한 가치를 가질 수 없을 수도 있다는 것을 시장이 깨닫지 못하기 때문이다. 이것은 B기업의 이익이 A기업의 이익과 혼합되어 더는 차이를 분간하기 어렵게 되기 때문이다.

물론 이와 같은 환상은 논리적이거나 대칭적일 필요는 없다. 다른 형태의 배수확장으로서 앞에서와 반대 방향으로 B기업이 A기업을 인수할 경우에도 배수확장이 적용된다. 이때는 낮은 PER 기업이 높은 PER 기업을 인수하기 때문에 고성장기업으로 전환될 것이다. 고성장은 일반적으로 좋은 것이며, B기업이 성장을 가속화하기 때문에 PER가 증가한다는 이론적 근거가 있다.

만약 배수확장과 같은 오류가 사실이라면, 누가 인수기업이고 누가 피인수기업인지를 불문하고 낮은 PER 기업의 PER가 높은 PER 기업 수준으로 상승할 것이기 때문에 모든 인수거래는 가치를 창출하게 될 것이다. 그러나 이러한 배수확장 개념은 일견 매력적으로 보일지 모르지만, 낮은 PER 기업이 높은 PER 기업과 합병된다는 이유만으로 가치는 창출되지 않는 것이다. 그럼 왜 이러한 명백한 환상을 논의하는지, 그리고 과연 모든 기업 경영자들이 이것을 알고 있는지에 대해 의문이 생긴다. 기업들은 종종 배수확장과 같은 논리로 기업인수를 정당화하려고 하는데, 이를 지지하는 실제 데이터는 존재하지 않는다. 결국 우리의 논의는 매우 간단하다. 즉 증가된 현금흐름이 어떠한 구체적인 원천에서 오는지를 밝히지 못한다면, 주식시장은 여기에 속아 넘어가지 않는다는 점이다.

금융공학

15장에서 더 광범위하게 다룰 예정인 금융공학은 가치보존의 원칙이 적용되는 또 하나의 중요분야이다. 우리 목적상 금융공학을 **기업의 자본구조와 위험 프로파일을 관리하기 위하여 일반 부채나 자기자본이 아닌 다른 형태의 재무증권이나 구조를 이용하는 것**으로 정의하기로 한다.

금융공학에서는 파생상품이나 구조화채권, 유동화, 그리고 부외 자금조달과 같은 것을 사용한다. 이러한 활동 중 일부는 실제로 가치를 창조하기도 하지만, 대부분 그렇지 못하다. 그러나 이처럼 부가가치를 가져다 주지 못하고 단기 환상에 불리할 뿐인 금융공학을 활용하고자 하는 동기는 매우 강렬하다.

미국의 많은 호텔기업들은 그들이 운영하는 호텔들의 대부분을 직접 소유하지 않는다. 그 대신 호텔들 자체는 파트너십 또는 부동산투자신탁(REITs)과 같은 형태로 구조화된 회사에 의해 소유된다. 일반 제조기업과 달리, 파트너십이나 REITs 회사는 미국에서 법인세를 내지 않으며, 단지 해당 회사의 소유주가 소득세만 낼 뿐이다. 이처럼 미국에서는 호텔을 파트너십이나 REITs 형태로 소유함으로써 법인세 전체를 회피할 수 있다. 결국 정부에 납부된 전체 소득세는 적어지지만 소유와 경영의 분리에 따라 투자자들에게 귀속되는 총 현금흐름은 많아지기 때문에 더 유리하다. 이것이 바로 금융공학을 통해 현금흐름을 증가시키고 실제 가치를 추가할 수 있는 좋은 예이다.

반면에, 금융공학의 부정적인 사례로서 2007년~2009년의 금융위기를 초래한 부채담보부증권(CDO)을 생각해보자. CDO는 다음과 같이 구성된다. 먼저 CDO 스폰서(전형적으로 은행)가 다양한 대출채권들을 매수할 특수목적기구(SPV)라는 새로운 법적 주체를 설립한다. 여기서 대출채권은 기업대출, 모기지대출, 또는 다른 CDO일 수도 있다. 이 새로운 법적 주체는 매수한 대출채권으로부터 나오는 현금흐름으로 상환해나갈 CDO를 발행한다.

표 3.2는 이러한 CDO에서 발생하는 원리금 지급의 흐름을 예시하고 있다. 개별 주택소유자들이 모기지채권관리기관에게 지급한 원리금은 모기지담보부증권(CMO)을 발행한 SPV에게 전달되며, 최종적으로 투자자들에게 전달된다. 여기서 투자자들은 CDO 발행주체도 포함하며, CDO 발행주체들은 여러 CDO 투자자들에게 원리금을 지급한다.

그러나 투자자들이 받은 총 현금흐름은 그들이 해당 대출과 증권을 직접 소유한다고 했을 때 받게 될 금액보다 클 수가 없다. 실제로 수수료와 거래비용 때문에 CDO 투자자에게 지급될 총 현금흐름은 해당 대출로부터 나오는 현금흐름보다 적어야 한다. CDO의 이점은 은행으로 하여금 CDO를 통해 대출자산을 매각함으로써 대차대조표에서 제거할 수 있고, 따라서 은행 자기자본의 일부를 신규대출에 사용될 수 있도록 해준다는 점이다. 추가적인 대출은 거래비용의 형태로 은행의 현금흐름을 증가시켜준다.

CDO는 지난 20년간 당초 의도한대로 잘 작동하였다. 초기의 CDO는 주택모기지 풀이었으며, 이를 바탕으로 은행들은 대출을 해주고 그들을 장부에서

[표 3.2] **CDO 원리금 지급의 현금흐름**

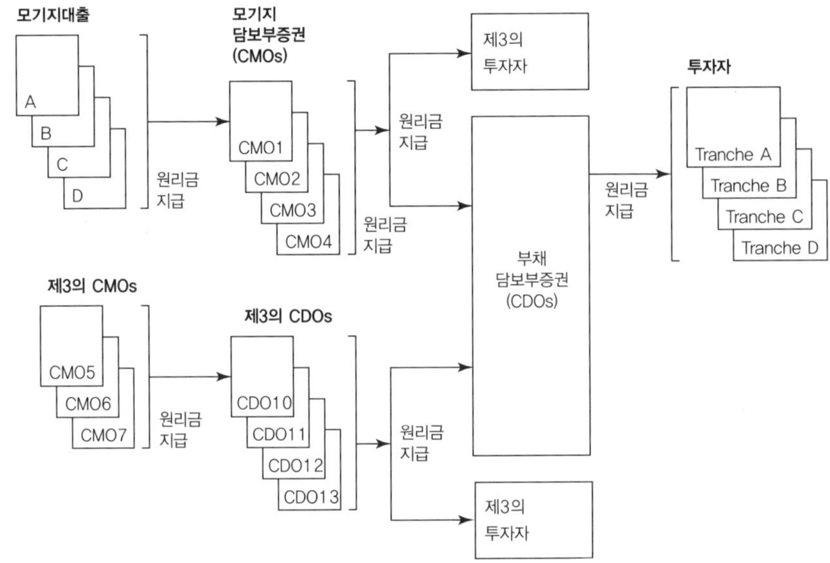

제거하여 더 많은 대출을 해줄 수 있었다. 그런데 2005년과 2006년 사이에 발행된 CDO들은 좀 달랐고 기본적으로 결함이 있었다.

초기의 CDO와 달리 이러한 새로운 CDO들은 너무나 복잡하고 불투명하여 가장 전문적인 투자자들과 은행들조차도 위험을 제대로 평가할 수 없었고, 신용평가기관에 의존할 수 밖에 없었다. 더 큰 문제는 신용평가기관들이 자신들의 신용평가 서비스에 대해 은행으로부터 많은 수수료를 챙기며, 은행이 계속 고객으로 남기를 원했다.

자신의 투자위험이 걸려 있지 않은 채, 신용평가기관은 이러한 많은 증권들을 AAA 또는 AA와 같이 가장 안전한 증권으로 평가하였다. 이러한 과정에서 서브프라임 대출들로 구성된 위험 증권풀이 AAA 등급으로 변환되었고 가치 보존의 원칙은 위배되었다. 총 위험과 현금흐름은 변하지 않았기 때문에 CDO들의 총 위험도 축소되지 못하였다.

서브프라임 모기지 대출을 받은 주택구입자들이 2006년부터 부채상환을 못하게 되면서 주택가격은 하락하기 시작하였다. 투자자들은 CDO와 CMO가 종전에 생각하던 것보다 더 위험하다는 것을 깨닫게 되면서 자신의 투자지분을 서로 팔려고 했다. 그 결과 CDO와 CMO는 팔 수 없게 되었고, 이 증권을 소유한 투자자들과 은행들은 매월 또는 분기 (또는 매일)마다 갱신되어야 하는 단기 부채로 자금을 융통해야 했다.

이러한 담보부증권(CDO와 CMO)의 가격이 폭락하는 것을 보고, 채권자들은 만기가 도래하는 단기 부채를 연장해주지 않으려 했다. CDO를 보유하는 투자자들과 은행들은 급매로 자산을 처분하지 않을 수 없게 되었고, 부도에 몰리거나, 정부의 구제금융을 받아야만 했다.

왜 은행들이 이러한 위험에 그렇게 많이 노출되었던 것일까? 은행들은 이런 CDO를 발행했을 뿐이지, 실제로 투자는 하지 않은게 아닌가? 그러나 실제로 은행들은 세가지 형태의 위험에 내몰렸다. 첫 번째는 은행들이 지금까지 경험해보지 못했던 패키징과 증권화의 대상이 되는 대출을 보유하고 있었다는 점이다. 두 번째는 은행들이 대개 CDO의 가장 위험한 트랜치들을 보유하였는데, 그 부분은 발행 당시부터 팔리지 않는 부분이었기 때문이다. 세 번째는 은행들이 값싼 단기 부채자금으로 장기 CDO를 매입함으로써 이익을 볼 수 있을 것으로 믿었기 때문에 대부분 장기 CDO의 구매자였다.

한편 CDO의 간접적인 혜택은 CDO가 투자자들에게 추가적인 투자기회를 만들어 주었다는 것인데, 이것은 보다 엄밀하게 검증되어야 할 부분이다. 이러한 주장은 다른 유사 등급의 증권들보다도 CDO가 더 높은 수익률을 제공하였기 때문에 투자자들이 선호했다는 것이다. 달리 말해서, AA 등급 CDO 수익률은 AA 등급 회사채 수익률보다 더 높았던 것이다. 그러나 왜 이들 CDO가 동일 신용등급의 회사채보다 더 높은 수익률을 보였을까? 그 대답은 비록 사후적으로 말하는 것이긴 하지만 CDO가 더 위험했기 때문이며 신용평가기관들이 간파하지 못한 것을 시장은 알고 있었다는 것이다. 시장은 환상을 간파하고 있었던 것이다. 너무나 좋은 아이디어도 지나치게 되자 금융시장을 거의 파괴시킬 뻔 했던 것이다.

4

기대 쳇바퀴
The Expectations Treadmill

가치창출의 핵심원칙 중 첫 두 가지는 기업에서 무엇이 실제 가치창출을 가져오는가에 대해 정의하고 있다. 세 번째 원칙인 기대 쳇바퀴는 창출된 가치가 주주의 투자수익률에 어떻게 반영되는가를 설명해준다.

한 기업이 벌어들인 투하자본수익률(ROIC)은 주주들이 얻는 수익률과 같지 않다. 어떤 기업이 공장에 1,000달러를 투자하여 매년 200달러를 번다고 가정하자. 이 기업의 투자자들은 자신의 지분을 1,000달러 매입하고, 연 20%의 수익률을 얻는 셈이다.

그리고 1년 후 그 투자자들은 자신의 지분을 팔기로 결정하고 이를 2,000달러에 매입할 구매자를 찾았다고 가정하자. 이 새로운 구매자는 높은 매입가격을 치렀기 때문에 자신들의 투자에 대해 연간 수익률이 10%에 지나지 않게 된다.(200달러를 2,000달러로 나눈 값) 이것은 원래 투자자들이 120%의 수익률을 거두었던 것과 대조를 이룬다.(ROIC 20%와 주가상승 100%) 즉 모든 투자자 전체적으로는 회사와 동일한 수익률(시간가중 평균수익률)을 얻을 것이지만, 개별 투자자 그룹들은 서로 다른 구입가격으로 인해 서로 다른 수익률을 얻게 된다.

이처럼 특정 시점에서 회사의 주가에 내재된 기대는 마치 쳇바퀴의 속도에 비유될 수 있다. 만약 회사의 성과가 기대를 초과하고 그것이 지속가능한 것이라면 이러한 초과성과의 미래가치가 자본화되어 현재 주가는 상승한다. 그러나 이것은 쳇바퀴를 가속시키고 성과가 개선됨에 따라 쳇바퀴 속도가 더 빨라지듯이 회사는 새로운 주가를 유지하기 위해 더 빠르게 달려야 한다. 반대로 애초에 기대가 낮았던 기업은 기대를 초과하는게 쉽기 때문에 주식시장에서 보다 쉽게 우월한 성과를 보일 수 있다.

기대 쳇바퀴는 주식시장에서 지속적으로 우월한 성과를 올리는 것이 어렵다는 점을 보여준다. 쳇바퀴가 빨라지면 누구나 비틀거리는 것처럼 경영자도 비틀거림 없이 기대를 가속하는게 불가능하다.

이제, 많은 CEO들의 경험에 근거한 가상의 인물인 Tina Turnaround 사례를 생각해보자. Tina는 막 Widgets R Us의 CEO로 발탁되었다. 이 기업의 이익률과 성장률은 경쟁사 대비 평균 이하이며, 시장은 별로 기대하지 않으므로 주가 또한 경쟁사 대비 낮다. Tina는 최상의 팀을 고용하여 열심히 일하게 한다. 2년 후 Widgets사는 이익률과 ROIC에서 경쟁사를 따라잡는다. Widgets의 주가는 같은 업종의 기업주가보다 2배나 빨리 상승했는데, 이는 시장이 이 기업의 경영개선을 기대하지 않았기 때문이다.

Tina와 그녀의 팀은 계속 열심히 일했다. 2년이 더 지난 후, Widgets사는 영업성과에서 업계리더가 되었고 ROIC도 최고로 높았다. 시작 시점의 주가가 낮았기 때문에 주가는 업종 상승률의 4배나 올랐다. Widgets의 이러한 새로운 주가궤적과 일관된 성과로 인해 시장은 Widgets사가 평균을 상회하는 이익과 수익성장률을 지속할 것을 기대했다.

시간이 경과하면서 Widgets사는 높은 ROIC와 선도적인 시장점유율을 유지했다. 그러나 2년 후, Widgets사는 경쟁사보다 우월한 성과를 내고 있음에도 불구하고 주가는 경쟁사보다 못하다는 사실에 Tina는 좌절을 느꼈다. Tina 또한 기대의 쳇바퀴에 붙잡힌 것이다. Tina의 팀 조직이 너무 잘 해서 높은 영업성과가 지속될 것이라는 기대가 이미 주가에 반영된 것이다. 그녀가 시장의 기대에 부합하는 실적을 내더라도 회사의 주가상승률은 업종 평균수준에 머무를 것이다.[20]

이것은 뛰어난 경영자들이 적어도 단기간에는 단지 평범한 주주총수익률(TRS)밖에 기록하지 못하는 이유를 설명해주고, 또한 역으로 낮은 실적이 기대되는 기업들의 경영자는 높은 TRS를 달성하기가 쉽다는 것을 설명해준다. 뛰어난 경영자들조차 주가에 대한 시장의 높은 기대를 계속적으로 만족시키는 것은 극히 어렵다. 반면에 낮은 실적 기대를 갖는 기업들의 경영자들은 기대를 경쟁사 수준으로 올림으로써 더 높은 TRS를 만들 수 있다.

20 이론적으로 어떤 기업의 성과가 기대에 정확히 부합한다면 주주총수익률(TRS)은 자본비용과 일치하게 된다. 그러나 실제로 이자율, 인프레, 경제활동의 계속적인 변화로 인해 광의의 시장 전체와의 비교가 때로는 더 적절하다.

이미 높은 기대를 갖는 기업들은 경쟁사보다 높은 TRS를 얻고자 노력하는 과정에서 비현실적인 이익성장률을 도모하거나 대규모의 위험한 인수를 추진하는 것과 같은 잘못된 활동에 몰두할 위험이 있다. 이러한 현상은 미국의 전력산업이 붐을 이루었던 1990년대 후반과 2000년대 초반에도 찾아볼 수 있었다. 당시의 규제완화는 전력회사들에 대해 높은 기대를 만들었고, 이들 전력회사들은 규제된 모회사로부터 에너지 회사들을 매우 높은 가격에 분사하였다.

예를 들면 Mirant는 Southern Co.로부터 2000년 10월에 분사되었는데, 자기자본과 부채를 합하면 180억 달러에 달하였고, 전력회사로서 EBITA 대비 이익배수가 30배나 달하였다. 이러한 이익배수를 정당화하기 위해 Mirant는 다른 유사 기업들과 마찬가지로 미국 내 14개 주뿐만 아니라 바하마, 브라질, 칠레, 영국, 독일, 중국, 필리핀 등의 발전소에 공격적으로 투자를 확장하였다. 그러나 이러한 투자로 인한 부채부담이 순식간에 커지면서, Mirant는 2003년 7월에 파산신청을 하였다.

기대 쳇바퀴는 좋은 기업이 반드시 좋은 투자는 아니다라는 격언의 이면에서 작용하는 역학이다. 좋은 기업은 미래의 훌륭한 성과가 이미 주가에 반영되어 있기 때문에 단기적으로 좋은 투자가 아닐 수 있다는 것이다. 반면에 똑똑한 투자자들은 종종 보다 미약한 성과를 올리는 기업들을 선호하는데, 그 이유는 이들이 상승 잠재력이 더 많고 좀더 쉽게 기대를 만족시킬 수 있기 때문이다.

주주수익률과 내재가치

Wal-Mart와 Target은 2008년 매출액이 각각 4천30억 달러와 6백50억 달러인 세계적으로 가장 큰 소매업체인데, 이들의 서로 다른 운명은 기대 쳇바퀴 효과와 이의 복잡성을 잘 보여준다. 1995년부터 2005년까지 Wal-Mart는 핵심가치 동인과 성장률, ROIC 기준으로 Target의 성과를 초과하고 있었으나 Target의 주주들은 더 높은 수익률을 얻었다. 기대 쳇바퀴효과는 이러한 모순을 설명해준다.

표 4.1은 Wal-Mart와 Target의 수익성장률과 자본수익률, 그리고 TRS (주가상승과 배당 포함) 누적지수를 보여주고 있다. Wal-Mart의 매출은 매년 13% 성장한 반면 Target의 매출은 9% 성장했으며, ROIC도 Wal-Mart가 전체 기간에 걸쳐 더 높았다. 그러나 Wal-Mart의 투자자들은 연간 주식수익률이 15%인데 반해 Target은 연 24%나 되었다.

[표 4.1] **Wal-Mart 대 Target: Wal-Mart가 성장률과 ROIC는 높으나 TRS는 낮음**

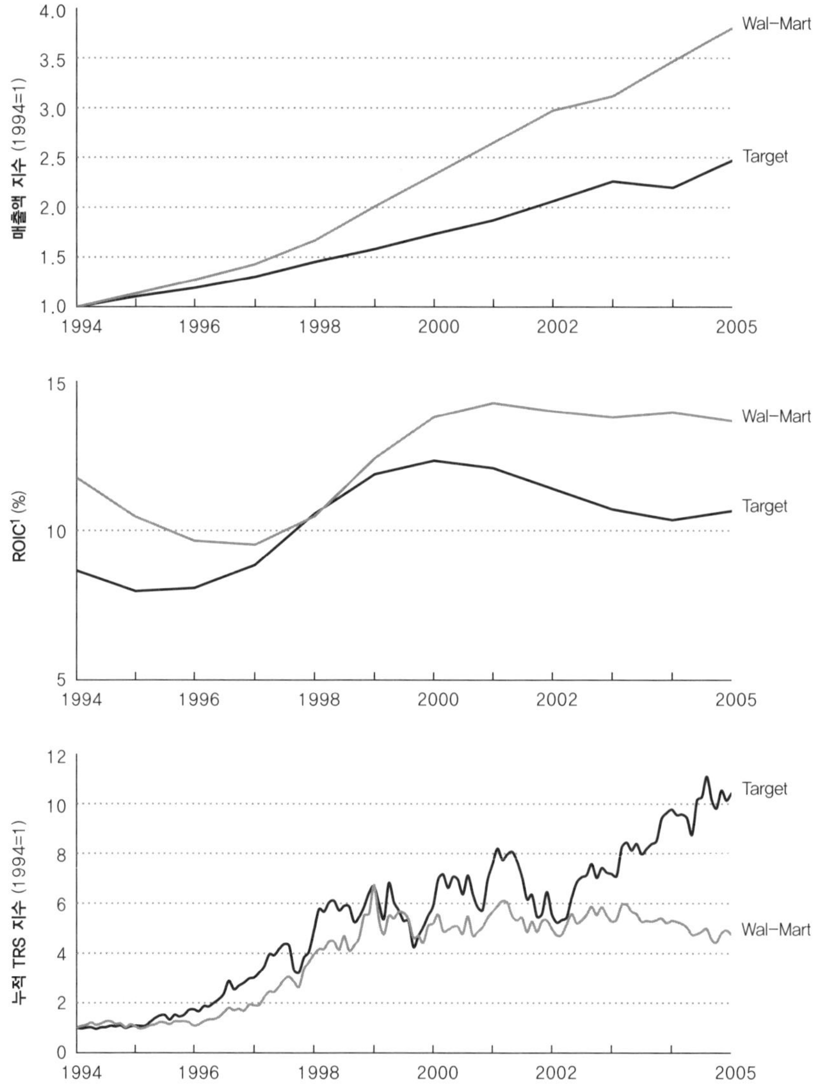

1 3년 롤링 ROIC(영업권 제외, 리스 조정)

출처: McKinsey Corporate Performance Center 분석자료

[표 4.2] **Wal-Mart 대 Target: PER의 증가가 Target의 TRS에 기여함**

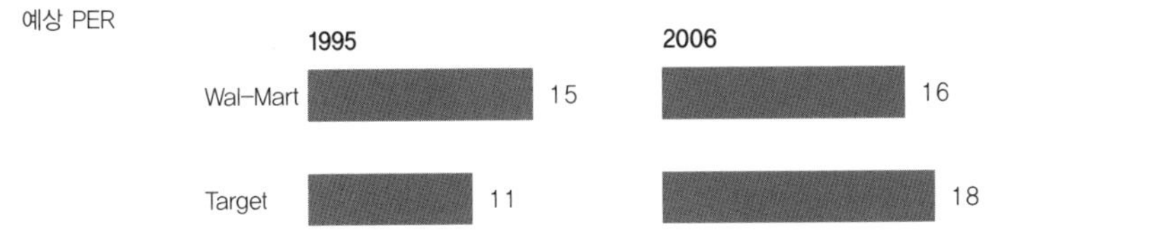

출처: McKinsey Corporate Performance Center 분석자료

기대 쳇바퀴가 두 회사의 TRS와 내재가치 간의 모순을 설명해준다. 시장 기대에 대한 대용치로서 PER를 사용하면, Wal-Mart는 1995년 초에 15배였으며, Target은 겨우 11배에 지나지 않았다. 2006년 초까지 Wal-Mart의 PER는 약간 상승하여 16배가 되었으나, Target의 PER는 18배로서 Wal-Mart를 따라 잡고 추월하였다.(표 4.2)

1995년 Target의 낮은 PER는 당시 어렵게 몸부림치던 Mervyn 브랜드에 대한 심각한 우려를 반영한다. Target은 결국 Mervyn과 Marshall Field 브랜드를 매각하고, 그 이후 시장의 기대를 초과하면서 미래 성과에 대한 기대를 높였다. 반면에, Wal-Mart는 꽤 높은 기대 수준에 근사하게 맞는 성과를 내고 있었다.

어느 회사가 더 잘한 것일까? 양쪽 다 나름대로의 논리가 있다. Target은 사업개선을 하는데 훌륭한 성과를 냈고, Wal-Mart는 매우 높은 수준의 기대에 걸맞는 성과를 내고 있었다. 표 4.3은 TRS 구성성분 간의 차이를 보여주고 있

[표 4.3] **Wal-Mart 대 Target: TRS 구성성분 분해**

1995~2005 연율(%)

	Target	Wal-Mart	차이
매출 성장률	9	13	(4)
성장을 위한 투자	(5)	(3)	(2)
마진 변화율	4	–	4
영업성과에 기인하는 TRS 부분	8	10	(2)
제로성장 수익률	6	4	2
PER 변화	5	–	5
재무레버리지 영향	5	2	3
기타	–	(1)	1
합계	24	15	9

다. 이중 두 개의 구성성분이 기초에 있었던 시장의 기대와 관련되어 있다: 제로성장 수익률(미래 성장률을 제로로 가정한 TRS)과 PER의 변화(투자자 기대의 변화). 이 둘을 합치면 두 회사간 총 9%의 TRS 차이 중에서 7%에 해당한다.

1995년 Target의 PER가 11이었을 때 Wal-Mart의 PER는 15였다. 만약 두 회사가 전혀 성장하지도 않고 이익배수가 그대로 유지된다고 가정한다면, 이러한 PER의 차이는 Wal-Mart에게 낮은 TRS를 가져다 준다. 투자자들은 1995년에 Target의 이익 1달러에 대해 더 적은 대가를 지급했기 때문에, Target의 기존 (제로성장) 이익은 Wal-Mart의 기존 이익보다 더 높은 수익률을 가져다 주는 것이다. 그러나 Target의 PER는 11에서 18배로 증가하였고, 이것으로 연간 TRS는 5%나 증가한 반면, Wal-Mart의 PER는 조금만 상승함에 따라 연간 TRS는 1%보다 적게 (사사오입으로 0에 가깝게) 증가하였다.

또한 Target은 재무레버리지의 영향으로 TRS가 3% 더 높은 것으로 나타나고 있다. 1995년에 Target은 Wal-Mart보다 더 많은 부채를 사용했는데, 부채대비자본(debt-to-capital) 비율이 Target은 48%, Wal-Mart는 21%이었다. 그러나 이 때의 높은 부채비율은 지속가능한 것이 아니었기 때문에 Target은 궁극적으로 부채를 줄여 나갔다.

레버리지는 다른 경제적 성과와 달리 TRS에 대한 승수효과를 갖는다. 달리 말해서, 매출과 이익 1%의 증가는 Wal-Mart보다도 Target의 주가에 더 큰 영향을 주게 된다. 15장에서 더 자세히 논의되겠지만 높은 레버리지가 반드시 가치 창출을 하는 것은 아닌데, 그 이유는 높은 레버리지로 위험이 증가하여 이익변동을 크게 하기 때문에 승수효과가 양방향으로 나타나기 때문이다.

영업성과측면에서 본다면, 두 회사는 거의 우열을 가리기 어렵다. Wal-Mart는 성장률이 13%로 Target의 9%보다 높았지만, 일정한 마진을 유지한 Wal-Mart와 달리 Target은 마진을 증가시켰다. 결국 한 기업의 좋은 성과가 다른 기업의 다른 측면에서의 좋은 성과로 서로 상쇄된 것이다.

이와 같은 주주수익률의 성분 분해는 미래 TRS를 높이기 위해 무엇을 해야 하는지를 알려준다. 예를 들면 Wal-Mart와 Target은 이제 유사한 기대가 주가에 (유사한 이익배수에 근거하여) 반영되어 있고, 그러한 기대는 유사한 성과특성을 갖는 기업들의 장기 평균수준에 근접하는 것이다. 따라서 Target은 더 이상 Wal-Mart보다 높은 TRS를 얻을 것으로 기대하기 어렵다. 또한 부채비율도 이제는 Wal-Mart 수준과 비슷하기 때문에 이를 감소함으로써 얻을 수 있는 이점도 더는 없을 것이다. 결국 향후 몇 년간 두 회사 TRS의 차이를 만들어 내는 변수는 근본적인 성장률과 자본수익률이 될 것이다.

기대를 이해하기

TRS를 이해하는 것 이외에 기업들은 현재 주가를 정당화하기 위하여 성과를 분석하고 통찰력을 갖는 것이 필요하다. 영업 계획은 무엇이며, 이것이 시장의 기대와 조화를 이루고 있는가? 현재 주가에 내재되어 있는 기대를 정당화하고 초과하기 위해 필요한 영업성과는 무엇인가?

현재 주가를 기대 수익성장률과 ROIC에 대하여 역설계(reverse engineering) 함으로써 요구되는 성과를 추정할 수 있다. 예를 들어 1999년 초의 Home Depot는 시장가치 1천3백2십억 달러에 이익배수 47을 가졌다. 일정한 마진과 ROIC를 가정하여 현금흐름할인법을 적용하면, Home Depot의 1999년 주가에 내재되어 있는 수익성장률은 향후 15년간 연 26%에 달하였다. 실제로 2007년까지 Home Depot의 수익성장률은 11%로서 대기업으로서는 매우 인상적인 수준이었지만, 1999년의 주가를 정당화하는데 필요한 성장률보다는 낮았다. 결국 Home Depot의 주가가 S&P500 지수 대비 동일 기간 동안 연 7% 정도 열등한 성과를 보인 것도 놀랄 일은 아니다.

그렇다면 1999년의 높은 주가에 대해 Home Depot의 경영진은 무엇을 해야 했을까? "그저 박수만 쳤다"는 것은 분명 대답이 될 수 없다. 어떤 기업들은 모든 종류의 위험스러운 전략을 고려하면서 높은 주가를 정당화하려고 한다. 그러나 Home Depot와 같은 대기업으로서 1999년의 높은 주가를 정당화 할 만큼 높은 ROIC 성장기회는 거의 없었다고 할 수 있다.

Home Depot로서는 급격한 주가하락을 준비하는 것 이외에는 현실적으로 할 수 있는 것이 없었다 (실제로 Home Depot의 시장가치는 1999년 1월의 1천3백2십억 달러에서 2004년 1월의 8백억 달러로 하락하였다). 어떤 기업들은 자신의 높은 주가를 이용하여 기업인수를 시도하지만, 그것 역시 그리 좋은 아이디어는 아니었는데 그 이유는 11%의 성장률을 유지하는 것도 힘겨운 상황이기 때문이다.

경험상 적어도 우리가 평가한 기업들의 80%는 산업의 성장률 기대와 자본수익률에 일치하는 수준의 성과기대가 주가에 내재되어 있다. 이들 기업에 대한 미래 TRS는 이자율이나 경제성장률과 같은 거시변수 변화의 영향이 조정된 자기자본비용에 근사하게 된다. 그러나 여러분의 회사가 그러한 80% 범위에 들지 않는다면, 쳇바퀴를 더 빨리 또는 더 늦게 조절하기 위해 균형을 잘 잡아야 할 것이다.

기업 경영에의 시사점

기대 쳇바퀴는 TRS를 성과 측정수단으로 사용하는 것을 쓸모없게 만든다. Wal-Mart와 Target 사례에서 보았듯이, 1994년부터 2005년까지의 두 회사 간 TRS의 큰 차이는 측정기간 기초에 있었던 기대의 큰 차이를 감추고 있다. Home Depot의 경우 당시의 기대에 맞추는 것조차도 거의 불가능했는데, 그 이유는 어느 기업도 그렇게 오랜 기간 동안 빠르게 성장할 수 없기 때문이다.[21]

기대 쳇바퀴는 TRS와 연계된 많은 경영자보상체계가 경영자의 성과를 제대로 보상해주지 못함을 의미하는데 그 이유는 기업의 단기 TRS가 주로 해당 산업과 시장의 전반적인 움직임에 의해 결정되기 때문이다. 경영자의 업적보다는 이자율 하락에 주로 기인하여 주가가 상승하였던 1980년대와 1990년대에 주식옵션을 받은 많은 경영자들은 매우 부유해졌다. 반면에 주식옵션의 많은 이익은 최근 금융위기 동안 사라져 버렸다. 이러한 이익과 손실은 경영자의 업적과는 대부분 관계가 없는 것들이다.

성장률과 자본수익률에 집중하는 것 이외에도 보상체계는 TRS의 절대수치에 연계되기 보다는 경쟁기업 대비 TRS 성과에 연계되어야 한다. 그럼으로써 기업 자체의 성과에 기인하지 않는 부분을 제거할 수 있을 것이다.

그러면 왜 이러한 간단한 구조조차도 기업들이 채택하고 있지 않는가? 그것은 회계처리의 영향과도 관계가 있다. 2004년까지 주식옵션은 고정된 행사가격과 같은 일정한 기준을 만족하면 손익계산서 상의 비용으로 보고되지 않았다. 상대적 성과에 기초한 접근방법은 기업의 손익계산서에 비용으로 표시될 것이기 때문에 기업들은 자연히 높은 회계적 이익을 가져다 줄 고정행사가격 옵션을 채택하였다.

소수의 기업들은 상대적 성과와 연계된 주식 기반 보상체계로 변경하였다.

21 8장의 주식시장 버블과 금융위기 부분에서 볼 수 있듯이, 가장 심각한 과대평가의 문제는 특정 기업에 대해서가 아니라 산업 전반에 관한 것이기 때문에 경영자로서 이를 관리하기 위해 할 것이 많지 않다. 그러나 경영자와 이사진들은 최소한 이러한 것의 결과는 알고 있어야 한다.

한 예로서 GE는 S&P500지수의 TRS에 대비한 자사의 TRS에 기초하여 CEO 성과보상을 주었고, 더 많은 기업들이 이를 따를 것으로 예상된다.

보상체계를 바로 잡는 것 이외에도, 경영자들은 단기 TRS를 해석하는데 있어서 특히 더 정교해질 필요가 있다. 만약 경영자와 이사진들이 현재 주가와 경쟁사 주가에 내재된 기대를 이해한다면, 그들의 결정이 시장에 알려짐에 따라 주가가 어떻게 반응할지를 예측할 수 있을 것이다. 만약 당신이 현재 매우 중요한 가치를 창출할 훌륭한 전략을 실행하려고 해도, 시장이 이미 당신이 성공할 것으로 기대하고 있다면, 당신은 TRS로 측정된 성과에서 뛰어나기 어렵다. 경영진과 이사진들은 이러한 사실을 잘 알고 있어야 하며 그래야만 주가가 뛰어난 성과를 보이지 않더라도 이사진들이 경영자의 우선순위를 지지해줄 수 있다.

또한 TRS가 단기간에는 별 의미가 없기 때문에 경영자들은 주가를 끊임없이 점검하는 일따위는 하지 말아야 한다. 실제로 어느 특정 3개월간 제조기업들의 40% 이상이 무작위라고 할 수 있는 10% 이상의 주가 상승 또는 하락을 경험한다.[22] 따라서 경영자들은 주가가 적절한 벤치마크 대비 하루 2% 또는 분기 10% 이상 변동하는 것을 제외하고는 주가변동을 이해하려고 노력해서는 안된다.

마지막으로 여러분이 원하는 바가 무엇인지 주의해야 한다. 우리는 모두 자기 기업의 주가가 상승하기를 바라지만, 주가가 일단 상승하면 계속해서 시장보다 더 빠르게 상승하게 하는게 매우 어려워진다. 기대 쳇바퀴를 실제로 회피하는 것은 불가능하며, 기대를 낮추어 가는 쉬운 방법 역시 마땅히 없다.

22 이것은 2004년~2007년 동안 시가총액 10억 달러 이상의 제조기업 표본을 대상으로 S&P500 지수 대비 주가변동을 분석한 것에 기초함.

5

최상의 소유자
The Best Owner

이번 장에서는 네 번째이자 마지막 가치창출의 핵심원칙으로 누가 기업을 소유하고 운영하느냐에 따라 기업가치가 달라진다는 점을 짚어보고자 한다. 이는 같은 기업이라도 소유자가 누구냐에 따라 각기 다른 현금흐름을 창출해낼 것이기 때문이다.[23] 우리는 이 원칙을 **최상의 소유자(the best owner)**라고 부르기로 하는데, 이는 기업으로부터 가장 큰 현금흐름을 창출해낼 수 있는 소유자가 그 기업을 소유할 때 기업가치가 최대가 될 수 있을 것이기 때문이다. 이를 다시 말하면 기업에 있어 태생가치(inherent value)란 것은 존재하지 않으며 누가 기업을 운영하느냐에 따라 기업의 가치가 달라진다는 말이다.

이 원칙을 가장 잘 보여주는 예가 바로 기업간 인수합병이다. General Mills는 2001년 Diageo로부터 Pillsbury를 104억 달러에 매수한 이래 Pillsbury의 연간 세전 현금흐름을 최소한 4억 달러 이상 증가시켰는데, 이는 Pillsbury의 영업이익을 70%나 증가시킨 것이었다.

Diageo의 핵심 사업분야는 주류제조업이었는데, 이에 반해 Pillsbury와 General Mills는 둘 다 포장식품 제조가 주 사업분야였다. Diageo가 Pillsbury를 보유하던 시기에는 Pillsbury의 사업은 Diageo로부터 거의 분리된 상태로 운영되었는데, 이는 제조, 유통, 마케팅 등에서 겹치는 경우가 거의 없었기 때문이다. 이에 반해 General Mills는 구매, 제조, 유통 비용 등의 상당 부분을 절감할 수 있었을 뿐만 아니라 General Mills가 이미 확고한 유통망을

23 여기에서 소유자는 주주를 의미하는 것이 아니라 기업을 지배하고 운영하는 조직을 뜻한다.

구축해두었던 미국 내 학교들에 Pillsbury의 제품들을 투입함으로써 추가적인 수익을 창출할 수 있었다. 또한 General Mills는 자사의 새로운 브랜드 냉장식품을 유통하는데 Pillsbury의 냉장차를 이용하였다.

이를 통해 볼때 General Mills가 Diageo보다 Pillsbury의 소유자로 더 적절함을 알 수 있다. 사실 우리는 누가 최상의 소유자인지는 절대 알 수가 없고, 단지 몇 가지 경합 중인 대안 중에 누가 가장 나은지 알 수 있을 뿐이다. 다시 말해 General Mills보다도 더 많은 현금흐름을 Pillsbury로부터 끌어낼 수 있는 기업도 있을 수 있다.

General Mills가 Pillsbury를 사기 위해 지불한 104억 달러는 Pillsbury의 가치라고 하기 보다는 단지 지불가격이었을 뿐이었다. Pillsbury의 가치는 실제로 General Mills와 Diageo의 입장에서 각각 서로 다른 값으로 평가되기 때문이다. General Mills가 인수계약에 만족하기 위해서는 자사가 평가한 Pillsbury의 가치가 최소한 지불가격보다 커야 할 것이며, Pillsbury의 운영사인 Diageo가 매도계약에 만족하기 위해서는 자사가 평가한 Pillsbury의 가치보다는 높은 가격을 받아야만 할 것이다.

General Mills와 Pillsbury의 예시를 통하여 기업의 소유자가 달라짐에 따라 얼마나 큰 가치 차이가 나타나는지 확인할 수 있었다 (이 경우 기업가치의 70%가 좌우되었다). 최상의 소유자는 또한 자원을 가장 가치 있게 사용할 수 있도록 재배분함으로써 경제 전체에도 도움이 된다.

누가 최상의 소유자인가?

그렇다면 특정 시간 및 특정 산업에 최상의 소유자가 누구인지 어떻게 파악할 수 있는가? 이것을 알기 위해서는 새로운 잠재적인 소유자들에 의해 부가가치가 어떻게 창출될 수 있는지 판단해야 한다.

어떤 소유자들은 기존 사업 포트폴리오 내의 다른 사업들과의 연계를 통하여 추가적인 가치를 창출하는데, 예를 들어 신규 고객층에 접근하기 위해 기존의 유통 채널을 이용한다거나 기존의 생산설비를 공유하는 등의 방식이 있다. 또 다른 소유자들은 뛰어난 영업 및 마케팅 능력 등을 모방함으로써 부가적인 가치를 창출하기도 한다. 또 몇몇 소유자들은 경영진에게 더 나은 지배구조와 인센티브를 제공하여 부가가치를 창출하며, 마지막으로 정부, 감독당국, 또는 고객들과의 각별한 관계를 유지함으로써 부가가치 창출에 성공하는 소유자들도 존재한다.

물론 최상의 소유자는 복수의 방식으로 부가가치를 창출해낼 수 있는 경우가 있겠지만, 일단은 하나씩 확인해보기로 한다.

다른 사업과의 고유한 연관관계

소유자가 부가가치를 창출할 수 있는 가장 간단한 방법은 기존 사업 포트폴리오 내 사업들과의 연관관계를 이용하는 것인데, 이는 특히 그러한 연관관계들이 모기업에 고유한 경우 유용하다.

예를 들어 어떤 광산업체가 철로 및 기타 기반시설과 멀리 떨어져 있는 외딴 곳의 탄광 개발권을 보유하고 있다고 가정하자. 이때 또 다른 광산업체가 있는데 단 10마일밖에 떨어지지 않은 곳에 탄광을 이미 운영하고 있으며, 이에 필요한 철로 및 기타 기반시설을 이미 건설해 두었다고 하자. 이 경우 두 번째 광산업체가 첫 번째 광산업체가 보유하고 있는 외딴 탄광을 보유하는 것이 더 나은데 그 이유는 한계 개발비용이 그 누구보다도 낮을 것이기 때문이다. 따라서 이 두 번째 광산업체는 그 누구보다도 높은 가격에 이 외딴 탄광을 구매하더라도 높은 수익률을 기록할 수 있을 것이다.

이러한 고유한 연관관계는 R&D, 제조, 유통, 판매 등 가치사슬 전반에 걸쳐 나타날 수 있다. 예를 들어 새로운 종양 치료제의 개발에 성공할 것으로 확실시되지만 이를 판매할 조직이 없는 소형 제약사의 경우 이 분야에 대형 판매팀을 운영하고 있는 대형 제약사가 보유하는 것이 가장 좋을 것이다.

많은 경우 이러한 연관관계는 단일 기업에만 유일하지 않고 여러 기업에 동일하게 적용될 수 있다. 예를 들어 IBM은 자사의 전세계적인 판매망을 이용하기 위한 목적으로 여러 개의 소형 소프트웨어 회사들을 성공적으로 인수한 바가 있다. IBM은 자사의 판매망을 이용하여 제품을 신속하게 판매할 수 있었기 때문에, 인수된 회사들 각각을 보유하고 있던 기존 개별 소유자들보다 IBM이 더 나은 소유자라고 말할 수 있을 것이다.

뛰어난 능력

더 나은 소유자들은 자신의 사업영역 전반에 걸쳐 뛰어나고 반복 가능한 여러 개의 기능적 또는 관리적 능력을 가지고 있을 수 있으나, 차별화를 위해서는 이러한 능력들이 산업 내 핵심 성공요인이 되어야 한다. 예를 들어 제조 능력이 뛰어난 기업은 소비재 산업에 종사하는 기업의 소유자로는 적합하지 않을 수 있는데, 이는 제조비용이 기업의 경쟁력에 영향을 미칠 만큼 큰 경우는 거의 없기 때문이다.

소비재 산업의 경우 이보다는 브랜드를 개발 및 마케팅하는 능력이 뛰어난 회사가 더 좋은 소유자가 될 것이다. 일례로 Procter & Gamble (P&G)은 2009년 현재 세제, 미용품, 애완동물 사료, 기저귀 등을 포함한 다양한 제품 분야에서 10억 달러 이상 매출을 기록하는 브랜드 23개와 5억 달러 이상 매출을 기록하는 브랜드 20개를 보유하고 있다. 10억 달러 이상 매출을 기록하는 P&G 브랜드는 거의 모두 해당 제품군에서 1위 또는 2위를 기록 중이다.

P&G가 특별한 것은 이러한 각각의 브랜드를 다른 방식으로 개발해왔다는 것이다. Tide나 Crest와 같은 브랜드의 경우 P&G가 수십 년간 보유해오고 있으나, Gillette나 Oral-B 등 지난 10년 사이 새로 인수한 브랜드도 있다. 또한 Febreze나 Swiffer 등의 브랜드는 지난 10년간 아예 새로이 개발된 것들이다. 이를 모두 합친 결과 P&G의 매출은 지난 2001년~2009년 사이 연평균 11%의 성장률을 기록할 수 있었다.

더 나은 통찰력/예지력

시장과 산업이 어떻게 발전할지에 대해 통찰력이 있고 이것을 사업에 적절히 적용할 수 있는 소유자들은 때때로 혁신자적 입장에서 기존 산업을 확장하거나 새로운 산업을 개발할 수 있다. 일례로 Intuit를 들 수 있는데, 이 회사는 원래 개인 고객들이 손쉽게 개인재정 관리를 할 수 있도록 개발한 자사의 Quicken이라는 프로그램이 실제로는 여러 중소기업들에 의해 사용되고 있음을 1990년대 말 알게 되었다.

이러한 관찰 결과는 중요한 통찰로 이어졌는데, 바로 대부분의 중소기업에게 기업용 회계 소프트웨어는 너무 복잡하다는 것이었다. 그래서 Intuit는 중소기업을 위한 새로운 회계 소프트웨어를 개발하게 되었고 그 이후 2년 사이에 이 회사는 시장의 80% 이상을 점유하게 되었다.

또 다른 예로, 1980년 중반에 많은 회사들은 광섬유가 앞으로 중요한 통신수단이 될 것으로 예측하였으나 석유 및 가스 산업에 종사하던 Williams Companies는 이보다 진일보한 통찰력을 가지고 있었는데, 바로 광섬유를 사용이 중단된 석유 및 가스 파이프라인 내부에 설치하면 경쟁사들에 비해 훨씬 싼 가격에 광섬유 네트워크를 설치할 수 있으리라는 것이었다. 자사의 기존 네트워크 바탕위에 인수한 기업들의 네트워크까지 추가함으로써 Williams는 결국 미국 전역에 걸쳐 11,000마일 연장의 광섬유 네트워크를 보유하게 되었다.

Williams의 통찰력과 자사의 파이프라인 설비가 조합됨으로써 이 회사는 당시 막 떠오르고 있던 디지털 통신 네트워크의 훌륭한 혹은 최상의 소유자가 될 수 있었다. 게다가 Williams는 광섬유 네트워크의 가격이 과대평가되었을 때 적절히 보유지분을 줄였는데, 1994년에 250억 달러에 대부분의 통신사업 지분을 매각하였다.

더 좋은 지배구조

최상의 소유자들은 더 좋은 지배구조를 통하여 사업의 일상적인 영업에 일일이 관여하지 않고도 추가적인 가치를 창출할 수 있다. 더 좋은 지배구조란 회사의 소유자들(또는 이들의 대표자들)이 장기적으로 최대한의 가치를 창출하기 위해 이 회사의 경영진과 소통하는 방식을 말한다. 예를 들어 가장 뛰어난 사모펀드들은 단순히 회사를 인수하여 자본구조를 부채 위주로 바꾸는 것에 그치지 않고, 그 회사의 지배구조를 개선하여 회사의 실적 자체를 개선하고자 애쓴다.

저자의 동료 연구자들 중 2명이 11개의 선도 사모펀드들이 성공적으로 투자한 60개의 사례를 분석하였다. 그 결과 약 3분의 2의 경우에서 가장 주요한 이익창출 수단이 다름아닌 인수한 회사의 실적을 동종업계 여타 기업보다 뛰어나도록 개선한 것임을 알 수 있었다.[24] 일각의 주장과는 달리 재무 레버리지를 사용하거나 투자의 타이밍을 잘 맞추는 것은 성공의 주요한 요인이 아니었다.

사모펀드는 자신들이 보유한 회사들의 일상적인 영업을 일일이 관장할 만큼 시간과 기술이 충분하지 못하다. 그러나 이들 사모펀드들은 여러 상장회사들과는 매우 다른 방식으로 보유한 기업들을 지배하며, 바로 이것이 더 나은 실적을 내는 중요한 이유 중 하나이다. 일반적으로 사모펀드들은 더 강력한 실적 위주의 문화를 도입하고 필요한 경우 경영방식 또한 상당히 빨리 바꾼다. 이들은 경영진들로 하여금 기존에 절대 변경할 수 없다고 여겼던 것을 과감히 버리도록 주문하고 1년 실적에만 집착하는 상장회사의 관행에서 벗어나 5년간 실적에 더 집중할 수 있는 여지를 제공한다.

또한 사모펀드의 이사회들은 대부분 상장기업 이사회에 비해 통상 3배 정도

24 Conor Kehoe and Joachim Heel, "Why Some Private Equity Firms Do Better," The McKinsey Quarterly, no. 1 (2005): 24-26.

의 시간을 투자하며, 이사회의 대부분의 시간이 준법 및 위험관리에 치중하는 상장기업들과는 달리 전략 수립 및 실적관리에 투입된다.[25]

인재, 자본, 정부, 공급자와 고객에 대한 뛰어난 접근

이 범주의 최상의 소유자는 종종 신흥시장의 기업들에 적용되는데, 여기서는 기업을 경영하는 것이 경영인재, 미개발 자본시장, 그리고 정부의 고객, 공급자 및 규제자로서 깊은 관여 등으로 형성된 태생적으로 불완전한 연합에 의해 복잡하게 얽혀 있다. 이러한 시장에서는 인도의 Tata와 Reliance, 한국의 Samsung과 같이 분산된 기업집단이 더 매력적인 고용인이며, 더 많은 자본을 소유하고 있고, 정부와 어떻게 일을 해야 하는지 알고 있기 때문에 많은 경우에 있어서 더 좋은 소유자가 될 수 있다.

이상과 같은 범주에서 빠진 것이 있다면, 그것은 기업 크기, 규모 및 분산화가 있을 수 있는데 이들은 흔히 언급되기는 하지만, 우리의 경험상 최상의 소유자가 되는 데 큰 기여를 하지 못한다. 이들이 왜 최상의 소유자 지위를 부여하지 않는가에 대한 이유에 대해서는 12장에서 논의하기로 한다.

최상의 소유자 생명주기(life cycle)

특정 기업에 대한 최상의 소유자는 항상 똑같지 않으며, 시간이 지남에 따라 바뀐다. 따라서 상황에 따라 대기업, 사모펀드, 국부펀드, 가족, 고객, 직원 등 다양한 부류가 최상의 소유자가 될 수 있는 것이며, 경우에 따라서는 주식시장에 상장되어 있는 독립적인 상장기업 상태가 가장 좋을 수도 있다.

게다가 지역에 따라 소유구조가 지속적으로 변화하고 있음도 유념해야 한다. 미국의 경우 대부분 대기업들은 상장되어 있거나 사모펀드가 소유하고 있다. 유럽의 경우 정부 보유지분이 기업 소유구조에 상당히 중요한 역할을 한다. 아시아와 남아메리카의 경우 대기업의 대부분은 창업주 및 가족이 보유하고 있으며 기업간의 지분구조가 복잡하다.

최상의 소유자가 어떻게 바뀌게 되는지 한 예를 들어 보자. 기업 설립 초기에는 당연히 설립자들이 최상의 소유자일 가능성이 높다. 창업주의 추진력, 열

25 Viral Acharya, Conor Kehoe, and Michael Reyner, "The Voice of Experience: Public versus Private Equity," McKinsey on Finance (Spring 2009): 16-21.

정, 그리고 기업에 대한 가시적인 헌신 등이 있어야 그 기업이 본 궤도에 오를 수 있기 때문이다.

그러나 회사가 성장하면서 대부분의 경우 추가적인 자본이 필요하게 되며, 이에 이 기업은 신생기업이 성장하도록 돕는데 특화된 벤처캐피탈(Venture Capital; VC)에 지분 일부를 매각한다. 이 시점에서 창업주를 대체하거나 보조하는 경영진을 영입하는 경우가 많은데, 이들 경영진은 규모가 커진 조직에서 발생하는 복잡한 문제들과 위험을 처리하는 데 더 적합하기 때문이다.

더 많은 자본이 필요하게 되면 VC는 이 기업을 아예 상장시켜 다양한 투자자들에게 주식을 발행할 수 있으며, 이 과정에서 VC 자신과 창업주 그리고 경영진들은 그간 설립하여 키워온 회사의 가치를 실현시킬 수 있는 기회를 얻게 된다. 이제 상장회사로서 이 회사의 경영권은 독립적인 이사회로 넘어가게 된다(물론 창업주가 여전히 상당한 지분을 보유하고 있는 경우 회사에 여전히 큰 영향을 미칠 수 있다).

산업이 발전함에 따라 이 회사는 적절한 시간 내 전세계적인 유통망 구축이 불가능하다는 이유 등으로 대기업과는 경쟁할 수 없다고 결론 내릴 수 있다. 이 경우 회사는 그러한 능력을 가진 대기업에 인수되어 그 기업의 한 사업부문 생산라인이 될 수도 있다. 이제 원래의 회사는 자신을 인수한 대기업의 제조, 판매, 유통, 관리 등의 기능에 연계되게 된다(규제나 기술적 변화 등 다른 외부 요인들 또한 소유자를 바꾸어야 하는 이유로 작용할 수 있다).

이러한 사업부문의 시장이 성숙기에 접어듦에 따라 모기업은 이제 다른 고성장 사업부문에 집중하기로 결정하게 되고, 이에 따라 이 사업부문을 사모펀드에 판매하게 된다. 이제 이 사업부문은 다시 홀로 서야 하기 때문에, 이를 인수한 사모펀드는 느려진 성장에 걸맞지 않는 과도한 간접비를 줄이고자 많은 노력을 기울이게 된다. 이 과정에서 사모펀드는 이 사업부문을 더 낮은 비용구조로 재편하게 된다. 이러한 구조조정이 끝나게 되면 사모펀드는 다시 이 사업부문을 저성장 브랜드를 잘 운영하는 다른 대기업에 팔아 넘기게 된다.

이를 정리해 보면, 기업의 각 성장단계에서 새로운 최상의 소유자가 나타나 현금흐름을 증가시키는 조치를 취하며, 이 과정에서 부가가치가 창출됨을 알 수 있다. 먼저 창업주는 사업 아이디어를 고안해내었다. VC는 자본과 전문 경영기법을 제공하였다. 상장 과정에서 초기 투자자들이 노력의 결과를 회수할 수 있게 함과 동시에 추가적인 자본을 조달하였다. 대기업은 전세계적인 유통망을 통하여 회사의 성장을 가속화하였다. 사모펀드는 회사의 성장이 느려졌을 때 구조조정을 하였다. 그리고 마지막 최상의 소유자가 저성장 브랜드를 관리하는 자신의 능력을 발휘한 것이다.

기업 경영에의 시사점

최상의 소유자 생명주기를 통하여 경영진은 지속적으로 자신들이 최상의 소유자가 될 수 있는 인수합병 기회를 찾아야 함을 알 수 있다. 이뿐 아니라 경영진은 자신들이 더 이상 최상의 소유자가 아닌 경우 그 사업부문을 분리 매각할 기회도 지속적으로 찾아내야 한다. 그러나 불행히도 우리의 경험에 따르면 대부분의 경영진들은 어째서 자신들이 최상의 소유자인지 제대로 설명하지 못하며, 그에 근거한 포트폴리오 의사결정 또한 내리지 못한다.

특정 기업에 대한 최상의 소유자가 유동적이기 때문에, 기업은 구조화된 기업전략 프로세스를 마련하여 주기적으로 인수대상을 검토하고 갱신하며, 또한 주기적으로 기존 사업부문이 매각되어야 할 때가 되었는지 검토해야 한다.

인수자의 입장에서 최상의 소유자 원칙을 적용하게 되면 종종 전통적인 선정방식을 통하여 얻은 것과는 매우 다른 인수대상이 도출되곤 한다. 구체적으로 전통적인 방식은 보통 재무적으로 좋은 성과를 내고 있으며 모기업의 사업분야에 어느 정도 연결되어 있는 잠재적인 인수대상을 찾아내는 데 초점이 맞춰져 있다. 그러나 최상의 소유자 원칙에 따라 분석하게 되면 이러한 특징들은 무관하거나 별로 중요하지 않을 수도 있다,

다시 말하면 비록 재무적으로는 취약하더라도 잠재력이 큰 기업을 찾는 것이 더 나을 수도 있으며, 이는 인수기업이 성과 개선에 대한 노하우를 가지고 있는 경우 더욱 그러하다. 또한 인수기업의 사업분야에 인수대상 기업이 어떻게 연결되는지와 같은 모호한 개념보다는 비용절감의 가시적인 기회나 공통 고객들의 존재 여부에 관심을 집중하는 것이 더 나을 수도 있다.

게다가 최상의 소유자 원칙을 중심에 두면 인수협상 과정에서 도움이 될 수도 있는데, 이 원칙이 경영진들로 하여금 인수대상 기업이 인수자 뿐만 아니라 매도자 및 여타 매수 희망자들에게 구체적으로 어떠한 가치를 제공하는지에 집중할 수 있도록 하기 때문이다. 많은 경영진들이 인수합병 과정에서 실수를 하곤 하는데 그 이유는 인수기업에 대한 가치만을 보려고 하기 때문이다. 잠재적으로 더 나은 소유자들에게 그 회사가 얼마나 가치가 있을지 그리고 그 소유자들이 얼마나 높은 매수 주문을 낼 용의가 있는지에 대해 모르고 있기 때문에,

경영진들은 손익분기점까지 근접한 협상에 만족하곤 한다. 그러나 당연하게도 매수 가격이 손익분기점에 근접할수록 인수합병 거래에서 창출될 주주의 가치는 거의 없게 된다. 따라서 인수기업들은 자신들이 얼마나 지불할 수 있는지 자문할 것이 아니라 인수대상 기업을 낙찰 받는데 필요한 최소금액이 얼마이고 그에 따라 최대로 창출할 수 있는 가치가 얼마인지를 물어봐야 할 것이다.

한 아시아계 기업이 유럽계 제약회사를 인수하기 위해 사모펀드와 경쟁을 벌인 예를 보기로 하자. 이 아시아계 회사는 그 제약회사를 인수함에 따르는 예상 가치뿐만 아니라 사모펀드가 그 제약회사를 인수하게 될 경우의 예상 가치도 각각 추정했다. 구체적으로 사모펀드가 그 제약회사를 인수하게 될 경우 간접비를 절감하는 것 이외에도 이 제약회사가 경쟁사의 자회사로 될 경우 이 제약회사와 거래하지 않았을 고객들까지 추가로 끌어들임으로써 가치를 증대시킬 수 있을 것으로 보아 이 제약회사의 가치를 9천6백만 달러에 달하는 것으로 추정하였다.

그러나 이 아시아계 기업도 같은 수준의 간접비 절감과 추가 고객 모집을 할 수 있었으며, 무엇보다도 생산과정의 일부를 저비용 공장으로 옮길 수 있었다. 따라서 이 아시아계 기업은 이 인수대상 기업의 가치가 1억2천만 달러에 달할 것으로 추정하였다. 이는 다시 말해 이 아시아계 기업이 인수대상 기업에 대한 최상의 소유자였으며, 따라서 경쟁 사모펀드보다 더 높은 가격을 제시하면서도 상당량의 이익을 뽑아낼 수 있었다. 참고로 인수대상 기업의 가치는 유럽 소재 모기업에게는 8천만 달러에 불과했다.

이러한 상대적인 가치를 알고 있었기에 이 아시아계 기업은 1억 달러의 입찰가격을 제시할 수 있었고, 그 결과 사모펀드를 밀어내고 2천만 달러에 달하는 잠재적 가치를 창출할 수 있었다.

게다가 이 아시아계 기업은 굳이 인수합병을 하지 않고서도 제약사업에 진입한다는 것을 밝히기만 했어도 더 좋은 결과를 이끌어낼 수 있었다. 즉 매도자와 사모펀드 둘 다 이 아시아계 기업의 경쟁위협을 확신하였다면, 인수대상 기업의 가치 추정치를 낮추어야만 했을 것이고, 이 아시아계 기업도 입찰가격을 더 낮추어 제시함으로써 더 많은 이익을 창출할 수 있었을 것이다.

앞서 언급하였지만, 최상의 소유자 원칙에 따르면 필요한 경우 매각 또는 분리독립(spin-off)을 포함한 기업분할(divestitures)도 장려된다. 50년 이상 거슬러 올라가면 많은 제약회사와 화학회사들이 비슷한 제조과정과 기술을 필요로 한다는 이유로 통합되는 경우가 많았다. 그러나 두 산업이 성숙기에 접어듦에 따라 양 산업의 연구, 제조 그리고 기타 기술들이 상당히 달라지게 되어 자매라기 보다는 먼 사촌과 같은 관계가 되었다.

오늘날 범용 화학제품 제조회사를 운영하는 핵심요소는 규모, 영업효율, 그리고 비용 및 자본적 지출의 효율적 관리 등인데, 이에 반해 제약회사를 운영하는 핵심요소는 R&D 파이프라인, 고급 판매인력, 규제승인 프로세스, 그리고 처방약을 구매하는 국가 주도 건강보험 시스템에서 정부와의 관계 등을 관리하는 것이다. 비록 한때 합병하는 것이 더 좋았을 수 있으나 오늘날에 와서는 더 이상 그렇지 않으며 그렇기 때문에 종전에 합병되었던 화학/제약 회사들이 다시 분리되어 왔다. 가장 최근의 사례로 Zeneca는 Imperial Chemical Industries로부터 1993년 분리되었으며(이후 AstraZeneca로 합병되었다), Aventis는 1999년 Hoechst로부터 분리되었다(역시 이후 Sanofi Aventis로 합병되었다).

경영진들은 종종 기업분할이 실패를 인정하는 것이며 기업규모를 감소시킬 것이라고 걱정하곤 한다. 그러나 연구 결과를 보면 기업분할에 대해 증권시장은 매각이든 분리독립이든 일관되게 긍정적인 반응을 보여 왔다.[26] 또한 다른 연구 결과에서도 분리독립 이후 3년간 마진율이 3분의 1 정도 증가하는 경향이 있음을 보였다.[27]

간단히 말해서 만약 이사회 및 경영진이 기업 포트폴리오 내의 사업들의 가치를 최대화하고자 한다면 기업이 이들 각 사업에 어떻게 가치를 부가시킬 수 있는지 명확하게 알아야 한다 (그리고 기업 포트폴리오에 속하지 않은 사업들도 포트폴리오에 추가된다면 이들 사업들에 어떻게 가치를 부가시킬 수 있는지 명확하게 알아야 한다). 기업들이 자신들의 사업 포트폴리오를 재검토하는 과정에서 최소한 자신들이 최상의 소유자가 되는 원천이 무엇인지 구체적으로 알고 있어야 한다. 또한 기업들은 혹 다른 기업들이 더 좋은 소유자가 될 수 있는지도 고려해야 한다. 그리고 최상의 소유자가 되는 원천은 계속 바뀔 수 있기 때문에, 기업들은 어떻게 하여야 최상의 소유자로서 자신들의 원천을 지속적으로 발전시켜 나갈 수 있을지 검토해야 한다.

26 J. Mulherin and A. Boone, "Comparing Acquisitions and Divestitures," Journal of Corporate Finance 6 (2000): 117-139.

27 P. Cusatis, J. Miles, and J. Woolridge, "Some New Evidence That Spinoffs Create Value," Journal of Applied Corporate Finance 7 (1994): 100-107.

2

주식시장
The Stock Market

6

주식시장 참여자는 누구인가?
Who Is the Stock Market?

상장기업을 경영하기 위한 전제 조건은 주식시장이 어떻게 움직이는지 이해하는 것이다. 경영진은 주식시장을 더 잘 이해함으로써 그들의 의사결정이 가치를 창출하는 동시에 주가에도 반영된다는 확신을 가지게 된다.[28] 경영진이 주식시장이 어떻게 작동하고, 기업들의 가치가 어떻게 평가되는지 이해하지 못한다면, 가치창출을 위한 기업인수 기회를 놓치거나 가치를 손상시키는 기업인수를 택하는 등의 잘못된 전략적 결정을 내릴 수도 있다.

본 장에서 우리는 주식시장이 어떻게 작동하는지 알아보고, 특히 서로 다른 전략과 미래에 대한 서로 다른 믿음을 가진 투자자들 간의 상호작용에 대해 알아볼 것이다. 주식시장은 단일 조직체가 아니며, 투자자들 간 상호작용은 새로운 정보에 의한 것이 아니더라도 변동성을 만들어낸다. 또한 주가 수준은 가장 정교한 투자자들에 의해 크게 좌우된다는 것을 알게 될 것이다.

주식시장의 모델

경영진과 저널리스트들은 때때로 시장이 단 하나의 관점을 가진 단일 조직체인 듯 이야기하지만, 그게 사실이라면 그것은 시장이라 할 수 없다. 시장을 만들어내는 것은 서로 다른 투자자들의 전략들과 관점들이며, 이것들이 서로 상

28 여기서 대부분의 분석은 주식시장 유동성이 풍부하고 외국 투자자들에게도 개방되어 있는 선진국 시장의 상장기업들을 대상으로 한다.

호작용하여 가격을 결정하고 변동성을 이끌어내게 된다. 따라서 투자자들과 그들의 전략을 이해하는 것은 시장을 이해하는 최상의 방법이다.

우선 투자자들마다 서로 다른 전략들이 어떻게 시장의 움직임을 만들어내는지를 보여주는 간단한 예로 논의를 시작하자. 주식시장에 한 기업의 주식을 거래하는 두 종류의 투자자들 A와 B가 있다고 가정하자. A 투자자들은 기업의 성과를 연구하며 그 주식의 가치를 평가한다. A 투자자들 중 어떤 이들은 해당 주식이 40달러, 다른 이들은 50달러, 또 다른 이들은 60달러의 가치가 있다고 믿는다.

한편 B 투자자들은 기업에 대한 연구는 전혀 수행하지 않고 단기적인 동향에 더 큰 관심을 가지고 있다. 그들의 전략은 추세를 따르는 것이다. 주가가 올라가면 그들은 상승세가 계속되리라 가정하며 매수한다. 주가가 내려가면 매도한다. B 투자자들은 신속함에 의해 돈을 번다. 주가의 등락 방향이 바뀌게 되면, 그들은 손해가 커지지 않도록 곧바로 반대 포지션을 취한다.

거래가 시작되었을 때 어떤 기업의 주가가 30달러라고 가정해보자. 주식의 가치가 40에서 60달러라고 믿는 A 투자자들은 매수를 시작하며, 그들의 매수는 주가를 상승시키기 시작한다. 주가 상승을 포착한 B 투자자들 또한 주식을 매수하기 시작하고, 주가의 상승을 더욱 가속화시킨다.

점점 더 많은 B 투자자들이 시류에 편승하며 상승 모멘텀을 만들어낸다. 주가가 상승함에 따라 A 투자자들은 점차 매수를 줄여간다. 40달러가 되면 A 투자자들 중 일부는 매수를 멈추지만 B 투자자들의 매수는 계속된다. 주가가 60달러 근처에 가게 되면, A 투자자들 중 일부는 주식이 과대평가 되었다고 판단하고 매도를 시작한다. 주가가 60달러를 넘기게 되면, 모든 A 투자자가 매수를 멈추고 많은 수가 매도하게 된다. B 투자자들 중 일부는 이로 인한 모멘텀의 둔화를 알아채고 매도를 시작한다.

결국 매도압력이 매수압력보다 커지고, 주가는 하락하기 시작한다. 모멘텀 투자자들은 A 투자자들이 다시 주식을 사기 시작하여 하락세를 반전시킬 만큼 가격이 충분히 낮아질 때까지 하락세를 가속화시킨다.

이런 패턴이 계속되면서 주가는 표 6.1의 왼편에서 보여지듯 A 투자자들에 의해 설정된 밴드 안에서 진동한다. 이처럼 시장에는 새로운 정보가 없어도 자연적으로 변동성을 보이게 된다.

이제 그 기업이 어떤 투자자도 예상하지 못했던 새로운 제품을 발표했다고 가정해보자. A 투자자들은 기업 가치에 대한 그들의 평가를 60달러에서 80달

[표 6.1] **주식시장의 모델**

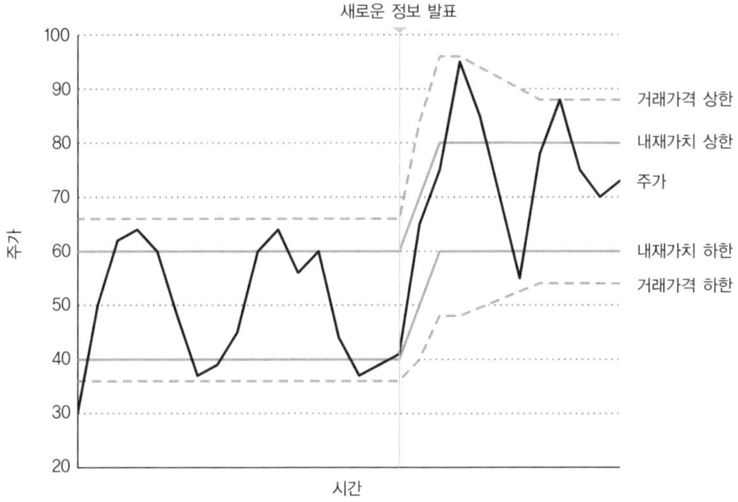

러 선으로 재조정한다. 그러면 그들은 매수를 시작하고, 표 6.1의 오른편에서 보여지듯 주가는 더 높은 수준에서 새로운 진동 주기를 시작하게 된다.

이 모델은 주식시장의 주요한 두 가지 측면을 보여준다. 첫째, 주가는 기업에 대한 새로운 정보 없이도 상승하고 하락한다. 둘째, 궁극적으로는 A 투자자들이 주가의 수준을 결정한다.

일반 통념

앞서 설명한 모델에는 단 두 종류의 투자자들만이 존재했지만, 무수히 많은 서로 다른 투자자들과 투자전략으로 실제 시장은 더욱 복잡하다. 미국에서 개인투자자들이 전체 시장가치의 40% 정도를 소유하고 있으나, 이들의 거래가 그다지 크지 않으므로 기업의 주가에 미치는 영향은 적다고 할 수 있다. 반면에 헤지펀드 매니저나 뮤추얼펀드 매니저, 그리고 연금펀드 매니저들을 포함하는 전문투자자들이 사실상의 모든 대량거래(10,000주 이상)를 주도하며, 이들이 실제로 주가를 변화시키는 투자자들이 된다.

기관투자자들을 이해하기 위하여 성장 혹은 가치 투자자들로 분류하는 일반적 접근방법은 무엇이 정말로 중요한가를 알아내는 데는 별로 유용하지 않다. 성장과 가치 개념이 투자 용어에 깊이 뿌리박혀 있긴 하지만, 그 용어들은 오해의 소지가 있다.

성장이라는 이름 때문에 흔히 성장주들이 가치주보다 수익성장이 더 빠르다고 이해하는 경우가 많다. 우리는 실제로 S&P500지수에서 성장 혹은 가치 하부지수에 포함되어 있는 기업들을 분석하였다.[29] 그 결과, 성장기업들의 수익성장률 중앙값은 가치기업들의 중앙값보다 약간 높았을 뿐이며 가치기업들의 46%는 오히려 성장기업들의 중앙값보다 더 빨리 성장하는 것으로 나타났다. 따라서 두 그룹간 성장률 분포에 통계적으로 차이는 없다고 할 수 있다.

사실, 성장기업과 가치기업을 구분 짓는 주요 요인은 자본수익률(ROIC)이다. 실제로 가치기업들의 ROIC 중앙값은 15%에 불과하였으나, 성장기업들은 35%에 달하였다. 즉 성장기업으로 분류된 기업들은 빠르게 성장한다고 하기보다는 자본수익률이 높았던 것이다.

이처럼 오해를 불러일으키는 용어를 어떻게 사용하기 시작한 것일까? 가치창출의 핵심 원리로 돌아가 보면, 어떤 성장률에 대해서든 높은 자본수익률이 높은 가치로 이어짐을 기억할 것이다(price-earnings ratio나 market-book value ratio와 같은 이익배수로 표현할 때도 마찬가지이다). 학계에서는 간편함을 위해 전통적으로 자본수익률이 시간의 흐름이나 기업에 관계없이 일정하다고 가정했고 따라서 이익배수의 차이는 성장률에 대한 기대치 차이를 반영했던 것이다. 그러나 우리는 이것이 사실과는 다르다는 것을 알고 있다.

이런 오류는 성장주와 가치주 지수를 구성하는 방식을 통해 투자 세계에서도 지속되고 있다. 대부분의 성장주/가치주 지수들은 Standard & Poors의 방식을 따라 시장가-장부가 비율(market-book ratios)을 이용하여 가치주와 성장주를 구분한다. 즉 높은 시장가-장부가 비율은 성장주로, 낮은 시장가-장부가 비율은 가치주로 구분되며, 성장률이 시장가-장부가 비율을 움직이는 하나의 요인에 지나지 않는다는 사실이 충분히 고려되지 않고 있다.

결국 우리는 명칭의 문제를 갖고 있는 것이므로, 성장주를 높은 시장가-장부가(market-book)주로, 가치주를 낮은 시장가-장부가주로 부르는 것이 오해의 소지를 줄일 것이다. 그러나 붙여진 명칭들에 의한 실제적인 영향은 엄연히 존재한다. 최소한 개인 투자자들이 뮤추얼펀드를 선택하는 데 있어서 혼동을 야

29 Bin Jiang and Timothy Koller, "The Truth About Growth and Value Stocks," McKinsey on Finance (Winter 2007): 12-15.

기할 수 있다. 또한 경영진들이 ROIC보다 성장률에 집중하게 됨으로써 그들의 의사결정에 유해한 효과를 미치게 된다.

또한 이러한 성장주/가치주 분류법은 경영진들에게 잘못된 믿음을 갖게 할 수도 있는데 즉, 경영진들이 성장 투자자들을 설득하여 자기 회사 주식을 매입하게 한다면 주가는 상승하게 될 것이라는 것이다. 그러나 우리의 분석 결과는 이러한 경영진들을 실망시키고 있다. 즉 최근에 주가 상승으로 인해 가치주에서 성장주로 변경된 기업들을 대상으로 분석한 결과, 성장 투자자들이 주가의 변화를 촉진시키는 것이 아님을 명백히 보여주었다. 성장 투자자들은 오히려 주가가 상승하여 높은 시장가-장부가 비율로 변경된 후에나 해당 주식 쪽으로 움직이는 반응을 보였다. 반대로 어떤 기업이 성장주에서 가치주로 변경된 경우에도 동일한 결과가 나타났다. 성장 투자자들은 주가의 하락 이전이 아닌 이후에 자신의 주식을 매도하는 결과를 보여주었다.

투자자들을 이해하는 더 좋은 방법

투자자들을 분류하고 이해하는 데 유용한 방법은 투자 전략에 따라 그들을 분류하는 것이다. 예를 들면 다음과 같다. 즉, 그들이 기업 가치에 대한 견해를 도출하는가 아니면 단기적인 주가 움직임을 주시하는가? 광범위한 연구를 진행한 뒤 적은 수의 대규모 투자를 진행하는가 아니면 (상대적으로 더 적은 정보를 가지고) 많은 수의 소규모 투자를 진행하는가? 상향식으로 포트폴리오를 구성하는가 아니면 지수를 단순히 추적하는가?

이러한 방법을 이용해 기관 투자자들을 내재적 투자자, 트레이더, 기계적 투자자, 유사 지수추종자[30] 의 네 종류로 구분하여 분석한 결과를 논의하기로 하자. 이 그룹들은 각자 투자 목표와 포트폴리오 구성방식에서 차이가 있다. 따라서 그들의 포트폴리오는 회전율, 보유주식 수, 전문투자자 1인당 보유주식 수 등과 같은 여러 중요한 특징들에서 서로 차이가 있다(표 6.2).[31]

30 어떤 회사들은 한 두 명의 전략적 투자자들을 보유하고 있었는데, 이들은 거의 거래를 하지 않기 때문에 여기서의 분석에는 제외되었다.

31 투자자 분류와 통계치는 Robert N. Palter, Werner Rehm, and Jonathan Shih, "Communicating with the Right Investors," McKinsey on Finance (Spring 2008): 1-5를 참조함. 이와 유사한 투자자 분류는 Brian Bushee, "Identifying and Attracting the 'Right' Investors: Evidence on the Behavior of Institutional Investors," Journal of Applied Corporate Finance 16, no. 4 (Fall 2004): 28-35에서 찾아 볼 수 있음.

[표 6.2] **투자전략에 따른 투자자 분류**

	연간 회전율 (%)	보유주식 수	전문가 당 보유주식 수
내재적 투자자	20-50	50-80	5-10
트레이더	>200	>400	20-100+
기계적 투자자			
• 지수추종자	<20	>500	200-500
• 금융분석가	100-300	>1,000	50-300
유사 지수추종자	20-80	150-400	50-100

출처: McKinsey Corporate Performance Center 분석자료

내재적 투자자(Intrinsic Investors)

내재적 투자자들은 대상 기업들의 장기적 가치 창출 잠재능력에 대해 엄밀한 실사를 거친 후에야 (보통 한 달 이상 소요) 기업들에 대한 포지션을 취한다. 그들의 실사는 기업의 재무적 성과와 전략적 위치 뿐만 아니라 경영진의 리더와 전략가로서 능력도 포함한다. 우리는 이러한 투자자 그룹들이 미국 자산의 20%를 소유하고 있고 미국 시장 거래량의 10%에 기여한다고 추정한다.

내재적 투자자들의 포트폴리오 회전율은 낮은데, 이들은 전형적으로 가격 대 가치의 불일치가 균형에 이르기까지 3년 혹은 4년 동안 지속될 수 있음을 인정한다. 따라서 이들은 시장에서 투자자들이 점차로 해당 주식의 저평가를 인식하고 수요를 함에 따라 보상을 받을 확률이 점차 자신들에게 유리하게 높아진다는 것을 알고 있기 때문에 기꺼이 기다리려고 한다.

내재적 투자자들은 대체로 한 시점에서 보통 75개보다 적은 수의 주식을 보유하고 전문가 당 취하는 포지션의 수도 적기 때문에 이들이 행하는 연구의 깊이를 가늠할 수 있다. 그들은 기업의 장기적 전망에 대한 본질적 변화가 없는데도 단기적인 주가 하락이 있는 경우 이를 매수 기회로 보기도 한다.

뮤추얼펀드로서 내재적 투자자인 Legg Mason Value Fund가 있는데, 이 회사는 한 시점에서 50개보다 적은 수의 주식을 보유하고 10%보다 낮은 회전율을 보인다. 헤지펀드 세계에서는 Lee Ainslie가 관리하는 Maverick Capital

이 내재적 투자자의 좋은 예이다. Mr. Ainslie는 Maverick이 투자 전문가 당 5개의 포지션만을 보유하고 있는 것에 대해 자랑스럽게 생각하며 그의 많은 스탭들은 10년, 20년, 혹은 그 이상의 시간 동안 단일 산업만을 연구해왔다.[32]

트레이더(Traders)

트레이더들은 보통 기업에 대한 뉴스 보도나 주가의 모멘텀과 같은 기술적 요소들에 근거한 한 달 또는 한 주 이내의 단기적 주가 움직임에 투자하여 수익을 얻으려 한다. 예를 들어 제약회사의 주가가 올라갈 만한 임상 실험에 관련한 좋은 소식이 발표되리라는 견해를 트레이더들이 가지게 되었다고 해보자. 트레이더들은 해당 주식을 매수하고 그러한 뉴스 발표나 그에 따른 주가 상승을 기다리다가, 그 직후 포지션을 청산할 것이다. 어떤 트레이더들은 한 해 동안 같은 주식을 여러 번 사고 팔기를 반복하기도 한다.

미국 주식의 35% 정도를 움직이는 트레이더들은 기업의 주식이 그 내재가치에 비해 과대 혹은 과소 평가되었는지 판단할 필요가 없다. 그들은 단지 주가가 초 단기간 상승 혹은 하락할 것인지에 대한 판단이 필요할 뿐이다. 그렇다고 트레이더들이 그들 자신이 투자하고 있는 기업이나 산업에 대해 이해하지 못한다는 것은 아니다. 오히려 이 투자자들은 그에 대한 정보를 면밀히 주시하며 때로는 기업에 직접 접근하여 단기간에 큰 영향을 미칠 수 있는 뉘앙스나 견식을 찾기도 한다. 하지만 트레이더들은 전략, 경쟁적 위치, 다른 장기적인 요인들에는 초점을 맞추지 않는다.

트레이더 그룹에 속하는 투자 전문가들은 보통 20개 혹은 그 이상의 포지션을 취하고 이들을 빠르게 사고 파는 식으로 며칠 혹은 몇 시간의 단기간에 조그만 수익을 취한다. 예를 들어 160억 달러를 관리하는 SAC Capital은 "일상적으로" NYSE 일일 거래량의 3%에 달하는 거래량을 보인다고 Busines Week가 보고한 바 있다.[33] 이 거래량은 고객의 명의로 거래하는 브로커들 중 최상위 다섯을 제외한 모두를 합친 것보다 많은 양이다.

32 Richard Dobbs and Timothy Koller, "Inside a Hedge Fund: An Interview with the Managing Partner of Maverick Capital," McKinsey on Finance (Spring 2006): 6-11 참조.

33 Marcia Vickers, "The Most Powerful Trader on Wall Street You' ve Never Heard Of," BusinessWeek online cover story (July 21, 2003) 참조.

기계적 투자자(Mechanical Investors)

기계적 투자자들은 엄격한 기준과 규칙에 따라 의사결정을 한다. 지수추종자, 혹은 인덱스펀드 매니저들은 기계적 투자자들의 원조격이다. 그들은 단지 S&P500과 같은 지수의 구성을 따라 포트폴리오를 구축한다. 다른 기계적 투자자들은 금융분석가(quants)로서 이들은 정성적인 판단 없이 컴퓨터 모델을 이용해 포트폴리오를 구축한다.

유사 지수추종자(Closet Indexers)

유사 지수추종자들은 액티브 매니저(active manager)로 불리지만 그들의 포트폴리오는 인덱스와 비슷해 보인다는 점에서 흥미롭다. 게다가 그들은 주식을 광범위하게 보유하고 있어 단일 기업을 깊게 이해할 수 없다. 이런 유사 지수추종자들의 경우 각각의 투자전문가들은 평균적으로 100에서 150개의 포지션을 취급하기 때문에 투자 대상 경영진과의 만남에서 영향을 받을 수 있는 깊이 있는 연구를 진행하기가 불가능하다.

전문가 당 많은 수의 포지션은 대다수의 유사 지수추종펀드가 펀드매니저와 연구원의 역할을 분리해놓은 대형 투자은행의 일부분이라는 사실을 반영한다. 주어진 인덱스를 주로 따라가는 펀드매니저는 연구 기능을 최소화하는 대신 신중한 개별 주식 선정이 주요 기능이 된다. 이와는 대조적으로 내재적 투자자들은 자신의 포트폴리오 안에 포함된 모든 기업에 대해 깊이 알고 있다.

내재적 투자자들과 유사 지수추종자들은 서로 매우 다른 방식으로 포트폴리오를 구성한다. 내재적 투자자들은 아무것도 없는 상태에서 시작하는 반면, 유사 지수추종자들은 인덱스로부터 시작하여 조금씩 조정을 더해간다.

예를 들어 Johnson & Johnson의 S&P500지수에서 가중치는 2008년 초반에 1.4%이었다. Putnam Fund for Growth와 T. Rowe Price Value Fund를 포함한 몇몇 주요 펀드들은 그들의 포트폴리오에 인덱스와 거의 완전히 같은 비율로 J&J를 보유했다. J&J의 주식을 인덱스와 일치하게 보유함으로써 그들은 J&J의 가치평가와 관련해서 긍정적이거나 부정적인 의견 어느 쪽도 택하지 않았다. 따라서 이 펀드들이 액티브 매니저로 시장에 알려졌음에도 그들은 유사 지수추종자로 볼 수 있다 (최소한 J&J의 주식 보유와 관련해서는).

[표 6.3] **내재적 투자자들이 주가에 가장 큰 영향을 미친다**

2006년	연간 총거래금액			실제거래일 당 거래금액[1]
	투자자 그룹당 (1조 달러)	투자자 1인당[2] (10억 달러)	투자 건당[3] (100만 달러)	투자 건당[3] (100만 달러)
내재적 투자자	3	6	72	7–30
트레이더	11	88	277	1

1 해당 투자자 그룹의 실제 거래일 하루 당 거래 활동
2 해당 투자자 그룹의 투자자 1인당
3 해당 투자자 그룹의 투자 건당
출처: R. Palter, W. Rehm, and J. Shin, "Communicating with the Right Investors," Mckinsey on finance, no. 27(Spring 2008): 1-5.

내재적 투자자들이 가치평가를 이끈다

우리의 연구는 내재적 투자자들이 향후 주가 변동(한 달 이상 기간)의 근본 동인이 된다는 결과를 지지한다. 표 6.3은 이 점을 이해하는데 도움을 준다. 첫 두 행은 트레이더들이 내재적 투자자들보다 더 많이 거래하는 것을 보여주고 있다. 2006년 중 대규모 트레이더들은 전체적으로 11조 달러의 주식을 거래하였고, 내재적 투자자들은 3조 달러의 주식을 거래하였다. 게다가 대표적인 대규모 트레이더는 1인당 880억 달러의 주식을 거래하여 대표적인 내재적 투자자 1인당 60억 달러보다 훨씬 더 큰 금액을 거래하였다.

마찬가지로, 세 번째 행을 보면 대표적인 트레이더들은 내재적 투자자들보다 투자 건당 투자 규모가 훨씬 더 큼을 알 수 있다. 하지만 마지막 행에서 보면 내재적 투자자들이 실제로 거래하는 날에는 투자 건당 거래금액이 트레이더보다 훨씬 큰 것으로 나타나 있다. 또한 내재적 투자자들은 그들이 보유한 기업들에 대해서는 더 많은 지분을 보유하고 있다.

지수추종자, 금융분석가, 그리고 유사 지수추종자들은 시장을 선도하기보다는 따라가는 입장에 있기 때문에 기업 관점에서는 별로 관련이 없지만 트레이더들과 내재적 투자자들은 관련이 있다.

트레이더들은 총 거래량 측면에서 더 많은 금액을 거래하고 (비슷한 금액을 짧은 기간 동안 여러 번 반복 거래하는 것이긴 하지만), 미국 주식시장 거래금액의 35%를 좌우하긴 하지만, 관리자와 경영진에게 있어 더 중요한 것은 내재

적 투자자들이다. 내재적 투자자들은 매수할 때 훨씬 더 많은 양을 사들이기 때문에 궁극적으로 주가를 움직이는 역할을 한다. 최고의 내재적 투자자들의 움직임은 종종 다른 투자자들이 따라 하게 되는데 이 때문에 그들의 1달러 투자는 다른 투자자들에게 더 많은 금액의 투자를 야기하게 된다.

트레이더들은 확실히 시장을 움직이게 할 수 있지만, 그들의 영향력은 연 단위가 아닌 며칠 또는 몇 주 정도로 측정된다. 그들은 변동성을 선호하며 돈을 벌기 위해 실제 혹은 가공된 정보를 필요로 한다. 이러한 정보와 사건에 대한 수요는 때문에 그들은 시장의 다른 모든 이들이 알기 전에 이용할 수 있는 토막 정보들을 찾아내기 위하여 기업의 투자자관계 부서와 상위 경영진들에게 자주 연락을 한다.

트레이더들은 또한 근일의 사건, 제품 발표, 분기 수익 등에 초점을 맞춘다. 그들은 자기주식매입이나 분기 EPS의 초과분 등 단기 주가에 영향을 미치는 뉴스를 촉진시킬 수도 있다. 결과적으로 트레이더들이 상위 경영진에게 자주 비치기는 하지만 주가를 움직이는 실질적인 중요성은 많이 떨어진다.

한편, 내재적 투자자들은 보통 연구하고, 분석하고, 포트폴리오에 포함된 기업들을 깊게 파헤치면서 자신들의 일을 조용히 진행한다. 그들은 장기적인 경제를 주시하고, 본질적인 요소들은 탐색하며, 가치창출의 핵심 원칙을 적용하여 해당 주식의 적정 가격을 판단한다. 무엇보다 중요한 것은 내재적 투자자들이 매수 매도 결정을 하는 과정에서 기업, 산업, 그리고 경쟁자들에 대해 객관적이고 신중한 관점을 제시함으로써 경영진에게 중요한 자산 역할을 한다는 것이다.

7

주식시장과 실물경제
The Stock Market and the Real Economy

지금까지 우리는 기업 차원에서 성장률과 ROIC가 가치평가의 핵심 원동력이 된다는 사실과(2장) 주가를 움직이는데 주요한 투자자들은 가장 정교한 투자자들이라는 사실(6장)을 보았다. 이 장에서 우리는 전체 주식시장의 움직임이 어떻게 실물 경제의 성과(생산, 소비, 인플레이션, 이자율, 이익)에 의해 설명될 수 있는지 보일 것이다.

경영진들은 시장의 동인을 이해함으로써 자기 회사의 주가 성과를 해석하고, 자신의 행위가 주가 성과에 어떠한 영향을 미칠 것인지에 대해 좀 더 깊은 이해를 할 수 있다. 물론 투자자들도 주식시장의 성과가 무엇에 근거하고, 실물 경제와 어느 정도 잘 조화되어 있는지를 아는 것은 유용할 것이다.

주식시장에 대한 지난 50년간의 피상적인 관찰은 여러분에게 주식시장의 성과가 실물 경제의 그것으로 설명되기에는 너무 제멋대로라는 결론을 내리게 할 지 모른다. 아래는 10년 마다 인플레이션을 감안한 S&P500의 연간 수익률과 GDP 성장률을 비교한 것이다:

년도	실질 TRS	실질 GDP 성장률
1960–1970	5%	4%
1970–1980	0%	3%
1980–1990	9%	3%
1990–2000	14%	3%
2000–2009	−5%	2%

시간의 흐름에 따른 경제 성장률은 매우 안정적인 반면, 주식시장 수익률은 −5%에서 +14%에 걸쳐 있다. 앞으로 보게 되겠지만 인플레이션과 이자율의 효과를 포함하게 되면 이 값들은 이치에 들어맞게 된다.

시장과 실물 경제의 연관성에 대한 무지는 경영진들의 잘못된 의사결정으로 이어질 수 있다. 예를 들어 1980년대와 1990년대에는 많은 상위 경영진들이 회사로부터 받은 스톡옵션과 주가의 전면적인 상승으로 인해 매우 부유해졌었다. 1983년과 1996년 사이에 S&P500에 속한 기업들은 장기 평균값인 7%의 두 배 가까운 평균 12%의 인플레이션 조정된 연간 수익률을 주주들에게 안겨주었다.

이런 수익의 출처를 이해하지 못한 채 수많은 이사회와 경영진들은 자신들이 비슷한 수준의 높은 수익을 계속적으로 창출할 수 있고 그래야 한다고 믿었다. 그러나 이 기간 동안 주식시장의 성과는 개인으로든 집합적으로든 경영자들의 능력과는 거의 관계가 없었다.

1983년과 1996년 사이에 주식시장의 우수한 성과 대부분은 연방준비은행 이사회 의장이었던 Paul Volcker가 주도한 이자율과 인플레이션의 동반 하락과 이에 따른 PER의 증가에 의한 것이었다. 1981년의 14% 인플레이션으로 인해 미국 정부 장기 채권의 이자율은 16%에 달했고, 이로 인해 PER는 8 근처에 머물렀다. 그러나 1996년까지 인플레이션과 이자율은 각각 3%와 6.5%로 하락하였고, PER의 중앙값은 16으로 상승하였다.

1996년까지 낮은 이자율에도 불구하고 PER는 계속 상승하지 못하였고, 결국 지난 15년간 상승했던 시장수익률의 핵심 요소를 잃어 버리고 말았다(물론 시장은 곧바로 시작된 테크놀로지 버블을 2000년까지 겪었고, 이 때의 PER는 유지되기 어려운 수준까지 올라갔다. 테크놀로지 버블이 붕괴된 후 2004년에 PER는 1996년 수준으로 돌아왔다). 만약 경영진들이 주주수익률의 동인이 무엇인지 알았다면, 그들은 수익률이 정상적인 수준으로 "복귀되어야 함"을 예상할 수 있었을 것이다.

놀랍게도 실물 경제의 시각으로 주식시장의 실적을 설명하려는 학계의 시도는 거의 없었으며, 주요 재무 교과서들에도 이 주제에 대한 논의가 거의 없는 것으로 보인다. 잘 알려진 Burton Malkiel의 책 제목인 A Random Walk Down Wall Street은 시장에 대한 학계의 관점을 명쾌히 정리하고 있다. 이 제목은 어떤 외부의 참고 사항들을 고려하지 않은 채 내부 시스템인 주가 패턴을 통계적인 현상으로서만 설명하려는 학계의 관심을 반영한다. 시장을 이해하는데 있어서 이렇게 피상적으로 접근하는 한 가지 이유는 지난 45년 간 학계에서 가장 쉽게 이용 가능한 데이터베이스가 주가와 배당에 관련된 정보만을 보유하고 있었다는 것이다.

과거 100년 간 주주수익률

과거 100년 이상의 기간 동안 연간 주식수익률(배당과 자본이익 포함)이 10%라는 통계치를 종종 들어 보았을 것이다. 그러나 항상 변동하는 인플레이션 상황 하에서 10%라는 수치는 잘못된 판단을 가져올 수 있다. 실제로 인플레이션을 조정한 후에는 미국 대형 주식들의 주주수익률은 연간 6.5%에서 7% 정도로 줄어든다.

이 6.5%에서 7%라는 주식의 장기 실질수익률은 무작위로 얻어진 수치가 아니다. 이것은 전체 기업들의 장기 성과를 반영하며, 또한 가치창출의 핵심 원칙에서 설명되었던 가치평가와 성과 간의 관계를 반영하는 것이기도 하다.

그럼 어떻게 이 수치가 얻어진 것인지 자세히 알아보자. 모든 대기업 전체를 하나로 모아 성장률, ROIC, 투자율을 계산해보면, 지난 75년간 기업의 실질이익 성장률은 연 3%에서 3.5%가 된다. 여기에 표준화된 인플레이션 2%를 더하면 명목이익 성장률은 연 5%에서 5.5%가 된다. ROIC의 중앙값은 연 13% 정도였다. 마지막으로, 대기업들은 보통 배당금과 자기주식매입의 형태로 이익의 50% 정도를 매년 주주에게 지급한다.

실질 자본비용을 7%, 인플레이션을 2%로 가정하여 명목 자본비용을 9%로 놓으면, 가치창출의 핵심 원칙에 근거한 공식을 이용하여 대기업들의 장기 PER가 얼마가 되어야 하는지 유도할 수 있다. 이렇게 구한 PER는 약 15배 정도로 나타난다. 이 수치는 높은 인플레이션과 하이테크 버블 시기는 제외한 지난 50년 간의 평균 PER와 일치하는데 이는 우연이 아니다.

장기적으로 PER는 15배로 회귀를 반복해왔다는 사실에서 PER가 매년 일정하게 유지된다고 가정하면 기업들의 가치도 이익 성장률(연 3%에서 3.5%)과 같은 정도로 증가하리라 예상할 수 있다. 또한 주주들이 받은 이익의 50%도 연 3%에서 3.5%의 현금흐름(배당금과 자기주식매입을 포함) 수익률을 만들어낼 것이다. 결국 기업가치 증가율과 현금흐름수익률을 더하면 약 6.5%에서 7%의 총 실질 주주수익률을 얻게 되며, 이 수치는 위에서 본 과거 평균값과 일치한다.

이러한 수치들의 일관성과, 이것이 근본적인 경제 요인들에 의해 설명될 수 있다는 사실은 투자자들과 기업들에게 있어 중요한 의미를 내포하고 있다. 즉 장기적으로 투자자들의 위험 선호도나 경제 성장에 급격한 변화가 없다면, 주주수익률은 이러한 수치에서 크게 벗어나지 않을 것이다. 실제로 장기 GDP 성장률이 크게 증가 혹은 감소하지 않았고, GDP 대비 기업이익의 비율 또한 적어도 지난 75년 간 일정하게 유지되었다.

1960~2009 시기의 주식시장

이처럼 지난 100년간의 시장에 대해 설명이 가능하다면, 좀 더 짧은 기간에 대해서는 어떨까? 표 7.1은 1959년 말부터 2009년 말까지 S&P500 지수의 움직임을 보여주고 있다. 어떤 연구자들은 이러한 패턴이 다음 기간에는 어떤 방향으로 움직일지 알 수 없으므로 이를 무작위적이라고 묘사할 것이다.

시장의 움직임이 한 시간, 하루, 한 주, 혹은 한 달 후에 어떻게 될지를 무작위 과정 이외의 것으로 설명할 수 있다고 주장하기는 힘들어 보인다. 너무나도 많은 변동 요인들이 있고, 4장에서 보았듯이 단기적인 시장 움직임은 실제 기업의 성과를 반영하는 것만큼이나 기대치의 변화를 반영한다. 단기적으로 주

[표 7.1] **인플레이션 조정된 S&P500 지수**

출처: Bloomberg, McKinsey Corporate Performance Center 분석자료

가는 대규모 투자자들이 포트폴리오 재조정을 위해 주식을 매도하는 것과 같은 순전히 기술적인 요인들에도 영향을 받는다.

이렇게 한 달 동안의 시장은 설명할 수 없지만 100년 동안의 시장은 설명할 수 있다면, 어느 정도의 시간대에 대해 시장을 설명할 수 있다고 기대할 수 있을까?

하나의 방법은 다양한 경제적 혹은 시장의 사건들에 해당하는 시기를 살펴보는 것이다. 이에 대한 일반적인 관행은 주식시장의 최고점에서 최저점까지 혹은 그 반대 방향으로 분석하는 것인데, 이것은 제목을 붙이기 용이한 점은 있지만 해당 경제적 사건들의 근본에 대한 이해를 왜곡할 수도 있다는 점에 유의해야 한다. 예를 들어 미국의 주식시장은 1983년부터 2000년까지 계속 상승했고 그 후 2004년까지는 급격히 하락했으나 근본적인 경제 요인들은 1996년쯤에 변화되었다.

우선 1983년부터 1996년까지의 기간은 1970년대 후반의 높은 인플레이션과 이자율 그리고 높은 인플레이션을 멈추기 위해 1980년에서 1982년까지 연방준비은행이 주도한 경기후퇴(recession)로부터의 긴 회복기임을 보이고자 한다. 그 후 1997년에는 새로운 경제적 요인으로 테크 버블이라는 새로운 요인이 발생했고, 따라서 이러한 버블과 그 붕괴로 이어지는 1997년부터 2004년까지의 기간을 하나의 시기로 보고자 한다(버블에 대해서는 다음 장에서 좀 더 다룰 것이다). 이들 기간을 포함하여, 지난 50년은 서로 다른 근본 요인들이 미국 경제와 주식시장을 움직였다는 점에서 다음과 같은 다섯 개의 시기로 구분하기로 한다.

- 1960년부터 1968년까지의 **근심 없는 1960년대**. 이 시기의 경제와 기업 수익은 안정적인 수준으로 성장했고 이자율과 인플레이션도 낮고 안정적이었다. 실질 주주수익률이 장기 평균을 약간 상회하는 9%였던 것은 놀랍지 않다.
- 1969년부터 1982년까지의 **대 인플레이션**. 높은 인플레이션이 투자자들로 하여금 PER를 1969년의 16배에서 1982년의 8배로 감소시켰고, 투자자들은 이 14년간의 불행한 시기 동안 음의 실질 수익률을 얻었다.
- 1983년부터 1996년까지의 **정상으로의 회귀**. 인플레이션의 억제와 함께 PER와 경제 성장은 회복되었고, 투자자들의 실질 수익률은 12%로 증가되었다.

- 1997년부터 2004년까지의 **테크 버블**. 이 기간 중 실질 주주수익률과 경제성장은 정상 수준에 가까웠고, 실질 주주수익률의 평균은 5%였다. 정말 중요했던 것은 이 기간 중간의 버블이었다.
- 2005년부터 2009년까지의 **레버리지와 신용위기**. 금융부문의 무모함은 기업의 수익을 빼앗아갔고 2009년 말까지 실질 주주수익률은 −5%에 불과했다.

표 7.2는 주식시장의 주요 움직임을 강조하기 위하여 대부분의 단기적 변동성을 평활 처리(smoothing)한 것을 보여준다.

표 7.3은 주식시장의 정형화된 움직임과 이익, PER, 이자율, 그리고 인플레이션의 모습을 비교하고 있다. 상단 패널은 인플레이션 조정된 S&P500 지수와 EPS 지수를 비교하고 있다. 여기서 보면, 주가 추세는 1980년 초반에 이익 추세 아래로 떨어졌으며, 1990 후반에는 이익 추세 위로 상승한 후, 2009년 말에 주가지수와 이익지수는 다시 한 번 일치했음을 알 수 있다.

두 번째 패널에서는 이러한 주가 추세와 이익 추세의 괴리가 PER를 이용하여 표현되어 있는데, PER가 큰 폭으로 변해 왔음을 알 수 있다. 세 번째 패널은 PER 변동성의 대부분이 이자율과 인플레이션의 변화에 기인함을 보여

[표 7.2] **미국 주식시장: 다섯 개의 시기**

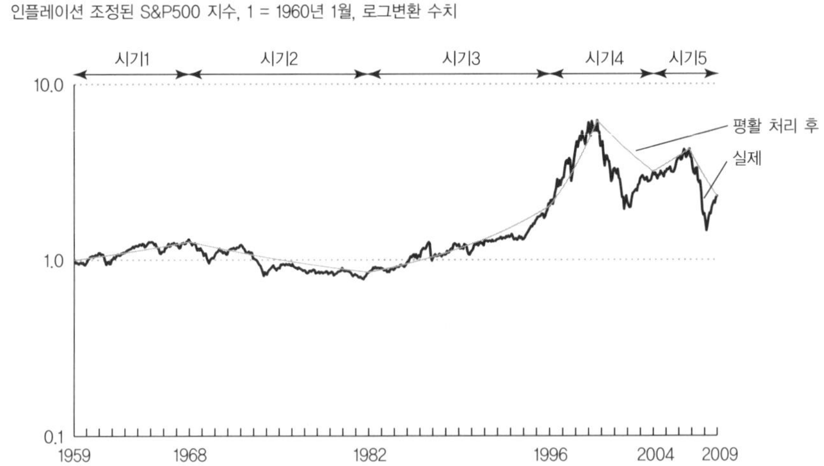

출처: Bloomberg, McKinsey Corporate Performance Center 분석자료

[표 7.3] **다섯 시기 동안 주식시장 성과를 결정한 근본 요인들**

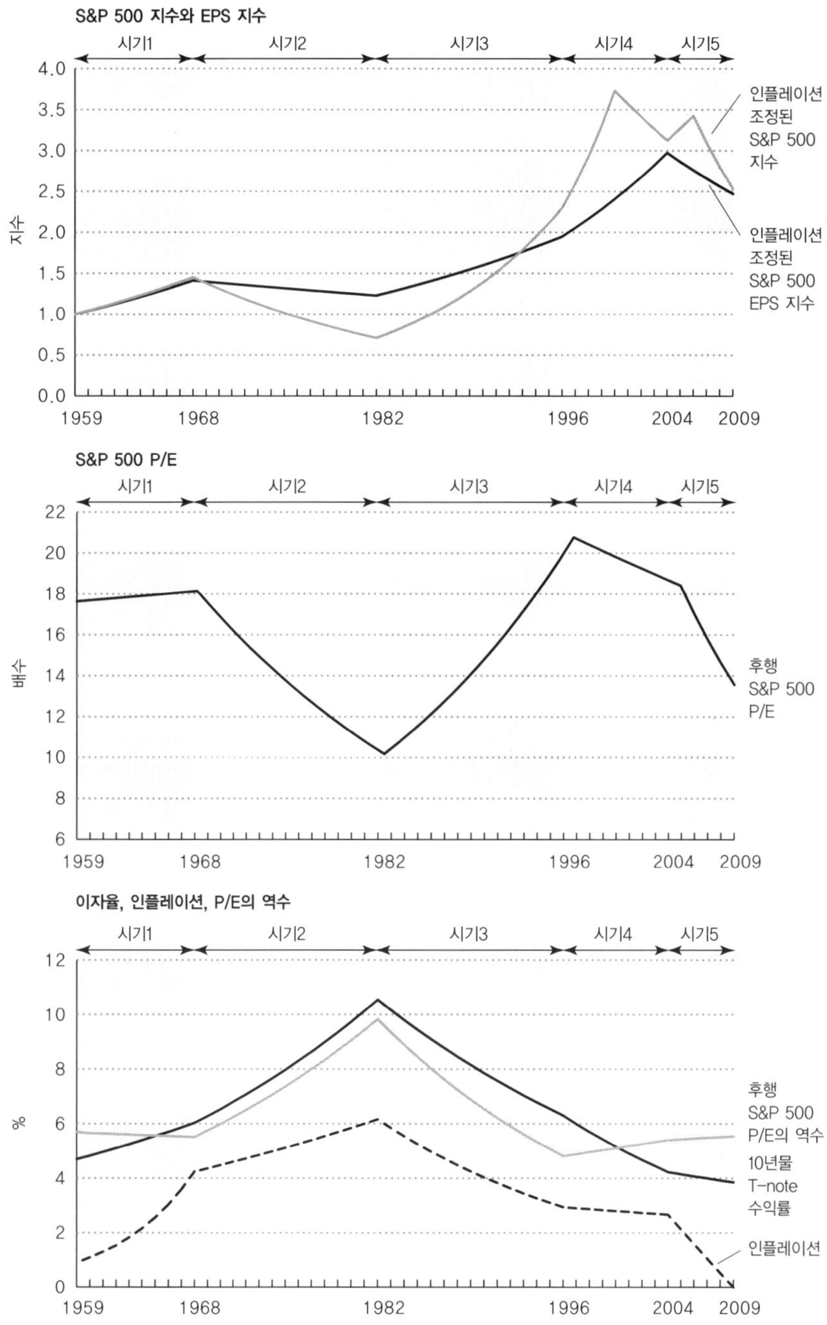

출처: Bloomberg, McKinsey Corporate Performance Center 분석자료, Institutional Brokers' Estimate System, Bureau of Economic Analysis

준다. 여기서 PER는 이자율과 인플레이션의 비교가 용이하도록 그 역수로 표시되었다.

이 도표들을 기억하면서, 이제 다섯 개의 각 시기별 주식시장 움직임이 그 근본에 깔려있는 실물 경제의 사건들을 어떻게 반영했는지 확인하면서 더욱 자세히 살펴보자.

근심 없는 1960년대: 1960년~1968년

근심 없던 1960년대에 경제 상황은 건전했고 안정적이었다. 실질 GDP는 연 2.7%로 성장했고, 인플레이션은 1966년까지 연 1%에서 1.5%였으나, 그 이후 1968년까지 4.2%로 갑자기 뛰기 시작하였다. 기업 이익은 경제보다 약간 더 높은 3.9%로 성장했고, PER는 15에서 18배 사이의 좁은 범위에 머물렀다. 결과적으로 S&P500지수는 연 5% 정도로 증가했다. 배당금을 더하면 주주들은 연 9% 정도의 평균 실질수익률을 얻었고, 이는 장기 평균보다 조금 높은 값이었다.

대 인플레이션: 1969년~1982년

인플레이션은 이후 14년간 경제와 주식시장의 움직임을 결정하는 요인이었다. 1968년에 4.2%였던 인플레이션은 1974년의 11%까지 점차 상승했다. 그 후 몇 년간 조금 하락하긴 했지만 역사적으로 보면 높은 수준을 유지했고, 이후 다시 증가하여 1980년에는 13.5%에 달하였다. 이 시기는 공식적인 네 번의 경기후퇴(1969-1970, 1973-1975, 1980, 1981-1982) 기간을 포함할 정도로 경제성장의 변동성이 컸던 시기의 하나로서, 인플레이션과 이를 바로잡기 위한 정부의 수많은 시도들이 실패하고 말았으며 1980년대 초반에는 Paul Volcker가 금리를 올리고 통화공급을 줄임으로써 경제에 급브레이크를 밟게 된다.

여기서 우리는 유가에 책임이 있다고 생각하지 않는다. 유가는 확실히 문제가 되기는 했지만, 1973년에서 1974년에 있었던 석유금수조치 이전부터 이미 정부 정책은 높은 수준의 인플레이션을 야기했다. 기업 이익은 인플레이션과 경기후퇴의 두 직격탄을 맞게 되어 14년간 기업의 실질이익은 제자리에 머물렀다.

높은 인플레이션으로 인해 투자자들은 더 높은 이자율을 요구하게 되었다. 높은 이자율은 명목 자본비용을 증가시키는 한편 높은 인플레이션은 성장을 위해 재투자되어야 하는 이익의 비율을 증가시켰다. 결국 1969년 초 18배이었던 PER가 1982년 말 10배로 하락하고 말았다. 이익 없는 성장과 PER 하락이라는 두 가지 악재로 인해 이 시기 동안 실질 TRS는 연 −1%로 추락하였다.

정상으로의 회귀: 1983년~1996년

1983년부터 1996년까지 오랜 기간의 견실한 실적은 상당한 혼란을 야기했다. S&P500지수는 1983년 초의 141에서 1996년 말 741로 상승했다. 배당을 포함하면 명목 주주수익률은 연 16%이었고, 인플레이션 조정 후에는 12%로서 이는 지난 100여년 동안 연간 실질 주주수익률의 평균인 6.5%~7%의 거의 두 배에 달하는 수치다.

1983년부터 1996년까지 S&P500 기업들의 실질 이익은 연 3% 정도로 증가했고, 이는 실질 이익의 장기 평균 성장률에 가까운 값이다. 동시에 미국의 이자율과 인플레이션은 극적으로 하락하였다. 10년 만기 미국 정부채권 수익률은 이 시기 직전인 1981년에 거의 15%를 기록한 후 다소 안정적으로 감소하여 1996년에는 6%가 되었다. 인플레이션과 이자율의 하락은 1996년까지 PER를 일반 수준인 10배 중후반 수준으로 올려놓았다.

인플레이션과 이자율이 이 시기의 수익률 변동 결정요인으로서 얼마나 중요했는지를 알아보기 위하여 이자율과 인플레이션의 하락이 없었을 경우의 실질 주주수익률을 추정해보았는데 그 값은 연간 약 7% 정도에 지나지 않았으며 이는 장기 평균값 수준에 해당한다.

테크 버블: 1997년~2004년

1997년부터 2004년까지의 시기는 여러분이 그 시작과 끝만을 보는지, 아니면 중간에 무슨 일이 일어났는지 보는지에 따라 매우 다른 양상을 나타낸다. 이 시기의 시작과 끝을 통틀어 실질 주주수익률은 5%이었고(3.5%의 지수 상승분과 1.5%의 배당을 더한 값), 이는 장기 평균보다 약간 낮은 수준이다.

모든 이들이 기억하는 것은 이 시기의 중간에 일어난 일들이다. S&P500은 1997년 초에 741에서 2000년 중반에 1,527까지 상승한 후, 2004년 말에는 다시 1,212로 하락하였다. 다음 8장에서도 설명하겠지만, 이러한 변동은 기술주와 초대형주에 일었던 버블에 기인한다. 예를 들어 1997년부터 2000년까지 기술주와 초대형주의 시장가치 상승률의 중앙값은 62%(연간이 아닌 총량으로)인 반면, S&P500의 나머지 기업들의 중앙값은 21%에 지나지 않았다.

뒤이은 주식시장의 하락도 기술주와 초대형주에 집중되어 있는데, 이들은 60% 이상 하락한 반면 나머지 기업들의 하락은 중앙값이 8% 밖에 안되었다. 흥미롭게도 2000년부터 2004년까지의 약세 시장에서도 S&P500 기업들 중 40%는 실제로 가치가 상승했다. 다음 8장에서도 설명하겠지만 2000년의 버블은 시장 전체의 버블이 아닌 대형 섹터의 버블이었다.

레버리지와 신용위기: 2005년~2009년

S&P500은 2007년 중반에 다시 한 번 1,565의 최고점을 잠시 기록한 뒤 2009년 3월에 677까지 급락하였고, 2009년 말에는 1,115를 기록하였다. 이러한 2007년 중의 최고점은 이례적으로 높았던 기업 이익에 기인한 것으로서, 2000년의 최고점이 비정상적인 PER에 기인했던 것과는 달랐다. 그러나 바로 뒤이은 급락은 금융분야에서 시작된 금융위기가 실물경제 전체로 번지면서 야기되었다.

2007년의 주식시장 PER는 1999년보다 40% 낮은 수준으로서, 이자율과 인플레이션을 통해 합리적으로 예상할 수 있는 수준의 수치였다. 이때의 PER는 1960년대의 PER와도 닮았는데, 당시 인플레이션과 이자율은 2007년과 비슷하게 낮았다.

또한 이때의 S&P500 지수가 1,500에 달했던 것은 이례적으로 견실한 기업이익에 기인한 것이었다. 실제로, GDP 대비 S&P500 기업들의 총이익 비율은 2006년에 전례 없는 5.7%로 치솟았는데, 이는 역사적 평균치인 2.3%보다 훨씬 높은 것이었다.[34]

그러나 이러한 기록적인 기업 이익은 전체 기업들보다는 금융과 에너지의 두 섹터 기업들에 집중되어 있었기 때문에 지속가능성에 문제가 있었다. 에너지 기업들의 높은 이익은 고유가에 힘입어 가능하였는데, 2008년에 유가는 배럴 당 145달러로 최고점을 찍었고 그 이후 30달러까지 하락한 뒤 2009년 6월에 71달러로 회복되었다. 금융분야에서는 높은 거래량과 수수료에 힘입어 역사적 추세보다 60%~80% 정도 높은 주주수익률을 만들어 주었다. 이 높은 주주수익률의 대부분은 2008년과 2009년에 붕괴된 서브프라임 관련 상품들로

34 추가적으로 모든 서유럽 국가의 총 GDP 대비 유럽 대표 기업들(FTSE300)의 총이익 비율을 분석하였는데 유사한 패턴을 확인할 수 있었으며 다만 상승추세가 더 뚜렷하였다. 또한 미국의 경제분석국(Bureau of Economic Analysis: BEA)에서 발표하는 기업 이익 통계치를 사용하더라도 S&P500 기업들에 대한 결과와 유사한 패턴을 보였다.

부터 나온 것이었다.

2009년 12월에 S&P500은 1,115를 기록하였다. 이는 애널리스트 컨센서스에 의한 2010년 예상이익 대비 15배의 PER를 의미하는 값이다. 비록 이 시기의 기업 이익에 대한 불확실성이 높기는 하였지만, 시장은 정상적인 가치평가 수준으로 회복된 것으로 보인다. 시장이 금융위기 상황에 대해서 과민반응을 한 것인지, 그리고 그 반응이 다른 경기후퇴 시와 비교해 특이한 것이었는지에 대해서는 다음에서 논의하도록 한다.

시장의 연간 변동에 대한 모델

주식시장의 가치를 설명하는 데 있어서 앞에서 논의한 것보다 더 짧은 시기들로 나누는 것이 가능할까? 이를 위해 가치창출의 핵심 원칙에 근거한 간단한 연간 모델을 구축하여 주식시장과 실물경제의 연관성을 검증해보기로 하자. 만약 이 이론적인 모델이 시장을 설명하는 데 있어 꽤 유용하다면, 주식시장이 실물경제와 밀접하게 연동되어 있음을 의미하는 것이 된다.

표 7.4는 이 모델이 어떻게 작동하는지 보여준다. 주식시장의 가치(S&P500

[표 7.4] **주식시장 모델링**

의 경우)는 장기 ROIC 예측치와 기업 이익성장률 예측치 및 자본비용 예측치로 결정되는 PER 예측치에 기업 이익의 기준치를 곱한 것과 같다.[35]

여기서 기업 이익은 두 가지 방법으로 예측하였다. 추세모델(trend model)은 이익이 현재 장기 추세보다 높든 낮든 장기 추세를 따른다고 가정한다. 이는 기업 이익의 장기 성장률이 변동성이 높긴 하지만 GDP의 장기 성장률과 같다는 실증적인 관계를 반영하는 것이다. 다시 말해 기업 이익은 GDP의 일정 비율로 되돌아가는 경향이 있고 GDP성장 자체는 오랜 기간 동안 안정적이라는 것이다.

기준모델(anchored model)은 투자자들이 미래 이익을 예측하는 기준으로 현재의 이익을 사용한다고 가정한다. 즉 투자자들의 이익 예측치는 이익의 최고 정점 수준에서는 장기 미래 이익을 과대평가하고, 이익이 장기 추세보다 낮을 때는 장기 미래 이익을 과소평가한다고 가정한다. 이 가정은 증권분석가들의 이익예측이 시장 호황일 때 너무 높은 경향을 보이고 불황일 때 너무 낮은 경향을 보인다는 사실과 부합한다. 표 7.5는 두 가지 이익 예측모델의 차이점에 대해 보여주고 있다.

전체 결과를 이야기하기 전에 PER 실제치와 예측치를 비교해보자. 표 7.6은 1962년부터 2009년 말까지 S&P500 지수 기업들의 PER 중앙값과 모델 예측치를 비교하고 있다. 간단한 모델이지만 모델 예측치는 각 연도별 실제 PER를 모방하는 데 상당히 유용함을 알 수 있다. 대부분의 연도에서 모델 예측치는 실제치의 15% 이내에 위치하며 실제치 대비 과대/과소가 잘 균형 잡혀 있는 것으로 보인다.[36]

그렇다면 15% 이내의 정확도가 적절한 것인가? 시스템의 복잡도와 몇몇 변수들 측정의 어려움(현재 이익, 인플레이션, 이자율, 성장률 예측치)을 놓고 보면, 여기서의 결과는 기본적인 요인들이 합리적인 범위 안에서 실제로 주가를 움직인다는 것을 확인하는 데 충분하다. 어떤 이들은 이 분석의 정밀도가 부족하다고 불편해할지 모르지만, 수많은 투자자들이 서로 다른 전략과 정보를 가지고 상호작용하는 시장에 대해서 더 정밀하기란 불가능하다. 아리스토텔레스

35 이들 변수 값은 꽤 안정적인 과거 자료에 근거하여 추정하였다. 예를 들어 자본비용은 일정한 실질 자본비용을 추정하는 우리의 연구결과에 근거하여 추정되었고, 이를 인플레이션에 대한 조정을 통해 명목 자본비용으로 환산하였다.

36 다음 장에서 설명하듯이 S&P500 기업들의 PER 가중평균값이 아닌 중앙값을 사용하였다. 가중평균값은 언론에서 일반적으로 보고하는 값인데, 대기업의 수치에 의해 간혹 왜곡되기도 한다.

[표 7.5] **이익예측은 최근 과거자료를 기준으로 이루어진다**

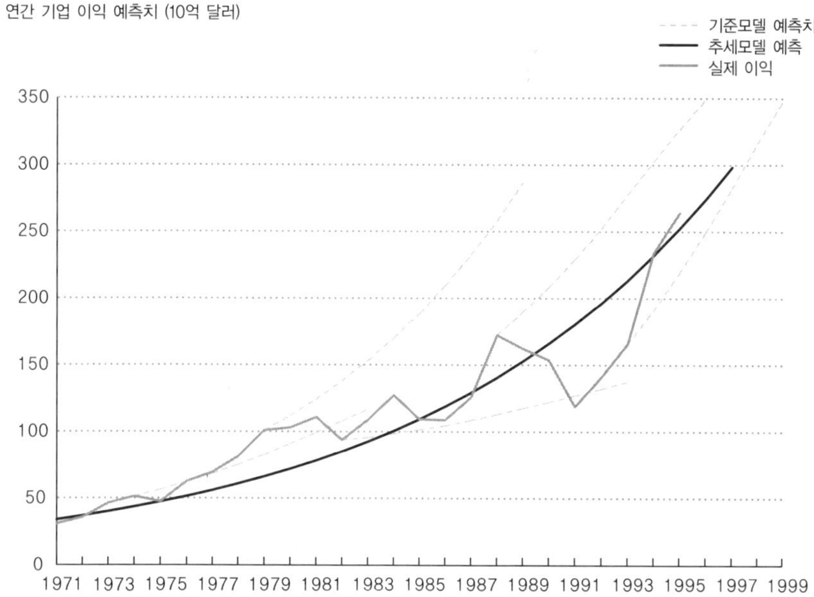

출처: Institutional Brokers' Estimate System, Bloomberg, Bureau of Economic Analysis, McKinsey Corporate Performance Center 분석자료

[표 7.6] **PER에 대한 모델 예측치는 실제치에 가깝다**

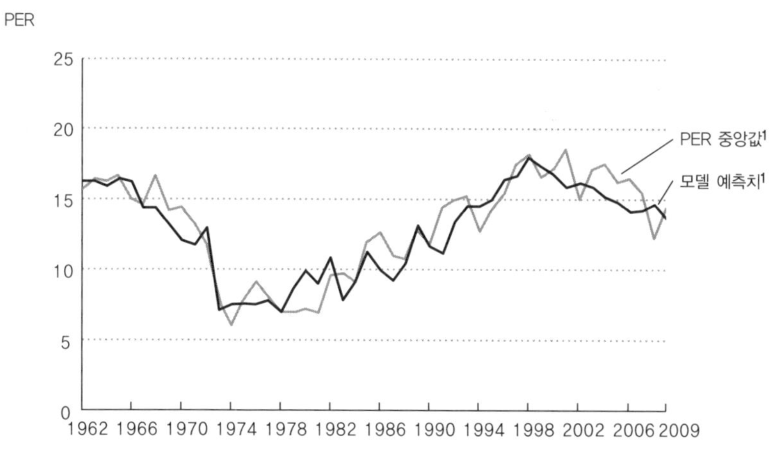

1 1962~1977년 기간은 자료부족으로 12개월 후행 PER를 사용하였으나 그 이후 기간은 12개월 예상 PER를 사용하였다.

출처: McKinsey Corporate Performance Center 분석자료

[표 7.7] **기준모델이 추세모델보다 예측력이 우수하다**

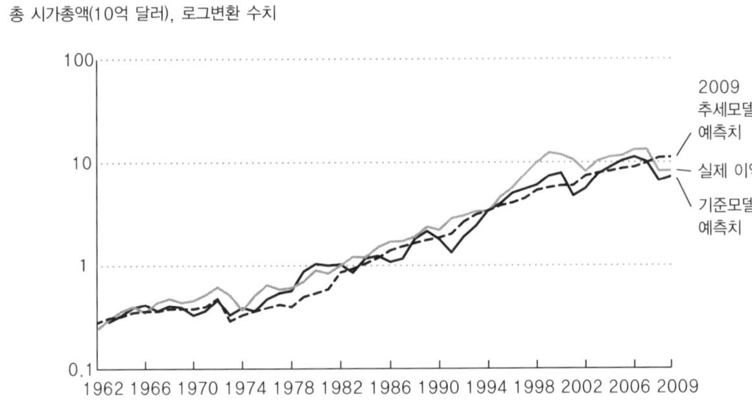

출처: Institutional Brokers' Estimate System, Bloomberg, Bureau of Economic Analysis, McKinsey Corporate Performance Center 분석자료

는 말했다, "… 대상의 본질이 허락하는 한 각 사항에 대해 정밀함을 추구하는 것이 교육받은 인간의 상징이다." 이처럼 우리는 분석 대상의 본질과 한계를 인정해야만 한다.

다음 단계는 위의 PER 예측치를 이익 예측모델과 결합하여 주식시장 자체를 예측하는 것이다. 표 7.7은 S&P500지수와 두 가지 이익 예측모델의 결과를 보여주고 있다. 두 모델 모두 주가의 장기적인 궤도를 추적하고 있긴 하지만, 기준모델은 어느 한 시점에서 시장의 실제 가격 수준을 묘사하는 데 더 유용하고, 추세모델은 주어진 기본적인 요인들 하에서 주가가 어느 정도이어야 하는지를 묘사하는 데 유용하다고 할 수 있다.

만약 시장이 완벽한 선견지명을 가지고 있다면, 시장 가격이 미래 이익과 현금흐름의 모든 변동성을 평활화시켜줄 것이므로 주가는 현재보다 훨씬 변동성이 적을 것이다. 흥미롭게도, 이러한 주가의 평활화는 PER의 변동성을 지금보다 훨씬 더 높게 만들 것이다. 이는 이익이 낮을 때도 가격이 안정적으로 머물러 PER는 높아지고 이익이 높을 때는 그 반대의 현상이 일어날 것이기 때문이다.

이런 현상은 화학이나 제지 기업 같은 경기민감 기업들에게서 확연히 드러난다. 이익이 낮을 때 시장은 이익의 반등을 예상하여 PER가 매우 높아지는 경향이 있는 반면, 이익이 높을 때 시장은 이익의 하락을 예상하여 PER가 매우 낮아지는 경향이 있다.

따라서 추세모델은 시장이 어떠해야 하는지를 좀 더 잘 반영하는 한편, 기준모델은 실제 자료값들에 잘 들어맞는다. 하지만 이것이 기준모델의 우월함을 말하는 것은 아니며, 단지 기준모델이 현재 이익과 인플레이션의 투자자 심리에 미치는 영향을 더 잘 반영하기 때문에 단기 주가 수준의 예측에 있어서 추세모델보다 더 낫다는 것을 의미할 뿐이다. 반면 추세모델은 장기 주가를 예측하고자 할 때 더욱 유용하게 쓰일 수 있다.

이상과 같이 주식시장 전체에 대해 논의한 것은 각 섹터와 기업에도 적용될 수 있다. 즉 투자자들은 성장률과 이익률에 대한 예측을 할 때 지나치게 최근의 기록을 기준으로 삼으며, 장기의 기본적인 요인들에 변화가 있을 때 그 예측을 수정하는데 시간이 걸린다. 따라서 단기적으로 주식시장은 강한 상승(또는 하락)을 경험한 섹터와 기업들의 실제 추세를 과대(과소) 평가할 가능성이 있는데, 이것은 투자자들이 실제 추세를 과대(과소) 평가하는 경향이 있기 때문이다.

시장을 이해하기

테크 버블 기간 동안, 수많은 투자자와 평론가들이 최근 과거자료를 이용한 단순한 외삽법으로 높은 수익이 계속되리라 예상했던 것은 그것을 막을만한 그 어떤 것도 감지할 수 없었기 때문이다. 또한 이러한 관점을 지지하기 위한 논거가 만들어지기도 했다. 두 경제학자 James Glassman과 Kevin Hassett은 1999년에 Dow 36,000: The New Strategy for Profiting from the Coming Rise in the Stock Market이라는 책을 펴냈다. 이들은 다우존스 산업지수가 1980년의 700에서 1999년의 11,000까지 오른 뒤, 2002년에서 2004년 중 36,000에 달할 것이라고 예측했다. 그들의 주장은 투자자들이 주식의 낮은 위험도를 깨닫게 되면서 주가를 상승시켰다는 것이었다. 또 다른 이들은 주식 투자가 점차 폭넓게 받아들여지면서 주식에 대한 높은 수요가 주가를 추가 상승시킬 것이라 주장했다.

그 후 시장은 갑자기 하락했고, 이후 3년간 30%가 넘게 폭락했다. 이렇게 급격한 상승과 뒤이은 급락은 많은 이들에게 주식시장이 실제 세상과 본질적으로 격리된 거대한 룰렛 테이블에 지나지 않는다는 의문을 갖게 만들었다.

1999년에 투자자들은 연 17%의 주가 상승이 계속될 수 없다는 사실을 깨달았어야 했다. 경제성장과 함께 기업 이익도 계속 증가할 것으로 예상했을지 모르지만, 이자율과 인플레이션은 이미 매우 낮은 수준에 달해 있었고 이것이 더 하락하여 PER를 상승시킬 것으로 보이지는 않았다. 초대형 주식들에 대한 가치평가는 유효했다고 믿더라도, 이 주식들이 이전까지 그래 왔듯이 전체 시장의 PER를 계속 상승시킬 것이라는 예상은 합리적이지 못한 것이었다.

시장이 단기적으로 과대 혹은 과소평가하는 경향이 있다고 하더라도 시장을 이해하는 것은 가능하다. 경영진과 투자자들은 주식시장과 실물경제가 연계되어 있으며, 시장이 임의로 10,000까지 치솟거나 200까지 하락할 수 없다고 확신해도 된다(2009년 12월 기준 S&P500은 1,115에 거래되고 있다. 이는 많은 이들이 생각하는 것보다 시장 전체의 장기 실적의 범위는 훨씬 좁으며, 이례적인 강세 시장 후에는 약세 시장이 따라오는 것이 보통이고 그 반대도 일어남을 의미한다. 이것은 GDP 대비 기업 이익비율(그리고 자본수익률)이 갑자기 커지거나 작아지지는 경우, 혹은 위험선호도의 급격한 변화로 실질 자본비용이 변화하는 경우가 현실적으로 발생하기 어렵기 때문이다.

시장 변동성은 경영자의 삶을 복잡하게 만든다. 그러나 단기적으로 주가가 정상궤도에서 벗어나 있을 때 무엇이 잘못된 건지 이해할 수 있다면 그들은 좀 더 장기적인 전략계획 수립에 집중하게 될 것이다.

8

주식시장 버블
Stock Market Bubbles

만약 가장 정교한 투자자들이 주가의 움직임을 좌우한다면 주식시장에 과연 버블이 존재할 수 있겠는가? 그리고 그 이유는 무엇인가? 이에 대해 간단하게 답하자면, 그럼에도 버블은 존재하나 시장 전반에 걸쳐서가 아니라 특정 산업섹터에 한정하여 나타난다는 것이다. 그리고 그 이유는 정교한 투자자들이 덜 합리적인 투자자들의 행동을 상쇄하기가 때때로 불가능하기 때문이다.

먼저 주식시장에 나타나는 버블, 특정 자산에 나타나는 버블, 그리고 금융위기를 잘 구분할 수 있어야 한다. 주식시장은 기초자산이 일련의 이익과 현금흐름을 창출한다는 점에서 다른 시장과는 다르다. 즉 이 기초자산들이 내재가치를 가지고 있는 것이다. 이에 반해 시장에서 거래되는 대부분의 비금융자산들(예술품, 골동품 자동차, 우표 등)에는 내재가치가 없다. 이들의 가치는 단지 구매자와 판매자 간의 협상에 의하여 결정될 뿐이다.

1636년~1637년 사이에 네덜란드에서 일어난 튤립버블 사건은 가장 자주 언급되고 논쟁의 대상이 되는 버블 사례 중 하나이다. 튤립 구근 자체에는 내재가치가 거의 없지만 이 기간 동안 일부 희귀종 구근 가격은 개당 25,000 유로 수준까지 치솟았다. 상인들은 구근 가격이 지속적으로 상승할 것이기 때문에 구근이나 구근 선물계약을 재빨리 누군가에게 되팔아 큰 이익을 남길 수 있을 것이라는 기대 하에 구근 및 구근 선물을 사고 팔았다. 그러나 더 이상 구근을 새로 사줄 자가 없어 가격이 더 이상 오르지 않으리라는 것을 상인들이 깨닫고 난지 몇 달 안 되어 구근 가격은 폭락해버렸다.

이와 같은 버블 사례를 분석하는 것은 상당히 어려운데, 이것은 시장 가격과 비교할 내재가치가 존재하지 않기 때문이다. 예를 들어 합리적인 가치의 범위는 자산이 창출하는 현금흐름이나 그 자산의 재생산 비용에 의해 제한될 수 있다. 그러나 주식시장 이외에서 일어나는 버블은 이와는 상관이 없다. 예를 들어 구두회사의 가치가 2천억 달러나 될 리가 없다고 쉽게 단언할 수 있는데, 이는 신발시장의 규모가 그렇게 크지 않기 때문이다. 그러나 반 고흐의 그림가치가 1억 달러나 될 리가 없다고 쉽게 단언하기는 어려운 것이다.

마찬가지로 금융위기 중 하락하는 주가를 보고 주가에 버블이 끼어 있었다고 말할 수는 없다. 만약 금융위기 전 경제상황을 고려했을 때 주가가 적절하게 평가되고 있었다면 뒤이은 주가 하락을 보고 버블이 터지는 것이라고 할 수 없는 것이다. 즉 주가를 폭락시키는 외부 충격을 보고 버블이 있었다고 할 수는 없다. 예를 들어 1970년대의 주가 하락은 버블 때문이 아니었고 단지 예상치 못한 인플레이션과 이자율 상승이 기업가치를 잠식했기 때문이었다.

마찬가지로 불확실성과 새로운 정보를 접할 때 급격히 하락하는 주가는 버블의 증거라고 할 수 없다. 예를 들어 제약회사가 개발하던 신약이 임상실험을 통과하지 못했다고 발표한다면 일반적으로 그 회사의 주가는 상당히 하락할 것이다. 이 경우 주가가 급격히 하락했다고 해서 주가에 버블이 있었다고 말할 수 없는 것이다. 신약 성공 가능성의 확률에 대한 합리적인 예상 하에 추정된 제약회사의 가치가 발표 직전 주가에 반영되어 있었을 수도 있는 것이다.

이 제약회사의 가치가 신약 성공의 경우 주당 100달러가 되지만 실패의 경우 주당 20달러가 된다고 가정하고, 신약 성공 가능성은 40%라고 가정하자. 신약 개발 결과 발표 직전의 주가에 대한 합리적인 예측치는 20~100 달러 사이에 위치할 것인데, 성공 확률로 가중평균하면 52달러($100 × 40% + $20 × 60%)가 된다. 결국 신약개발 실패 발표 직후에는 주가가 52달러에서 20달러로 폭락하게 되는데, 이 경우 주가가 61%나 하락하였다고 해서 이전 가격이 버블이라고 볼 수는 없는 것이다.

우리는 버블을, 합리적이고 충분한 정보를 보유하고 있는 투자자들이 평가하는 수준보다 훨씬 높은 수준에 주가가 형성되어 있는 시기라고 정의한다.

주가 버블의 한 좋은 예가 2000년 3월 3Com이 자회사 Palm을 분리독립(spin-off)했을 때이다. 3Com은 이 당시 Palm 주식의 5%를 공개 매각하였는데, 매각 직후 Palm의 시가총액은 450억 달러에 달했다. 이때 3Com이 Palm의 95%(예상컨대 410억 달러에 해당)를 소유하고 있었음에도 3Com의 시가총액은 280억 달러에 불과했다. 이처럼 3Com의 시가총액이 Palm의 60%밖에 되지 않는 것을 설명하는 유일한 방법은 Palm을 제외한 3Com의 나머지 사업부문의 가치총계가 −130억 달러라는 것이다!

그렇다면 왜 합리적인 투자자들이 이러한 가격오류에 대하여 Palm 주식을 매도하고 3Com 주식을 매수하는 식으로 차익을 남기지 못했는가? 그럴 수 없었기 때문이다. 분리독립(carve-out) 후에도 여전히 Palm 주식의 95%가 3Com 소유였던 탓에 Palm 주식의 유통물량이 너무 적었던 것이다. Palm 주식을 매도하려면 기존 주주로부터 주식을 차입해야 하는데, 그럴 수 있는 기존 주주가 몇 되지 않았다. 그러나 차입 가능한 주식의 공급량이 분리독립 이후 몇 달간 꾸준히 증가하였고, 가격오류는 점차 사라지게 되었다.

버블은 왜 발생하는가?

주류 재무학은 몇몇 기본 가정이 명백히 틀렸다는 이유로 수년간 비판 받아왔다. 예를 들어 대부분의 재무이론은 모든 투자자가 합리적이라고 가정한다. 모두가 합리적으로 행동한다는 것은 명백히 잘못된 것이며, 투자자들의 비합리적 의사결정에 대한 연구(행동재무학 내지는 행동경제학이라는 제목 하에)가 점차로 증가하고 있다.

한 연구는 74%의 금융전문가들이 자신들의 투자성과가 평균보다 높다고 믿고 있음을 보여주었는데, 이는 지난 일들에 대한 사후과잉확신 편견(hindsight bias)으로서 과신에 빠지게 한다.[37] 투자자들은 역사적인 사건들을 설명할 수 있다고 믿으며, 따라서 미래도 잘 예측할 수 있다고 과신한다.

또 다른 종류의 편견들은 투자자들이 투자논리(investment thesis)에 얼마나 동의 또는 반박하는지에 관련되어 있다. 유용성 편견(availability bias)은 투자자들이 최근 혹은 쉽게 얻을 수 있는 자료에 지나치게 큰 비중을 두는 경향을 말한다. 확증편견(confirmation bias)은 투자자들이 자신의 투자의견을 지지하는 증거만을 쫓고 그렇지 않은 증거는 경시하는 경향을 말한다. 이들은 투자자들이 얼마나 비합리적일 수 있는지를 보여주는 많은 편견들 중에서 몇 가지 예시일 뿐이다.

그러나 투자자들이 비합리적으로 행동한다는 것이 반드시 시장에서 주가가

37 James Montier, "Behaving Badly," Dresdner Kleinwort Wasserstein – Global Equity Strategy, February 2, 2006 참조.

잘못 책정된 주식과 버블이 넘쳐나리라는 것을 의미하는 것은 아니다. 개인 투자자의 비합리적 특성은 군집행동과 함께 버블이 일어나게 하는 구조적인 조건들과 결합될 때 버블이 발생한다.

비합리적인 투자자들이 무작위로 행동하는 한 이들의 행동은 서로 상쇄될 수밖에 없다. 그러나 때때로 대규모 투자자 그룹들이 동일한 비합리적 행동을 보이면서 기업의 주가를 합리적 범위 바깥으로 밀어내 버리는 현상이 발생한다. 이 경우 합리적인 투자자들은 이 기회를 포착하고 반대 포지션을 취할 것이며 이에 따라 주가는 다시 합리적인 수준으로 돌아가게 되는 것이다.

그러나 3Com/Palm사례에서 보듯이 합리적인 투자자들이 비합리적인 투자자들을 상쇄할 수 없는 구조적 장애가 있을 수 있다. 따라서 버블은 일반적으로 대규모의 투자자 그룹들이 비합리적으로 행동하고 주식시장의 구조적 특징이 합리적 투자자들로 하여금 주가를 다시 합리적인 수준으로 환원시키지 못하도록 막는 경우 발생한다.

어떤 기업이 시장의 예상보다 훨씬 뛰어난 실적을 올려 지난 몇 달간 이 기업의 주가가 크게 올랐다고 가정하자. 최근의 양호한 실적에만 근거하여 일부 투자자들은 이 회사가 앞으로도 계속 시장의 예상을 뛰어넘는 실적을 올릴 것이라고 믿고 주식매수에 나설 수 있다. 행동재무학은 많은 투자자들이 이러한 행태를 보이고 그에 따라 주가에 상승압력이 가해진다는 것을 보였다.

이러한 근시안적인 투자자들에 의해 비정상적으로 상승한 주가를 많은 투자자가 알아차리고 이에 따라 매도 포지션을 취할 수 있는 한, 주가는 다시 내재가치 수준으로 되돌아갈 것이다. 그러나 실제로는 그렇지 않을 수도 있는데, 매도 포지션을 취하는데 들어가는 비용, 매도거래의 복잡성 및 위험성이 지나치게 높을 수 있기 때문이다.

공매도(short selling) 거래의 어려움에 대하여 더 자세하게 알아보도록 하자. 앞의 예에서 보듯이 과대평가를 수정하기 위해서는 합리적인 투자자들이 주식을 공매도할 수 있어야 한다. 그러나 주식시장은 공매도에 대한 여러 제약을 마련해 두고 있다. 예를 들어 1938년~2007년 사이에 공매도는 바로 직전 거래보다 높은 가격에 체결되어야만 가능했다(uptick rule). 다시 말해서 공매도자들은 주가가 떨어지기 시작할 때는 주문을 쌓아놓을 수가 없다.

2007년 SEC가 이 업틱룰을 철폐한 이래 정치인, 정부 당국자, 그리고 일부 주식시장 관계자들이 이 제도의 재도입을 주장해왔으나, 정작 이 규제가 없는 경우 어떠한 해악이 발생하는지에 대한 증거는 없는 상황이다. 실제로 많은 학자들이 오히려 이 제도의 존재가 주식시장의 효과적인 운영에 방해가 되었다고 주장한다.

그러나 공매도와 관련한 가장 큰 장애물은 바로 공매도자에게 발생하는 위험이 매수자에게 발생하는 위험과는 달리 관리하기가 어렵다는 데 있다. 기업 A가 저평가되었다고 믿는 매수 투자자가 있다고 가정하자. 현재 주가는 100달러이지만 이 투자자는 150달러는 되어야 한다고 믿는다. 이 투자자는 이에 근거하여 100만 달러로 주당 100달러에 10,000주를 매수하고, 2년 후 주가가 150달러가 되었을 때 이를 매도하여 150만 달러를 받고 50만 달러의 이익을 남긴다.

이러한 상황을 공매도 투자자의 경우와 비교해 보자. 기업 A의 주가가 50달러여야 한다고 믿는 투자자가 있다고 가정하자. 이 투자자는 10,000주를 100만 달러에 공매도하고, 2년 후 주가가 50달러가 되었을 때 50만 달러로 주당 50 달러에 주식을 다시 매수한다. 처음의 공매도로 100만 달러를 받았고 2년 후 50만 달러를 지불하였으므로 이론상 역시 이익은 50만 달러이다.

여기에서 문제는 공매도의 경우 팔기 위한 10,000주의 주식을 어디에선가 가져와야 한다는 것이다. 따라서 투자자는 중개인에게 가서 주식을 빌려와야 한다. 그러나 중개회사가 단순히 되갚겠다는 말만 믿고 주식을 넘겨줄 리는 없다. 결국 일정 수준의 담보를 제공해야 하는데, 100만 달러 상당의 국채를 중개인에게 맡긴다 하자. 2년 후 그 투자자는 주식을 다시 매수하여 중개인에게 갚게 되고, 중개인은 맡아 두었던 국채를 투자자에게 돌려주게 된다.

이러한 구조는 주가가 지속적으로 하락하고 있는 한 전혀 문제없이 잘 돌아간다. 그러나 만약 주가가 떨어지기보다 오히려 상승한다면 어떻게 될 것인가? 위 예에서 주가가 50달러로 떨어지기보다 200달러로 상승한다고 가정하자. 이러한 주가의 움직임이 과연 문제를 야기할까? 투자자에게는 별 상관이 없겠지만 중개인에게는 상당한 문제가 된다. 주가가 200달러가 되는 경우 투자자가 중개인으로부터 빌린 주식의 가치는 200만 달러에 상당하는 반면, 중개인에게 투자자가 맡긴 국채의 가치는 100만 달러에 불과하기 때문이다. 따라서 중개인은 100만 달러 상당의 담보를 추가적으로 요구하게 된다. 그러나 만약 이 상황에서 투자자가 추가 담보를 제시하지 못하는 경우 투자자는 부도가 나고 중개인은 담보의 소유권을 넘겨받게 될 것이다. 따라서 궁극적으로 주가가 하락할 것이라는 예측이 옳았다 하더라도 투자자는 50만 달러를 벌기는커녕 100만 달러를 잃게 되는 것이다.

공매도는 주가가 하락하지 않는 경우를 대비하여 충분한 유동성을 확보해 두지 못하면 위험하다. 이에 반해 매수 투자자는 어떤 경우에도 궁극적으로 자신의 판단이 옳았다는 것을 확인할 수 있을 때까지 기다리기만 하면 된다. 즉 매수 투자자는 자신의 투자액보다 큰 손실을 입지 않으나 공매도의 경우는 가능하다는 것이다.

공매도 위험의 좋은 예로 1998년 Long-Term Capital Management (LTCM)의 몰락을 들 수 있다. LTCM 전략의 대부분은 균형상태의 가격과 괴리가 있는 투자기회를 식별하는 데 기반하고 있었다. 예를 들어 Royal Dutch Shell은 경제적으로 동등한 두 개의 법적 주체로 나뉘어 있는 복잡한 이중주식 구조를 가지고 있었지만, 정작 Royal Dutch 주식은 Shell 주식에 비해 8% 높게 거래되고 있었다.

LTCM은 이러한 프리미엄이 궁극적으로는 사라질 것이라고 믿었고, 따라서 Shell 주식을 매수하고 Royal Dutch 주식을 공매도하였다. LTCM은 또한 투자과정에서 대량의 부채를 조달하여 자기자본 1달러당 25달러에 상당하는 빚을 지고 있었다. 러시아가 1998년 부채 모라토리엄을 선언했을 때 금융시장은 비정상적으로 요동쳤고 Royal Dutch Shell을 위시한 LTCM의 여러 포지션들이 서류상 손실을 기록하게 되었다. LTCM의 빚이 과다했기 때문에 LTCM의 채권자 및 거래상대방들은 이러한 환경 속에서 LTCM에 대한 대출을 줄이고자 하였고, 결국 LTCM은 일부 포지션을 청산해야만 했다.

LTCM이 Royal Dutch Shell 포지션을 청산할 때 Royal Dutch의 프리미엄은 오히려 22%로 늘어나 있었고 이에 따라 청산과정에서 약 1억 5천만 달러의 손실을 보게 되었다. 결국 이를 포함하여 여러 포지션에서 발생된 LTCM의 손실은 불확실성을 증가시켜 금융시스템의 붕괴위험을 초래하였고, 연방준비은행은 이러한 붕괴를 막기에 필요한 충분한 유동성을 지원하기 위해 은행 총수들을 불러 모았다. Royal Dutch Shell의 주가는 이중구조가 철폐된 이후 결국 수렴하였으나 이는 LTCM이 이미 대규모 손실을 감수하고 포지션을 청산한 몇 년 뒤였다.

시장 전반에 걸쳐 나타나는 버블

선진국 경제의 시장 전반에 걸쳐 버블이 나타나는 경우는 드물다. 우리는 미국에서 지난 50년 사이에 버블로 간주될만한 두 번의 시기(1967~1972년과

[표 8.1] **본질적 시장가치 수준의 추정**

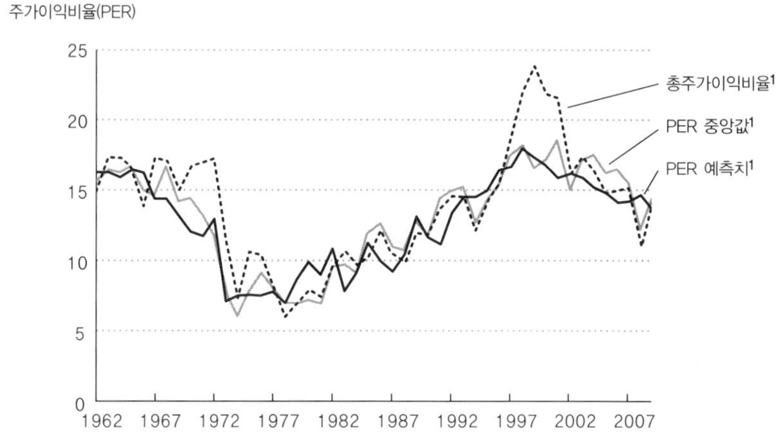

1 1962~1977년 기간은 자료 부족으로 12개월 후행 PER를 사용하였으나 그 이후 기간은 12개월 예상 PER를 사용하였다.

출처: McKinsey Corporate Performance Center 분석자료

1997~2001년)를 찾았다. 그러나 더 깊게 파고 들어가면 이러한 버블조차도 사실은 시장 전반에 걸쳐 일어났다기 보다는 특정 부분에 한해서만 나타났다.

우리는 시장 전반에 걸쳐 나타나는 버블을 시장의 주가이익비율(P/E Ratio: PER)이 주어진 상황 하에서 이의 예측치와 크게 다른 시기로 정의한다. 표 8.1에 S&P500의 실제 PER와 가치창출의 핵심 원칙(가치는 성장률, 투하자본수익률, 그리고 자본비용에 따라 결정된다)에 기반한 경제모델로부터 예측된 PER가 비교되어 있다.[38]

우리는 S&P500의 실제 PER로 두 가지를 사용했다. 총주가이익비율(aggregate PER)은 주가지수를 구성하는 기업들의 시장가치로 가중평균한 수치이며, 이 수치가 바로 언론에 보도되는 것이다. 또 다른 PER는 주가지수를 구성하는 기업들의 크기에 관계 없이 그들의 PER 중앙값을 취한 것이다. 표를 통해 PER 예측치와 중앙값이 상당히 비슷한 것을 확인할 수 있다. 총주가이익비율은 1969~1972년 사이 그리고 1997~2001년 사이에 PER 예측치와 크게 다르며, 이 시기가 바로 버블로 정의한 시기이다.

38 이 모델은 7장의 것과 동일하다.

[표 8.2] **시장 전체 가치평가에 대기업 주식이 미치는 영향**

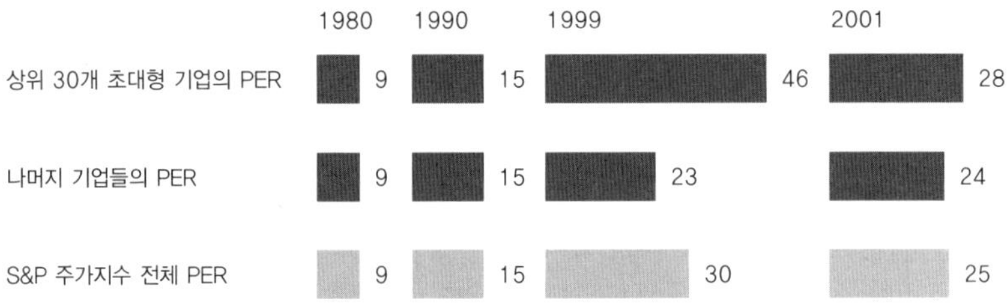

주: 12개월 후행 PER
출처: Compustat, McKinsey Corporate Performance Center 분석자료

1990년대 말 IT 버블 중 S&P500의 총주가이익비율은 수년간 30배 이상이었는데 동기간 중 예상치는 약 16배 정도였다. 그러나 더 깊이 들여다 보면 이 버블은 기술주 및 몇몇 초대형주에 집중된 것이었다.

초대형주의 영향을 살펴보도록 하자. 그러기 위해서는 S&P500이 어떻게 구성되는지 그 신비한 원리를 알아야만 한다. S&P500은 가치가중평균 주가지수인데, 이는 다시 말해 중소기업보다 대기업이 주가지수에 더 큰 영향을 미칠 수 있음을 말한다. 대부분의 경우 대기업의 PER가 여타 기업들에 비해 큰 차이를 보이지 않기 때문에 이는 별 문제가 되지 않는다. 그러나 1990년대 후반 상위 30개 대기업의 PER는 시장 전반에 비해 훨씬 높은 상태였다.

표 8.2에 어떠한 일이 발생했는지 나타나 있다. 버블의 전과 후 상위 30개 초대형 기업의 PER는 나머지 470개 기업들과 평균적으로 같은 수준이었다. 그러나 1999년 이들 30개 초대형 기업의 PER는 46배에 달한 반면 나머지 470개 기업의 평균치는 23배 정도에 불과했다. 결과적으로 주가지수 전체의 PER 또한 30배에 달했다.

이렇게 높은 수준의 PER를 보인 대부분의 대기업들은 크게 기술주, 미디어주, 통신주(Technology, Media, and Telecommunications: TMT)의 세 섹터에 에 속해 있었다. 이 기간 동안, 미국 내의 대부분의 다른 섹터의 PER는 훨씬 낮은 수준이었다. 특정 TMT 주식들에 대해 투자자들이 얼마나 공격적인 가치평가를 하고 있었는지 보기 위하여 시가총액 상위 10개의 기술주 가치를 분석해 보았다. 1999년 말 이들 10개 기업들의 총시장가치는 2조4천억 달러에 달했으며, 연수입은 2천4백억 달러, 그리고 순이익은 370억 달러였다. 그 결과 총주가이익비율은 64배에 달했다.

이러한 시장가치가 적절한 것이 되려면 어느 정도의 기업성과를 보여야 하는지를 측정하기 위하여 간단한 현금흐름할인(Discounted Cash Flow; DCF) 모델을 구성하였다. 투자자들이 11% 수익률을 올리기 위해서 이들 기업들은 2014년까지 총매출 2조7천억 달러와 순이익 4천5백억 달러를 달성해야 한다. 참고로 GDP가 1999년에서 2014년까지 정상적으로 성장하며, 기업의 이익이 지난 80년간 그래왔던 것처럼 지속적으로 GDP의 일정 부분을 차지한다고 가정했을 때 2014년 미국 기업 전체 이익은 약 1조3천억 달러에서 1조5천억 달러에 달할 것으로 추정된다. 따라서 결국 이들 10개 기업이 미국 기업 전체 이익의 약 1/3을 점유해야 한다는 결론이 나온다.

그렇다면 합리적인 투자자들이 이렇게 가치가 잘못 평가된 사례를 이용하여 차익을 실현하려 할 것이라 예상할 수 있다. 많은 합리적인 투자자들이 가치평가에 대하여 의문을 제기했다. 1980년대와 1990년대 대표적인 투자자중 하나인 Julian Robertson은 다음과 같이 말하였다:

> "한동안 가치투자에서 모멘텀투자로 전환하는 움직임이 있었는데, 모멘텀투자에서 주가는 중요한 요인이 아니지요. 저로서는 합리적인 투자자들 중 도대체 얼마나 많은 분들이 주가를 경시해도 된다고 믿는지 모르겠습니다만, 주가를 경시하는 것은 제 투자방식과도 맞지 않습니다. 요즘은 다들 단기 성과만을 좇습니다. 기업담보차입매수(leveraged-buyout)를 하는 투자자들조차 제조업체 대신 전화사업자를 매수하고 있는데 나중에 인터넷 관련 자회사들을 분리독립(spin-off)시킬 수 있다는 계산 때문이지요. 결국 단기투자자(day trader), 헤지펀드 운영자, LBO 매수자 등을 위시한 모든 사람들이 똑같은 주식에 몰려들고 있는 셈인데, 이건 실제로 부주의로 인한 폰지사기(Ponzi scheme)라고 할 수 있지요. 언젠가는 모두 폭발해 버릴 겁니다."

한편 언론들은 높은 주가를 경제학 또는 재무학의 새로운 이론을 통해 설명할 수 있는 평론가들을 찾아냈다. 이 중 하나가 "신경제"였는데, 정작 이에 대한 정의는 모호했다. 신경제의 중요한 측면의 하나는 승자독식(winner take all)이었는데, 이는 산업군 내 가장 큰 기업이 그 산업군 전체를 지배하여 모든 이익을 가져간다는 것이다(그리고 만약 독점이 되는 경우 산업군의 이익까지도 증가시킨다는 것이다). 아마도 역사상 가장 경쟁이 심한 시기였음에도 이 이론은 기본적으로 가장 큰 기업들이 시장 전체를 점유함에 따라 경쟁이 막을 내릴 것이라고 주장하였다.

이 신경제 이론에 대해 의문을 제기한 사람들은 "제대로 이해하지 못한다"는 소리를 들어야만 했다. 그러나 우리가 설명했듯이 고평가된 주식에 공매도 포지션을 설정하는 것은 많은 비용과 위험을 수반한다. 실제로 우리가 알고 있는, 한 경험 많은 투자자는 고평가된 하이테크 주식에 공매도 포지션을 설정했다가 주가가 오히려 계속 상승하자 결국 상당한 손실을 감수하고 포지션을 청산해야 했다. 이 투자자가 공매도 포지션을 청산한지 세 달 만에 주가는 폭락했다.

물론 eBay나 Google과 같이 아예 다른 경제적 논리에 기반한 새로운 비즈니스 모델들도 있었지만 이러한 경우는 드물었다. eBay는 컴퓨터 몇 대를 제외하면 투자자본이 거의 필요하지 않기 때문에 eBay 모델은 높은 자본수익률을 창출하는 것이다. 또한 eBay는 재고도 생산설비도 가지고 있지 않다. 더 많은 구매자들이 eBay를 이용함에 따라 더 많은 판매자도 모이게 되고 이는 다시 더 많은 구매자를 모으는 식의 선순환을 유도하게 된다. 이에 반해 PC나 통신장비와 같은 하이테크 하드웨어를 단순히 제조하는 회사들이나 인터넷을 이용해서 단순히 물건을 팔기만 했던 기존의 소매상들의 경우 여전히 기존의 경쟁법칙에 매여 있었다.

또한 1970년대에 나타난 버블은 높은 시가총액을 보이는 소수 기업들에 의하여 만들어졌다. 여러 안정된 기업들은 매우 높은 PER를 보였다. 예를 들어 1972년 Kodak의 PER는 37배였으며, Xerox는 39배, McDonald는 무려 58배에 달했다. 이러한 기업들은 속칭 '멋진 오십(nifty fifty)' 에 속했는데, 이들 50개의 대형주들은 매수하여 평생 보유해도 된다고 할 정도였다. 이렇듯 '멋진 오십' 의 단순함은 여러 투자자들로 하여금 군집현상을 따르도록 영향을 미쳤고 이는 주가 폭등을 야기했다.

선진국 시장에서 버블이 나타나는 경우는 흔치 않지만 신흥국 시장에서는 훨씬 자주 나타난다. 표 8.3은 중국 Shanghai Composite 주가지수와 사우디 아라비아 Tadawul 주가지수의 성과추이를 보여주고 있다.

상하이 주가지수는 2006년 5월부터 2007년 5월 사이에 150% 이상 상승하였으나, 불과 1년 후에는 이 상승분의 3분의 2 이상이 사라져버렸다. 사우디 Tadawul 지수도 2005년 2월부터 2006년 2월 사이 두 배 이상 상승하였으나 역시 1년 이내에 상승분이 모두 사라져버렸다. 신흥국 시장들은 이미 언급한 구조적인 요인 때문에 버블에 훨씬 취약하다.

[표 8.3] **주식시장의 버블: 중국과 사우디아라비아**

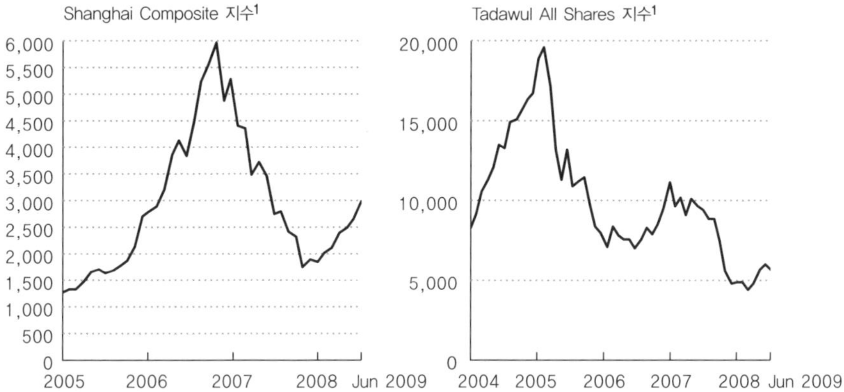

1 추정 지수 값임
출처: Bloomberg, McKinsey Corporate Performance Center 분석자료

첫째, 중국의 대부분 대기업 주식은 일부만이 시장에 유통되고 있는데, 이는 주식의 대부분이 정부 기관 소유로 되어있기 때문이다. 예를 들어 상하이 증권시장에 상장된 기업 중 가장 큰 것이 PetroChina인데 이 회사의 주식 중 불과 2%만이 증시에서 거래되고 있다. 둘째, 중국 투자자들은 누적된 대규모 저축액을 보유하고 있으나 정작 해외는 커녕 홍콩에조차 마음대로 투자할 수 없기 때문에 실제로는 이들의 투자기회가 상당히 제한되어 있는 셈이다. 마지막으로 중국에서는 공매도가 허용되지 않기 때문에 합리적인 투자자들이 주가를 합리적인 범위 내에 유지할 방법이 없다.

게다가 많은 중국 기업들이 중국 본토 증시와 홍콩 증시 모두에서 주식을 발행해왔기 때문에 그나마 상황은 더욱 복잡하다. A shares(중국에서 거래됨)와 H shares(홍콩에서 거래됨)는 동등한 주주권을 담고 있지만, 대부분의 A shares 주주와 H shares 주주가 서로 상대방 지역 주식을 보유할 수 없기 때문에 종종 상당히 다른 가격에 거래되곤 한다. 그럼에도 주가를 적정선에서 유지하기 위한 차익거래 기회는 상당히 제한되어 있다. PetroChina의 상하이 증시 주가를 유통주와 비유통주 모두에 적용하여 구한 시가총액은 2007년 무려 7천억 달러에 달했는데, PetroChina의 두 배에 달하는 이익을 낸 ExxonMobil은 정작 5천억 달러에 불과했다.

섹터 및 기업에 나타나는 버블

섹터 및 기업에 나타나는 버블은 시장 전반에 걸쳐 나타나는 버블보다는 자주 발생하지만 그래도 여전히 드문 편이다. 우리는 앞서 1990년대 말에 나타난 기술주 버블에 대해 언급한 바 있다. 또 다른 예로 2005~2006년 사이에 나타난 생명공학 기업들의 기업가치를 들 수 있는데, 상장된 생명공학 기업들의 시가총액은 (생명공학에 투자하고 있던 기존의 대형 제약사를 제외하고도) 4천5백억 달러에 달했다. 미래 이익에 대한 몇 가지 가정 하에 이 기업들이 2025년에는 6천억 달러의 수입을 올려야 할 것이라고 예측할 수 있다. 이들 기업은 생명공학 기업으로 분류되지 않은 기존의 대형 제약사들과 (이들의 대부분은 당시 생명공학에 공격적인 투자를 하고 있었다) 당시 존재하지도 않았던 기업들을 (과학자들의 마음 속을 제외하면) 제외한 것이었다. 참고로 상장된 제약사들의 총수입은 2006년에 6천억 달러에 달했다.

이에 반해 특정 기업에 한정하여 나타나는 버블은 발견하기가 어렵다. 우리는 1982년부터 2007년 사이에 지속적으로 최소 10억 달러 이상의 시가총액을 보인 미국 내 3,560개의 기업들을 분석하였다. 이들 중 단 123개만이 25년의 기간 중 주가에 버블이 끼었던 적이 있는 것으로 추정되었다.[39] 이들 중 92개는 1999~2001년 사이의 기술주 버블 동안 버블이 나타난 기술/미디어/통신회사였다. 이들을 제외하면 결국 31개 기업만이 주가에 버블이 끼었던 것으로 보이며, 이들 중 단 7개 기업만이 50억 달러 이상의 시가총액을 한번이라도 달성하였던 것으로 나타났다.

이러한 버블의 한 예로 27개국에 Chili's chain을 포함하여 1,700여 개의 레스토랑을 보유하고 있으며 시가총액이 30억 달러 정도인 Brinker International을 들 수 있다. 1990년대 초 Brinker의 수입은 매년 20% 이상 증가하고 있었으며 순이익 또한 증가하고 있었다. 1993년 이 회사의 시가총액은 21억 달러에 달했으며 PER는 40배 이상 상승했다. 1994년과 1995년에도 Brinker는 지속적으로 성장하였으나 동일매장매출(same-store sales)은 감소하기 시작하였다. 그리고 시장에서는 동일매장매출이 큰 폭으로 증가하지 않는 이상

39 주가에 버블이 끼었던 기업은 다음과 같은 조건을 만족하는 기업들을 의미한다: (1) 해당 기업의 PER가 S&P500의 PER보다 두 배에 달하거나, S&P500의 PER가 20보다 큰 기간 동안 회사의 PER가 40이상인 경우; (2) 주가 최고점 연도 이후 주가 하락의 원인이 이익의 상당한 감소에 기인하지 않는 경우; (3) PER 최고점 이후 주가가 30% 이상 하락하는 경우.

회사가 경제적으로 취약할 수밖에 없음을 인식하게 되었다. 1994년 Brinker의 시가총액은 61%나 감소하였으며 PER 또한 보다 합리적인 수준인 10배 후반으로 감소하였다.

금융위기

금융위기와 버블은 서로 다르다. 버블은 주가의 상승과 하락에서 기인한다. 부채와 달리 주식은 만기나 채권계약서 등이 존재하지 않아 보유자가 회사로부터 즉시 현금을 요구할 수 없다. 따라서 버블이 터지더라도(버블이 대량의 부채를 수반하고 있지 않는 한) 경제에 극단적인 영향을 미치지 않는다.

이에 반해 금융위기는 실물경제에 극적이고 장기적인 영향을 미친다. 이는 금융위기가 과도한 재무레버리지에 의하여 발생하기 때문인데, 부채의 기초자산 가치가 폭락하여 채무자가 더 이상 부채를 상환하지 못하게 되면 일련의 부정적인 도미노 효과가 촉발되는 것이다. 먼저 부채위기가 경기하강을 불러오고 이는 다시 증권시장 전반에 하락세를 몰고 오게 된다.

3장에서 언급한 바와 같이 2007년~2009년 사이의 금융위기는 소비자들이 유동성이 극히 낮은 주택을 변동금리부채로 자금을 조달하여 구입하였고, 은행 및 투자자가 단기부채로 자금을 조달하여 유동성이 낮은 주택저당부채를 구매하였기 때문에 발생하였다. 그리고 2008년 증권시장의 폭락은 대부분 Lehman Brothers의 파산과 다른 주요 은행들이 상태가 좋지 않다는 소식이 전해진 다음 발생했다. 이는 과거 경기침체가 나타났을 때 증시가 보였던 반응과 다르지 않았으며, 증시가 대응을 너무 늦게 한 것이라 볼 수도 없었다.[40]

사실, 지난 50여 년간 일어난 주요 금융위기에 일관되게 나타나는 원인 중 하나가 부채의 공격적인 사용이다. 특히 기업, 은행, 또는 투자자가 장기간 보유해야 할 유동성이 낮은 자산을 사기 위해 단기부채를 이용할 때 위기는 잘 나타난다. 일반적으로는 어떠한 사건이 발생하면 이로 인해 채권자들이 단기부채를 리파이낸싱 해주기 싫어하게 되고, 결국 손에 쥐고 있는 현금이 부족한 채무자는 이 단기부채를 상환하기 위해 보유하고 있는 자산 중 일부를 매도하게 된다. 이 자산들은 유동성이 고갈되었을 뿐만 아니라 다른 채무자들도 비슷

40 Richard Dobbs and Timothy Koller, "The Crisis: Timing Strategic Moves," McKinsey on Finance (Spring 2009), 1-5 참조.

한 조치를 취하고자 하기 때문에, 채무자는 자산을 모두 팔아도 부채를 갚기에 충분하지 않게 된다. 다시 말하여 채무자의 자산과 부채 가치가 불일치하게 되는 것이다.

기업과 은행들이 단기부채로 자금을 조달하여 비유동적인 자산을 구매하려고 하다 발생한 금융위기가 지난 30년간 최소 6건 이상 있었다. 1980년대 미국에서는 저축대부조합(savings and loan institutions)들이 크게 성장하였고 이 과정에서 대량의 단기부채 및 예금을 사용하였다. 나중에 이들이 투자한 자산들(대부분 부동산)이 차입한 부채의 가치에 미달한다는 것이 분명해졌을 때, 채권자와 예금자들은 더 이상 이들에게 대출해주는 것을 거부했다. 결국 1989년 미국 정부는 이들에게 구제금융을 제공해야만 했다.

1990년대 중반 태국, 한국, 인도네시아 등 동아시아에서 고성장을 누리고 있던 국가들은 단기부채로 자금을 조달하여 유동성이 떨어지는 공장 및 기계설비를 세웠다(이들 부채의 대부분은 미 달러화 기준이었다). 전세계적으로 이자율이 상승하고 기업들의 설비용량이 과다함이 밝혀지자 이들 기업들은 부채를 상환하거나 리파이낸싱할 수 없게 되어 버렸다. 그리고 이 위기는 각국 경제를 매우 불안정하게 만들었다.

단기부채가 과다하여 일어난 금융위기의 또 다른 예로는 1998년 러시아 정부의 모라토리엄 선언, 1998년 Long-Term Capital Management의 몰락, 1990년대 초반 미국 상업부동산 위기, 그리고 1990년에 시작된 일본의 금융위기 등이 있다. 일부 학자들은 일본의 위기는 지금도 계속되고 있다고 주장하기도 한다.

이런 모든 경우 금융위기는 상당히 심각한 경기침체를 불러왔다. 그러나 과다한 부채를 수반하지 않은 증권시장 내 버블은 경제에 그렇게 심각한 영향을 미친 적이 없다.

버블은 오히려 장기 가치창출에 집중을 요구한다

비록 자주 발생하지 않고 또한 단기적이긴 하지만 증권시장에 버블이 나타날 수 있다. 시장이 정말로 비효율적인 경우 주가가 내재가치와 괴리를 보일 수 있지만, 그렇다고 해서 장기적으로 보았을 때 가치창출의 핵심 원칙과 현금흐름할인 가치평가가 불필요하다거나 부적절하다는 것은 아니다.

역설적으로 시장에 이러한 괴리현상이 나타나기 때문에 기업 경영자와 투자자들이 기업의 진정한 내재가치를 더욱 잘 이해해야 할 필요가 있다. 그래야 주식이 고평가된 경우 인수합병 과정에서 주식으로 지불하고, 저평가된 경우 자기주식매입을 하는 등의 방식으로 시장의 괴리현상을 포착하여 이익을 얻을 수 있기 때문이다.

다만 위의 예시와 관련하여 두 가지를 짚고 넘어가야 한다. 첫째, 주식의 발행 또는 재매수, 사업분할 또는 인수, 현금 또는 주식결제 등의 제반 결정들을 오직 주식의 시장가치와 내재가치의 차이에만 근거하여 내리는 것을 권장하는 것이 아니다. 이러한 의사결정들은 주주들에게 가치를 창출해줄 수 있을 것으로 기대되는 탄탄한 전략과 논리에 기초하여야 한다. 시장의 괴리현상은 언제 주식을 추가로 발행할 것인지 또는 어떻게 특정 거래를 결제할 것인지 등과 같이 이러한 전략들을 언제 어떻게 실행에 옮길 것인지에 관련된 전술적인 판단에 더 깊은 관련이 있다.

둘째, 경영진은 주가가 시장에서 잘못 책정되어 있다는 분석 결과들을 비판적으로 받아들여야 한다. 조심스럽게 분석해 보면 시장의 괴리현상을 발견했다는 주장의 대부분은 실제로는 별 의미가 없거나 아예 사실무근인 것으로 나타났다. 시장의 괴리현상은 일반적으로 드물게 나타나며 매우 짧은 시간 동안만 지속된다. 따라서 시장의 괴리현상에 대한 증거가 확실해야만 실제로 이용할 수 있다. 차익거래를 위해 투입되어야 하는 시간과 비용을 고려하면 시장의 괴리현상의 규모도 커야 하고 지속되는 기간도 어느 정도 길어야 한다.

기업의 주가가 궁극적으로는 장기 내재가치를 고려한 현금흐름할인가치(long-run, intrinsic discounted cash flow value)와 일치하는 한 전략적인 결정을 위해서는 DCF 방식을 이용해야 한다. 이러한 상황에서 중요한 것은 이번 주에 그 주식이 5% 저평가되어 있는지 10% 저평가되어 있는지가 아니라, 장기적으로 그 기업의 주가가 어떻게 움직일 것인지에 관한 것이다.

9

이익조정
Earnings Management

많은 기업들이 특정 수준의 주당순이익(Earnings Per Share; EPS)을 달성하고 이익변동을 완만하게 하고자 다양한 노력을 기울이지만 대부분 별 소용이 없다. 오히려 이러한 노력이 회사에 악영향을 끼칠 수도 있음을 보여주는 증거들이 있다. 이보다는 차라리 고위 경영진의 시간을 회사의 수익이나 자본수익률을 본질적으로 증가시키는 데 사용하는 것이 더 낫다.

수십 년간 기업들은 이익을 어떻게 조정할지 그리고 이익변동을 어떻게 완만하게 조정할지 여부에 대하여 고심을 거듭해 왔다. 1974년 Wall Street Journal은 수많은 경영진이 EPS에 대하여 가지고 있는 좁은 시야에 대하여 개탄하는 사설을 실은 바 있다:

> "많은 경영진들은 회계장부 상의 이익을 증가시킬 수만 있다면 이것이 비록 실질적으로 경제적 변화를 의미하지 않더라도 주가가 상승할 것이라고 믿고 있는 것 같다. 달리 말해, 경영진들은 자신들이 똑똑한 반면 시장은 그렇지 않다고 생각한다… 시장은 똑똑하다. 정작 멍청한 쪽은 EPS라는 환영에 갇혀 있는 경영진들이다."

최근 설문조사에서 Graham, Harvey, 그리고 Rajgopal은 400명의 최고재무책임자(Chief Financial Officers: CFO)에게 분기이익 목표를 달성하기 위해 어떠한 행동을 취할 것인지 물었다.[41] 표 9.1에 그 결과가 요약되어 있는데, 80% 이상의 CFO가 장기적으로는 회사의 성과에 악영향을 미칠 수 있음을 알

[표 9.1] **분기이익 목표를 달성하기 위해 CFO들이 취하고자 하는 단기적 행동**

400명의 CFO가 다음 질문에 응답하였다: "분기말은 다가오고 있는데 귀하의 기업이 설정한 이익목표를 달성하지 못할 것 같습니다. GAAP상 허용되는 범위 내에서, 귀하의 기업에서는 아래 행동 중 어떠한 것들을 실행하시겠습니까?"

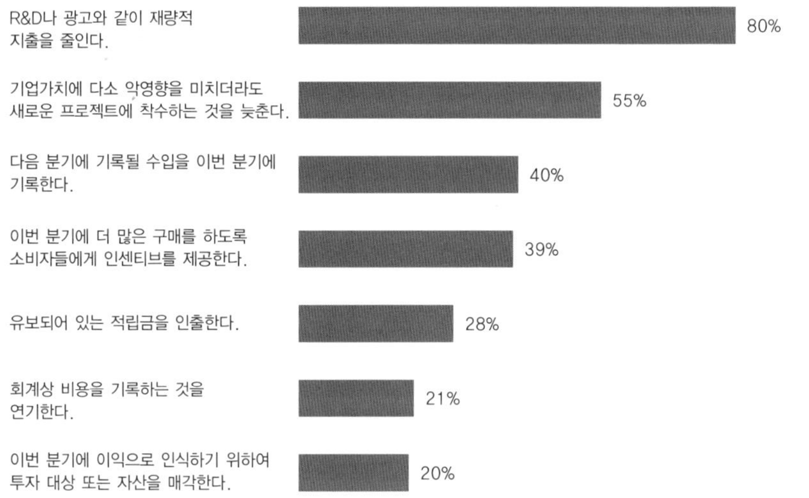

출처: John R. Graham, Cam Harvey, and Shiva Rajgopal.

고 있으면서도 단기 수익률 목표를 달성하기 위하여 마케팅이나 제품개발과 같은 재량적 지출을 줄일 수 있다고 응답하였다. 거의 40%가 구매 분기를 앞당기기 위해 소비자에게 인센티브를 제공할 수 있다고 응답하였다. 저자들은 또한 많은 CFO들이 단기 수익을 감소시킬 가능성이 있는 경우 가치를 창출하는 프로젝트라도 포기하거나 연기할 것이라는 사실도 발견하였다.

명확히 하자면, 이익이 중요치 않다고 주장하는 것은 아니다. 이익은 경제적 성과를 측정하는 매우 중요한 지표이며 현금흐름 창출 여부의 가늠자이기도 하다. 사실 회계상 이익은 회사 존속기간 동안의 현금흐름과 같다. 여기서 묻고 싶은 것은 회사들이 단기 이익을 관리하기 위해 얼마나 무리하느냐 하는 것이다.

앞에서 우리는 기업의 가치는 궁극적으로 정교한 투자자들에 의하여 결정된다는 것을 보았다. 이러한 투자자들은 세상이 부드럽게 흘러가지만은 않는다는 것을 안다. 일례로 환율이나 유가와 같이 경영진이 예측하거나 통제할 수

41 John R. Graham, Cam Harvey, and Shiva Rajgopal, "Value Destruction and Financial Reporting Decisions," Financial Analysts Journal 62 (2006): 27-39 참조.

없는 이익창출요인들이 다수 존재한다. 이러한 투자자들(재무제표의 주석까지 꼼꼼히 확인하는)에게 지나치게 완만한 이익변동은 오히려 걱정거리가 된다. 예를 들어 이들 투자자들은 영업성과는 그대로인데도 전체 성과가 늘어났을 때 이것이 자회사를 매각하는 등의 방식으로 기업이 이익을 낸 것일 뿐이지 영업을 잘 해서 성과가 나타난 것이 아니라는 것을 안다. 또한 이들은 기업이 회계방식을 바꾸어 이익이 늘어났을 때에도 이를 정확히 파악한다.

정교한 투자자들은 주당 회계이익에만 근거하여 움직이지 않으며, 이익 정보를 더 자세히 분석한다. 자산매각이나 예상 외의 절세 등 비경상 항목들이 있는가? 환율의 영향은 어떠했는가? 모든 사업부문이 목표치를 달성했는가 아니면 일부 사업부문이 목표치를 초과 달성하여 나머지 사업부문의 부족한 성과를 상쇄한 것인가? 그리고 당연히 정교한 투자자들은 개발중인 상품이나 지리적 확장 등과 같이 미래에 이익을 창출할 수 있는 요인들에 관심을 가진다.

그런데 이러한 항목들 중 상당수가 언론이나 증권사(sell-side) 애널리스트 보고서에는 나오지 않으며, 또한 일부 투자자들은 실제로 이러한 분석을 선호하는데, 이것은 덜 정교한 투자자들에 비해 이들에게 경쟁력을 제공하는 원천이 되기 때문이다. 만약 이들이 특정 기업의 장기 전망이 좋을 것으로 평가한다면, 이들은 이 회사가 단기적으로는 다소 미진한 실적을 보이고 이에 따라 덜 정교한 투자자들이 과민반응을 보이더라도 이 시기를 오히려 주식을 더 싸게 살 수 있는 기회로 보기도 한다.

정교한 투자자들은 또한 기업들이 이익조정을 위하여 어떠한 행동을 취하고 있는지 외부인들이 알 길이 없다는 것도 알고 있다. 외부인들은 기업이 소비자들로 하여금 다음 분기보다는 이번 분기에 구매를 하도록 유도하기 위해 할인혜택을 제공해도 이것을 알 길이 없다. 마찬가지로 이들은 기업이 제품개발을 줄이는 방식으로 미래 성장기회를 제한하는 대신 이를 현재의 이익으로 돌려도 알아낼 수가 없다. 그러나 정교한 투자자들은 R&D를 위한 자원투입을 줄이는 것이 결국에는 성장동력을 좀먹을 것이라는 것을 잘 알고 있다.

외부인들로 하여금 경영자들이 내리는 모든 결정들에 대해 세세히 알 수 없다는 것은 결국 기업들이 일정 기간 동안은 정교한 투자자들과 시장까지도 속일 수 있다는 것을 의미한다. 그러나 이게 과연 그럴 만큼 가치 있는 것인가? 대부분 그럴 것이라 믿지만, 연구 결과 컨센서스 이익예측치를 달성하거나 그러지 못하는 것, 이익변동성을 줄이는 것, 그리고 회계방식의 변경으로 이익을 증가시키는 등의 방식은 실제로 거의 효과가 없거나 있더라도 미미한 수준인 것으로 드러났다. 결국 이러한 방법들은 별 소용이 없는 셈이다.

컨센서스 예측치는 별 의미가 없다

당신이 대기업의 CEO라고 하자. 이번 분기는 산업 전반에 걸쳐 성장이 다소 둔화되었기 때문에 당신의 기업을 다루는 애널리스트의 예측치보다 다소 낮은 실적을 기록할 것으로 보이며, 따라서 아마도 이번 분기에는 예상치를 달성하지 못할 것 같다. 이때 당신은 어떻게 하겠는가? (a) 아무 것도 하지 않는다, (b) 다음 분기보다는 이번 분기에 구매하도록 유도하기 위해 구매자들에게 특별 인센티브를 제공한다, 아니면 (c) 예측치 대비 부족한 실적을 메우기 위해 그만큼 광고비를 줄인다.

만약 당신이 (a)를 선택한다면 즉, 아무 것도 하지 않는다면 아마도 당신의 기업 주가는 최소한 단기적으로는 하락할 것이다. 만약 당신이 (b)나 (c)를 선택한다면 아마도 주가는 변화하지 않거나 이익 발표와 함께 상승할 것이다. 그러나 이 경우 중기적으로 어떠한 결과가 닥치게 되겠는가?

이번에는 산업 전체가 구조적인 요인 때문에 성장이 둔화되고 있으며 앞으로도 지속될 것이라 가정하자. 만약 당신이 다음 몇 분기 동안에 걸쳐 부족한 실적을 메울 수 있다고 믿는다면 아마도 (b)나 (c)를 선택하고 싶어질 것이다. 그러나 실적 부진이 과연 한 분기 동안만 발생하는 문제인가 아니면 뭔가 더 근본적인 변화가 발생했기 때문인가를 고려한다면 이는 말도 안 되는 선택이다.

앞서 언급했듯이 투자자들은 실제로 당신이 어떠한 선택을 했는지는 알 길이 없기 때문에 단기적으로는 시장을 속이는 것이 가능하다. 그러나 당분간은 들키지 않을 수 있겠지만 궁극적으로는 그리고 최대한 빠르게 시장은 당신이 어떠한 행동을 취하고 있는지 알게 될 것이다. 그런데 왜 굳이 당신의 신용을 깎아 내리려고 하는가?

상당수 기업들이 이익변동을 완만하게 조정하고자 하는 행위는 컨센서스 예측치를 달성하고자 하는 욕구에 기인하지만, 애널리스트 예측치가 정확한 것이 아니라는 점을 감안하면 이는 잘못된 욕구이다. 표 9.2에서는 S&P500지수에 대한 컨센서스 이익예측치 추세를 보여주고 있다. 각 선은 1개년도 이익에 대한 것으로서 각 선의 끝 점은 그 해의 실제 이익을 나타낸다. 각 선에서 실제 이익 이전 부분은 실제 실적이 발표되기 전에 최대 3년 전까지의 컨센서스 예측치를 나타낸다.

[표 9.2] **S&P500 지수 총주당순이익 예측치**

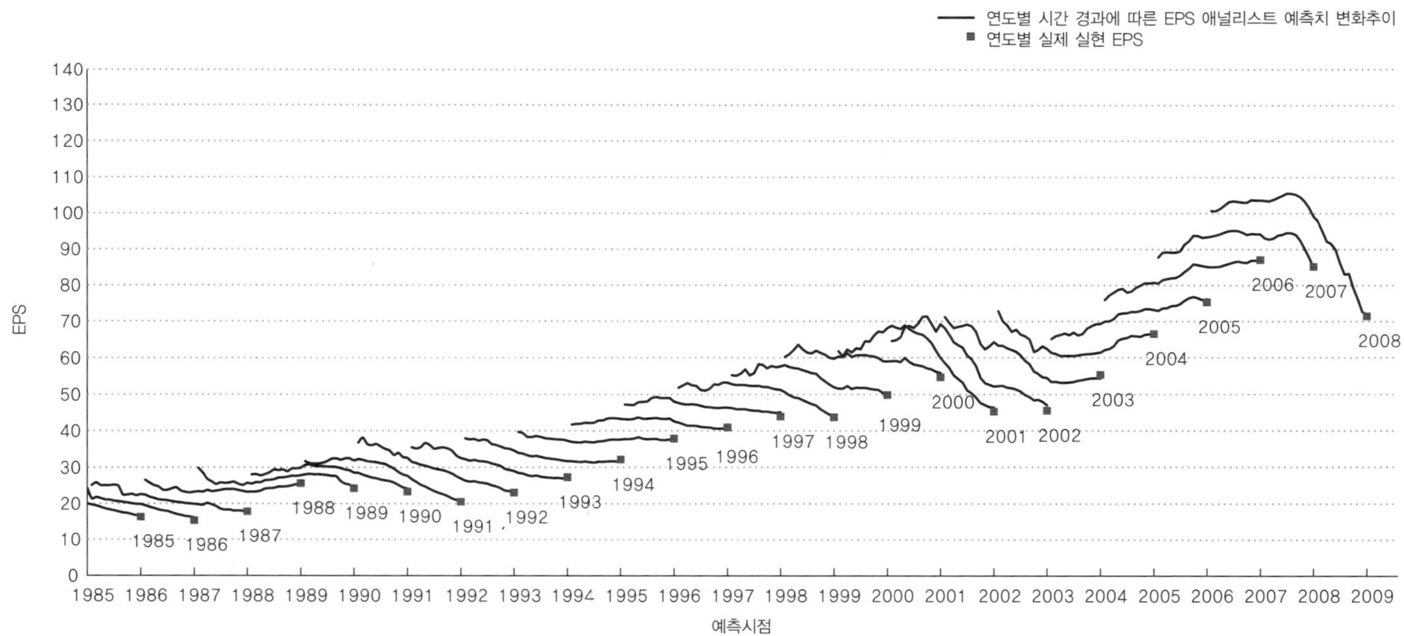

출처: Institutional Brokers' Estimate System, McKinsey Corporate performance Center 분석자료

표 9.2에서 보듯이 컨센서스 예측치는 잘 적중하지 않는다. 몇 개만 예를 들어 확인해 보기로 하자. 우리가 살펴본 25년 동안 1월에 발표된 당해 년도 이익에 대한 컨센서스 예측(예를 들어 2008년 이익에 대해 2008년 1월에 발표한 예측)은 단 7개년만 실제 이익과 5% 이내의 오차를 보였다. 5% 이상의 오차를 보인 해들 중 무려 16개년에서는 컨센서스가 실제 이익보다 높았고 단 2개년만 컨센서스가 실제 이익보다 낮았다.

결국 일반적으로 애널리스트의 이익예측치는 별로 정확하지 않다고 할 수 있다. 지나치게 낙관적인 경향을 보이며 변곡점(이익이 증가하다 감소로 돌아서거나 반대의 상황이 발생하는 점)을 제대로 잡아내는 경우가 거의 없다. 실제로 25년 중 12년 동안은 단순히 금년도 이익이 전년도와 같을 것이라고 예측하기만 해도 애널리스트 예측치보다는 더 나은 결과를 낳았을 것이다.

5년간의 애널리스트 예측치는 그나마 더 부정확하다. 애널리스트에게 5년간 이익성장률 전망치를 물어보면 대부분 10% 전후의 수치를 제시하곤 한다. 표 9.3에는 S&P500에 속한 기업들의 실제 이익성장률과 5년간 이익성장률 전망치가 비교되어 있다. 5년 전망치가 거의 항상 더 높을 뿐 아니라 항상 10%가 넘는 것을 알 수 있다.

우리는 산업 및 개별 기업 수준에서도 비슷한 분석을 진행하였고 역시 비슷

[표 9.3] **장기 이익성장률: 예측치와 실제치**

출처: Institutional Brokers' Estimate System, McKinsey Corporate performance Center 분석자료

한 결과를 얻을 수 있었다.

그렇다면, 컨센서스 이익예측치가 지속적으로 수정된다는 점을 감안했을 때 언론에서 자주 언급하는 '어닝 서프라이즈(earnings surprise)'는 도대체 어떻게 정의해야 하는 것인지 궁금해진다. 기업들이 1년치 컨센서스 예측치를 달성하는 경우도 드물기 때문에 이는 애당초 놀라움의 대상이 되지 않는다. 통상적으로 어닝 서프라이즈는 실제 이익과 실제 이익 발표 직전의 컨센서스 예측치와의 차이로 정의되는데, 다시 말해 서프라이즈는 이익 발표 불과 수일 또는 수주 전의 예측치와 실제 이익과의 차이인 셈이다.

당연한 얘기지만 애널리스트는 이 시기에는 조금 더 정확하며, 게다가 기업들은 종종 곧 있을 실적발표 이전에 투자자나 애널리스트에게 관련 정보나 명백한 가이던스(guidance)를 제공하곤 한다. 따라서 서프라이즈는 결국 경영진의 내부통제와 회계시스템이 영업실적에 미치는 영향 정도를 뜻할 뿐이다.

이렇게 생각해 보자. 한 기업이 12월 31일에 당해 분기의 매출이 예상을 뛰어 넘었다고 발표한다면 애널리스트들은 당해 년도의 이익예측치를 높여 잡을 것이다. 그리고 2주 후 이 회사가 12월 31일 발표한 예상 외 고매출이 예상 외 고수익으로 연결되지는 않았다는 발표를 한다고 가정하자. 이 경우 서프라이즈는 경영진이 12월 31일에 예상 외 고매출을 발표하면서 애널리스트에게 이것이 고수익으로 연결되지 않을 것이라는 힌트를 주지 않았다는 것이며, 투자자들은 경영진이 왜 더 많은 것을 말해주지 않았는지 의문을 품게 된다. 결국 투자자들은 아마도 회사가 사용중인 정보 시스템이 제대로 되어 있지 않아 회사 내부적으로 조차도 회사가 어찌 돌아가는지 제대로 파악하지 못했을 것이라는 추측을 하게 된다.

서프라이즈가 상당히 단기적이라는 점을 감안하면 어닝 미스(earnings miss)의 실제 효과는 일반적인 인식보다 훨씬 작을 수밖에 없다. 이에 대한 연구 결과에 따르면 어닝 서프라이즈는 이익 발표 전후 4주간의 주가 변동성 중 단 2%도 제대로 설명하지 못하는 것으로 나타났다.[42] 실제로 양의(혹은 음의) 어닝 서프라이즈를 보인 기업들의 40% 이상이 실제로는 반대 방향의 음의(혹은 양의) 주식수익률을 보였다.

시장이 실적 발표를 평가할 때 단기 서프라이즈를 넘어 더 장기적인 측면까

42 W. Kinney, D. Burgstahler, and R. Martin, "Earnings Surprise 'Materiality' as Measured by Stock Returns," Journal of Accounting Research, 40(5) (December 2002): 1297-1329 참조.

[표 9.4] **장기 실적 예측치가 주가에 영향을 미친다.**

유럽 기업들의 2007 회계연도 이익에 대한 595건의 공시에 대한 비정상수익률의 중앙값[1](%)

장기 예측치의 변동 (2009년 예상 EPS의 변동)		음	양
	증가	1.5	2.4
	감소	−0.5	−0.6

단기 서프라이즈
(2007년 EPS 실제치와 예측치의 차이)

1 실적발표 후 3일간 시장수익률을 뛰어넘는 초과수익률
출처: Bloomberg, McKinsey Corporate performance Center 분석자료

지 바라본다는 증거도 있다. 우리는 2007년 유럽에서 가장 큰 595개 기업들의 수익 발표에 따른 주가 반응을 분석하였다. 우리는 이 기업들을 두 가지 차원에서 분석하였다: (1) 기업의 실적 발표가 양의 서프라이즈였는가 아니면 음의 서프라이즈였는가? 그리고 (2) 2년 미래 이익에 대한 애널리스트의 예측치가 증가하였는가 아니면 감소하였는가?

표 9.4에 나타나 있듯이 두 차원 모두 양이거나 음인 경우 주가의 반응 또한 이에 따라 비슷하게 움직였다. 예를 들어 기업들이 컨센서스 이익예측치보다 더 나은 실적을 보였고 애널리스트가 2년 후 이익예측치를 높인 경우 주가의 중앙값은 2.4% 상승하였다. 그러나 기업 실적은 컨센서스보다 높지만 애널리스트가 2년 후의 예측치를 낮춘 경우에는 주가가 0.6% 감소하였다. 반대로 기업 실적은 컨센서스보다 낮지만 애널리스트가 2년 후의 예측치를 높인 경우에는 주가가 1.5% 상승하였다.

결국 기업이 현 시기에 애널리스트 예측치를 상회하는 실적을 올렸는지 여부보다는 애널리스트가 2년 후의 이익예측치를 상향 조정하였는지 여부가 주가에 더 큰 영향을 미치는 것으로 밝혀진 것이다.

물론 시장에 지속적으로 서프라이즈를 안겨주는 기업들에 시장이 일정 프리미엄을 부여한다는 증거가 있기는 하나, 이는 수년간 지속적으로 서프라이

즈를 제공했을 때에만 그러하다.[43] 증권시장에서 프리미엄을 얻어내기 위해서는 운 좋게 나타나는 어닝 서프라이즈 한번으로는 부족하다. 예상 이익을 지속적으로 뛰어넘는 실적을 보이는 기업들은 또한 그 이후에도 수익성 및 성장성 측면에서 탁월한 성과를 보인다.[44]

그러나 기업이 더 오랜 기간 동안 시장에 어닝 서프라이즈를 제공해온 만큼 이 패턴이 깨질 때 시장의 반응도 더 부정적이다. 양의 어닝 서프라이즈가 계속됨에 따라 기업가치에도 점진적으로 프리미엄이 붙기는 하나, 기업의 지속적인 호실적에 대한 시장의 확신이 사라지게 되면 이 프리미엄은 급격히 사라져버린다.

시장은 실적 발표를 받아들임에 있어 상당히 복잡한 모습을 보인다. 예를 들어 시장은 현금흐름 없이 수익만 많이 인식되어 수익이 증가한 경우 긍정적으로 반응하지 않으며, 그러한 실적발표 이후 주주의 수익률은 동종기업에 비해 오히려 더 떨어진다. 기업이 현금흐름은 없는데 수익만 많이 인식했다는 것은 보통 그 기업이 전환점에 다다랐고 따라서 앞으로는 더 낮은 수익을 기록할 것임을 의미하기 때문이다.[45]

지금까지 논의를 모두 종합하면 결국 기업 경영진이 기업의 장기 실적을 개선하는데 단기 이익이 어떠한 의미를 가지는지에 대해 집중해야 할 때에 정작 애널리스트 이익예측치를 달성하는 데 지나친 시간과 노력을 기울이고 있다는 것이다. 이를 감안하면 기업들은 투자자들에게 내부 통제나 정보시스템이 취약하다는 인상을 주면 안 된다. 실제 이익과 예측치와의 차이에 관한 부분에 있어 투명성을 유지하는 것이 좋다. 이렇게 생각해 보라: 만약 투자자들이 당신이 예측치를 달성하기 위해서 무엇을 하는지 안다면 그들이 과연 이를 허락할 것인가?

이익변동성은 불가피하다

통상적으로 투자자들은 완만한 이익 성장을 더 선호하며 변동성이 큰 이익을

43 R. Kasznik and M. McNichols, "Does Meeting Earnings Expectations Matter? Evidence from Analyst Forecast Revisions and Share Prices," Journal of Accounting Research 40, no. 3 (June 2002): 727-759 참조.

44 E. Bartov, D. Givoly, and C. Hayn, "The Rewards to Meeting or Beating Earnings Expectations," Journal of Accounting and Economics 33(2) (June 2002): 173-204 참조.

45 K. Chan, L. Chan, N. Jegadeesh, and J. Lakonishok, "Earnings Quality and Stock Returns," Journal of Business 79(3) (2006): 1041-1082 참조.

보이는 기업들은 피할 것이라고들 한다. 경영진은 전략적 행동의 근거로 안정적인 이익성장이 필요하다는 점을 주기적으로 언급하곤 하는데, Conoco의 CEO가 Phillips Petroleum과의 합병 과정에서 합병을 정당화한 근거 중 하나도 바로 합병이 이루어져야 상품가격주기 전체에 걸쳐 더 안정적인 이익을 얻을 수 있으리라는 것이었다. 만약 투자자들이 정말로 완만한 이익을 선호한다면 다른 모든 조건이 동일할 때 완만한 이익을 보이는 기업이 더 높은 TRS와 가치평가배수(valuation multiple)를 창출해야만 할 것이다.

다른 분석방법과 표본기업 및 표본기간에 대해서 분석한 결과 여전히 같은 결론에 도달할 수 있었는데, 이익변동성과 TRS 또는 가치평가배수 사이에 유의미한 관계가 없다는 것이다.[46]

이를 조금 더 상세하게 살펴보기 위하여 표 9.5에 평균 이상의 이익변동성을 가진 135개 기업의 TRS와 평균 이하의 이익변동성을 가진 135개 기업의 TRS를 비교해 놓았다. 비록 저변동성 기업들의 수익률 중앙값이 고변동성 기업들의 수익률 중앙값보다 높지만, 성장률과 투하자본수익률(ROIC)을 고려한다면 이 둘의 차이는 더 이상 통계적으로 유의미하지 않다. 그러나 더 흥미로운 점은 높은 TRS를 나타내는 고변동성 기업들이 많은 것만큼이나 낮은 수익을 나타내는 저변동성 기업들 또한 많다는 것이다. 고변동성 기업들 중에 극단적인 TRS 수치가 더 많이 보인다는 것 또한 확인 가능하다.

우리는 투자자들이 기업 실적이 완만하게 성장하지 않는다는 것을 알고 있다고 생각하다. 10개국에서 5가지의 사업을 영위하는 회사가 어떻게 수년간 지속적으로 매년 10%의 이익성장률을 유지할 수 있겠는가? 한 지역에서 예상 외로 긍정적인 결과가 나왔다 해서 이것이 다른 예상 외의 부정적인 결과를 곧바로 상쇄할 가능성은 매우 낮다. 각 사업이 계획대로 정확하게 성장할 가능성은 더욱 낮다.

완만한 이익성장은 환상이나 다름 없는데, 이는 실제로 완만하게 성장 하고 있는 회사가 거의 없다는 것을 통해 알 수 있다. 표 9.6에 미국 기업 전체 집단에서 1998년부터 2007년 사이 이익 성장률의 변동성 기준 하위 10%에 속하

46 B. Rountree, J. Weston, and G. Allayannis, "Do Investors Value Smooth Performance?" Journal of Financial Economics 90(3) (December 2008): 237-251; J. McInnis, "Earnings Smoothness Average Returns, and Implied Cost of Equity Capital," Accounting Review (January 2010); R. Barnes, "Earnings Volatility and Market Valuation: An Empirical Investigation," LBS Accounting Subject Area Working Paper ACCT 019 (2003).

[표 9.5] **이익변동성과 TRS 사이에는 별다른 관계가 없다**

이익성장률 변동성2 카테고리에 따른 TRS1 분포 (해당 회사들의 표본에서 비중, %)

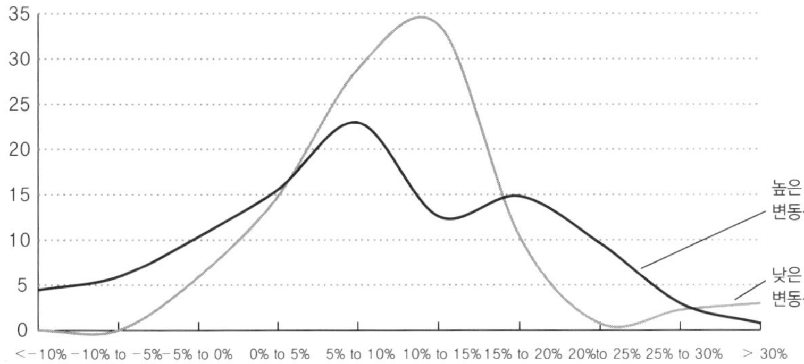

1 1997-2007년 사이 CAGR임
2 변동성은 10년 기간 중 두 번째로 높은 성장률과 두 번째로 낮은 성장률 간의 차이로 측정함
출처: McKinsey Corporate performance Center 분석자료

는 다섯 개의 기업이 제시되어 있다. 첫 번째 기업은 Walgreens인데 상당히 안정적인 이익을 보였다. 2001년에서 2007년 사이 Walgreens의 연간 이익성장률은 14~17% 사이에 위치했는데, 이는 7년간 안정적으로 성장한 것이다. 그러나 Walgreens는 한 예일 뿐이다. 우리는 다른 500개의 대기업을 찾아보았으나 Walgreens 처럼 7년간 안정적인 성장을 보인 기업은 단 하나도 없었다. 사실 4년 이상 안정적인 성장을 보인 기업조차도 몇 개 되지 않았다.

대부분의 저변동성 기업들은 표 9.6의 다른 네 기업들과 비슷한 패턴을 보인다. 예를 들어 Anheuser-Busch를 보면 1999년에서 2002년 사이 4년간 12% 정도의 안정적인 성장률을 보였다. 그리고 2003년과 2004년 7~8%의 성장률을 보인 다음 2005년 −18%로 하락하였다. 이러한 패턴은 일반적이다. 우리가 조사한 500개 기업들 중 460개 기업들이 기간 중 최소 1년의 이익 하락을 겪었다.

투자자들은 기업이 속해있는 산업에 본질적인 변동성이 존재한다는 것을 이해한다. 어떤 경우에는 금 채굴 기업의 경우와 같이 금 가격 변동의 위험에 스스로 노출되는 것을 선호하는 경우도 있다. 따라서 기업들은 자연적인 변동성을 감소시키기 위하여 노력할 필요가 없으며 특히 만약 이를 위하여 마케팅이나 제품개발 비용이 감소되어야 하는 경우 더욱 더 그러하다.

[표 9.6] **이익성장률 변동성이 가장 낮은 기업들조차도 그리 완만하지 않다.**[1]

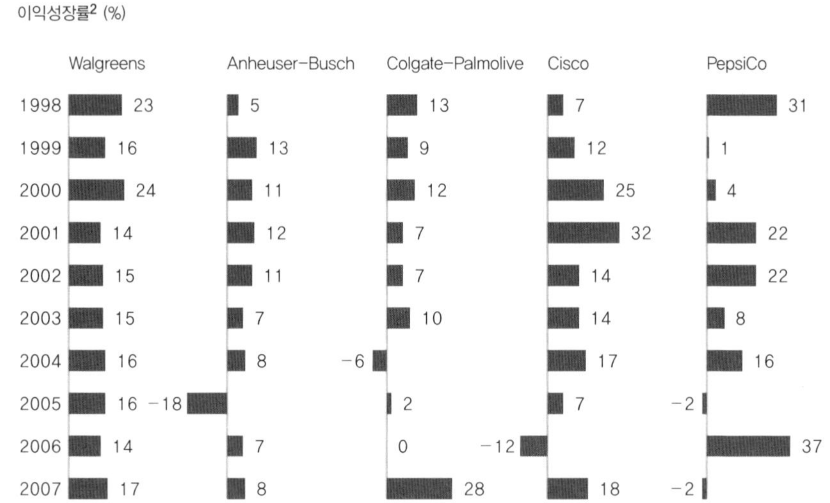

1 위 5개의 기업들은 미국 500대 비금융기업 집단에서 뽑아낸 최소 이익변동성 기업들임.
2 이익은 영업권 상각을 감안한 특별항목 전 순이익(net income before extraordinary items)으로 정의됨.
출처: McKinsey Corporate performance Center 분석자료

회계처리 방법으로는 근본적인 가치를 바꾸지 못한다

기업들은 때때로 회계처리상 유리한 위치를 차지하기 위하여 상당한 노력을 기울이는데, 영업권(goodwill)을 둘러싼 공방이나 종업원 주식매수선택권(employee stock option) 등이 이를 보여주는 증거이다. 그러나 우리가 이미 정리한 바와 같이 합리적인 투자자들은 회계상 이익을 액면 그대로 받아들이지 않으며 그 기업의 근본적인 경제적 성과를 확인하고자 한다. 비록 회계처리 기법이 아무 상관이 없다고 직접적으로 증명해낼 수는 없지만 우리는 투자자들이 어떻게 회계적 성과를 꿰뚫어보고 근본적인 경제적 성과를 파악할 수 있는지 구체적인 예시를 들 수 있다.

한 예로 증권시장 별로 다른 회계기준에 따라 보고하는 회사들을 증거로 들 수 있다. 미국 국적 회사가 아니나 미국 증권시장에 상장된 회사의 경우 미국 GAAP(Generally Accepted Accounting Principles)에 따라 자본 및 순이익을 보고하도록 되어 있는데 이는 자국 내 회계기준에 따라 보고하는 자본 및

순이익과는 상당히 다를 수 있다. 만약에 주가가 회계상 이익에 좌우된다면 투자자들은 과연 둘 중 어느 자료를 가지고 판단할 것인가? 시장의 입장에서는 이것은 아무 상관이 없다. 시장은 회계기준으로 어떤 것을 써야 하는지에 대해서는 아무 관심이 없으며, 투자자들은 근본적인 실적이 어떠한지에 관심이 있을 뿐이다.

이를 검증하기 위하여 우리는 1997년에서 2004년 사이 미국에 동시 상장하여 미국 GAAP에 따라 자본 및 이익을 보고하기 시작한 50개의 유럽 기업들을 분석했다. 미국 및 본국의 회계기준에 따라 보고된 이익 및 자본은 서로 상당히 다른 경우가 많았는데 절반 이상의 경우 무려 30%이상의 차이가 났다.

많은 경영진들은 아마도 미국 GAAP에 따르면서 더 적은 이익을 보고하게 되면 주가가 떨어질 것으로 걱정했을 것이나, 이러한 상황은 발생하지 않았다. 비록 우리가 사용한 샘플의 3분의 2 정도가 미국 GAAP에 따라 더 낮은 수준의 이익을 보고했지만, 이에 대한 시장의 반응은 긍정적이었다. 분명히 더 많은 정보를 공시한 것에 대한 호의적인 평가가 인위적인 회계기준을 변경으로 발생한 효과를 압도한 것이다.

미국 GAAP에서 2001년 이래 그리고 IFRS(International Financial Reporting Standards)에서 2005년 이래, 영업권은 더 이상 손익계산서 상에서 고정된 스케줄(fixed schedule)에 따라 상각되지(amortized) 않으며 대신 기업들은 독립적인 감사인의 기업가치평가 결과 영업권이 감손되었다는 결론이 나올 때 이를 상각해야 한다. 영업권에 대한 회계처리 방식이 변경되어 주가에 어떠한 영향을 미쳤는가? 이에 대하여 답하기 위해서는 우리는 주가에 회계처리 방식이 어떻게 영향을 미치는지 두 가지 측면에서 살펴보았다.

첫째, 우리는 상당량의 영업권을 상각해 오다 중단한 기업들에 대한 주가의 반응을 살펴보았다. 이러한 기업들은 더 이상 손익계산서 상에 영업권의 상각이 기록되지 않기 때문에, 회계기준 변경 이후 더 높은 EPS를 기록할 것이다.

이를 확인하기 위해 우리는 2001년 7월 미국에서 영업권 상각 규정이 철폐되었을 당시 대량의 영업권을 보유하고 있던 54개 미국 기업들에 대해 주가가 어떻게 반응하였는지 살펴보았다. 비록 이 회사들은 처음에 다소간의 주가 상승을 보였으나, 이는 불과 2~3주 동안만 지속되었을 뿐이었다. 게다가 이들 기업의 주가 상승폭이 상대적인 영업권 상각액과 관계를 가진 것도 아니었으며, 표본 기업들 중 약 3분의 1은 발표일에 심지어 주가가 하락하였다.

둘째, 우리는 2002년 1월 이래 이익을 대량의 영업권 감손액으로 상쇄시킨

54개의 미국 및 유럽 기업들을 분석하였다. 우리는 영업권 감손 발표일 당일 특별한 주가의 하락을 발견하지 못했다. 왜 그러한가? 시장이 이미 이들 기업이 과거의 인수합병으로부터 얻을 수 있는 혜택이 예상 외로 작을 것으로 예상하고 있었고 그에 따라 이미 감손 발표일 6개월 전부터 주가가 평균 35% 하락하였던 것이다.

종업원 주식매수선택권이 손익계산서 상에 비용으로 처리되어야 하는지에 대한 논쟁에 대해서는 대부분 이에 따라 이익이 줄어드는 경우 주가가 떨어질 것인지에 대한 걱정을 하고 있다. 자본시장의 관점에서 이에 대한 답은 명백한데 투자자들이 부여된 옵션의 양, 행사조건, 그리고 기타 사항들에 대하여 충분한 정보를 가지고 있는 한 이를 비용 처리한다 해서 주가가 떨어지지는 않는다는 것이다. 실제로 한 최근 연구에 따르면 종업원 주식매수선택권의 비용 처리가 의무화되기 전부터 이미 자발적으로 비용으로 처리하고 있던 기업들의 경우 이를 최초에 공시했을 때 이로 인해 회계상 이익은 줄어들 것임에도 주가가 긍정적으로 반응하였다.[47]

주가의 반응은 기업들이 투명성 증대를 위하여 옵션을 비용 처리하겠다고 공시한 경우 특히 더 긍정적이었다. 위와 동일한 연구에서 옵션에 대하여 충분한 정보가 공개되면 옵션이 명백하게 손익계산서 상에 비용으로 처리되어 있지 않을 경우에도 시장이 기업의 가치를 평가할 때 옵션의 가치를 반영한다는 것을 발견하였다.[48]

결국 기업들은 투자자들이 자신들만큼이나 똑똑하다는 것을 인정하고 이익을 완만하게 조정하려는 시도를 포기할 때 상당한 시간과 에너지를 절약할 수 있을 것이다.

47 D. Aboody, M. Barth, and R. Kasznik, "Firms' Voluntary Recognition of Stock-Based Compensation Expense," Journal of Accounting Research, 42(2) (December 2004): 251-275 참조.

48 D. Aboody, M. Barth, and R. Kasznik, "SFAS No. 123 Stock-Based Compensation Expense and Equity Market Values," Accounting Review, 79(2) (2004): 251-275 참조.

3

가치창출 경영
Managing Value Creation

10

자본수익률
Return on Capital

앞에서 논의한 바와 같이, 자본수익률은 가치창출의 두 가지 원동력 중의 하나이다. 그럼에도 경영자가 흔히 자기 회사의 경쟁우위는 무엇이며 산업구조와 경쟁행태에 따라 어떻게 영향 받는가와 같이 자사의 ROIC에 가장 중요한 영향을 미치는 이들 하나 또는 두 가지 요소들을 제대로 인식하지 못하고 있다는 것은 놀라운 일이다. 이런 회사들은 가치창출의 기회를 잃어버리고 있을 가능성이 크다.

본 장에서는 경쟁우위, 산업구조 그리고 경쟁사의 전략이 어떻게 ROIC를 결정하게 되는지를 탐구하여, 왜 어떤 회사들은 10%의 수익률을 얻는 데 반해 다른 회사들은 50%의 수익률을 얻기도 하는지 알아본다. 또한 ROIC의 역사적 패턴을 통해 산업별로 어떻게 차이가 나고, 시간에 따라 어떻게 변동하고 지속되어 왔는지를 살펴볼 것이다.

예를 들어 테크붐이 절정이었던 1999년 11월에 신생기업이었던 eBay와 캘리포니아의 상품배달회사인 Webvan의 사례로 돌아가보자. 이 때 eBay의 시가총액은 230억 달러이었는데 반해, Webvan은 80억 달러에 불과하였다. eBay는 계속하여 번창하였지만 Webvan은 망하고 말았다. 이들 기업의 전략에서 잠재적인 경쟁우위를 분석해보면 eBay는 성공할 운명이었고 Webvan은 운이 다하였음을 알 수 있다.

eBay의 전략을 살펴보자. 이 기업의 핵심사업은 구매자와 판매자 간의 거래에서 소량의 수수료를 수취하는 온라인 경매였다. 이 사업은 웹사이트를 관리하고 경매거래를 원활하게 하는 데 별로 자본이 들지 않았으며, 단지 몇 대의 컴퓨터만 필요로 하면서 재고자산이나 매출채권과 같은 것이 없는 구조였다.

일단 사업이 시작되면, 경매사이트가 잘 작동되고 수수료도 어느 정도 유지되는 한, 잠재적인 구매자와 판매자들이 이 사이트를 계속 이용할 동기가 충분히 있다. 많은 구매자가 eBay를 사용함에 따라 더 많은 판매자가 몰리고, 다시 더 많은 구매자를 끌어들이게 된다. 게다가 추가적인 구매자와 판매자에 대한 한계비용은 거의 영에 가깝다.

eBay의 사업이 잘 되어 가고 합리적인 가격에 좋은 서비스를 제공함에 따라 고객들은 새로 진입하는 회사로 변경할 이유가 거의 없었다. 결국 eBay는 상당한 경쟁우위를 유지하였고 자본수익률도 경이적으로 50%를 넘는 수준이었다.

이러한 eBay 사례는 1장에서 설명되었던 규모에 대한 수익체증의 대표적인 예가 된다. 대형화한 첫 기업은 종종 수익과 이익의 대부분을 차지한다 (승자독식의 효과). Webvan과 다른 기업들도 서로 먼저 규모를 키우게 되면 규모에 대한 수익체증 효과를 누릴 것으로 기대했다. Webvan은 발 빠르게 창고를 짓고 트럭을 사는데 10억 달러를 지출했다. 그러나 규모의 수익체증 효과는 Webvan에게 나타나지 않았고, eBay가 얻은 것만큼의 높은 ROIC를 얻지 못하였다.

그 이유는 다음과 같다. Webvan의 사업모델은 상당한 규모의 창고와 트럭, 재고자산 등을 보유해야 하는 자본집약적인 모델이다. 게다가 Webvan은 일반 식료품점에서 찾아볼 수 있는 저마진 상품을 취급하였고, 가격도 이들 식료품점과 비슷한 수준으로 유지해야 했다. Webvan이 배송을 시작하면서 50달러 이상의 주문은 무료로 배송하고 그 이하의 주문에는 4.95달러의 배송료를 징수하였다. 그러나 특정 시간대에 특정 장소의 고객에게 배달을 해주는 비용이 높아지자 Webvan은 무료 배송이 가능한 주문액을 100달러로 인상했고 그 이하 소액주문에 대한 배송료도 인상하였다. 결국 제품을 찾아서 포장하는 비용을 포함한 배송비용이 오프라인에 상점을 갖지 않아서 생기는 비용절감을 초과하게 되었다.

끝으로 Webvan의 사업은 신 고객을 거의 영의 비용으로 추가할 수 있었던 eBay와 달리 규모의 경제가 적용되지 않았다. 비록 신 고객을 유치할 때마다 창고가 추가로 필요한 것은 아니었지만, 수요증가에 대응하기 위해서는 더 많은 제품을 찾아서 포장하는 사람과 트럭, 배달기사가 필요해졌다.

그렇다면 경쟁우위는 어디에 있었는가? Webvan은 다른 경쟁사보다 먼저 자리를 잡음으로써 다른 식료품 배달회사가 시장에 진입하는 것을 억제할 것으로 기대하였으며, 원래 계획했던 경쟁우위도 이러한 기대에 근거하고 있었다. 그러나 다른 배달회사는 주요 경쟁상대가 아니었으며 실제 경쟁상대는 식료품

점들이었다. Webvan은 자사의 배달 서비스에 소요되는 높은 영업비용을 감당하기 위해 가격을 높이면서 기존 식료품점들에게 고객을 잃을 수밖에 없었다.

eBay는 매력적인 산업구조와 자본효율적인 사업구조를 창출하여 고수익을 누리던 반면, Webvan은 수익률이 어느 정도 한계가 정해져 있는 식료품소매라는 매우 경쟁적인 산업에 뛰어든 셈이다. Webvan은 식료품점과 비교해서 어떠한 경쟁우위를 지니지도 못했다. 이 사례는 열악한 산업구조에서 벗어나는 게 얼마나 어려운지, 고도의 자본집약적인 산업의 부담이 얼마나 큰 피해를 주는지 보여준다.

자본수익률의 원동력

산업구조와 경쟁행태의 맥락에서 전략과 ROIC 간의 관계를 단순한 공식으로 보여줄 수 있다. 한 기업의 ROIC를 다음과 같이 정의할 수 있다.

$$\text{Return on capital} = \frac{\text{Operation Profit}}{\text{Capital}} = \frac{\text{Price} - \text{Cost}}{\text{Capital}}$$

경쟁우위의 기업은 가격 프리미엄이나 더 효율적인 제품생산(단위당 더 낮은 자본비용에)을 통해 높은 ROIC를 얻는다. 이 두 가지 가능성 중에서도 가격 프리미엄은 매력적인 ROIC를 얻을 수 있는 가장 좋은 기회이지만 비용효율성을 얻는 것보다는 더 어렵다.

일반적인 전략구조를 설명하는 것은 이 책의 범위를 벗어나므로, 여기서는 경쟁우위(그리고 높은 ROIC)에 대한 가장 보편적 사례들의 특징을 알아보도록 한다. 이러한 사고의 근간이 되는 전략모델은 구조-행동-성과(Structure-Conduct-Performance: SCP) 모델인데, 이 모델은 1930년대에 Edward Mason에 의해 개발되어 Michael Porter가 1980년에 산업구조분석모형(five forces)을 담아 출간한 Competitive Strategy가 나오기 전까지는 별로 영향력이 없었다.[49] 그 이후 이 모델의 확장이 이루어져 왔으나 핵심구조는 아직도 전략과 관련하여 가장 많이 사용되고 있다.

49 John Stuckey, "Perspectives on Strategy" (McKinsey staff paper, no. 62, April 2005); Michael Porter, Competitive Strategy: Techniques for Analyzing Industries and Competitors (New York: Free Press, 1980).

SCP 모델에 의하면, 산업구조가 경쟁업체의 행동에 영향을 미치고 이것이 다시 그 산업 내 기업들의 성과에 영향을 미치게 된다. 산업구조는 다음의 다섯 가지 힘으로 구성된다: 진입장벽, 대체재위협, 고객의 협상력, 공급자의 협상력, 경쟁 결정요인 (산업집중도, 전환비용, 퇴출장벽, 고정/변동 비용구조, 기타). 경쟁업체의 행동은 성과 결정의 마지막 요인이 된다.

산업구조의 중요성과 고착성은 표 10.1에서 볼 수 있는데, 29개 산업의 자본수익률의 중앙값과 함께 25분위와 75분위의 값이 나타나 있다. 높은 ROIC 산업은 매력적인 산업구조를 갖는 것이 보통이다.[50] 예를 들면 가정잡화 제조기업은 새로운 경쟁자가 기반을 구축하기 어렵게하는 강력한 브랜드를 개발한다. 이들 기업은 또한 가격 이외의 경쟁요인으로서 진열공간을 놓고 경쟁을 하는 경향이 많다.

낮은 ROIC 기업들은 종이제품과 같이 차별화되지 않고 자본집약적이고 혁신의 기회가 적은 제품들을 생산한다 (모두 동일한 제지기계를 사용함). 이런 경우 어떠한 경쟁업체라도 가격 프리미엄을 부과한다든가 지속적인 비용우위를 확립하는 것이 어렵다.

산업구조가 경쟁우위와 자본수익률을 결정하는 가장 중요한 원동력이 되지만, 동일 산업 내에서도 기업간 차이가 있기 때문에 저 수익성 산업 내에서도 기업들이 때때로 경쟁우위를 창출하는 것을 볼 수 있다. 또한 고 수익성 산업 내에서 경쟁열위상황에서도 계속 영업을 영위하는 것이 가능하다.

예를 들어 자동차 회사들은 수년간 과잉설비로 고통을 받아왔는데 그 이유는 신규 진입자들이 (한국 자동차 회사의 미국 진출) 산업의 낮은 수익성에도 불구하고 계속 시장에 진출하고, 노동조합으로 인해 공장을 쉽게 폐쇄할 수 없었기 때문이다. 그럼에도 불구하고 Toyota는 효율성과 품질에 대한 평판을 바탕으로 미국 시장에서 미국 회사에 비해 가격 프리미엄을 부과하는 것이 가능했기 때문에 우위를 점할 수 있었다.

자동차산업의 경쟁우위는 특정 시장에 특수하게 존재하기도 한다. Toyota와 같은 일본 자동차회사들은 미국에서 미국 회사들과 경쟁하면서 가격 프리미엄을 향유하고 있지만, 일본 회사끼리 경쟁하는 일본에서는 그렇지 못한 것이 사실이다.

50 자본수익률 차이의 일부는 많은 기업들이 복수의 산업에 속하기 때문에 발생하는 자료 상의 한계에도 기인한다. 그렇지만 자본수익률의 산업 중앙값이 낮은 산업(예, Wal-Mart와 Intel)에서도 매력적인 수익률을 얻는 기업들도 많고, 그 역도 가능하다.

[표 10.1] **산업간 및 산업내 ROIC의 변화**

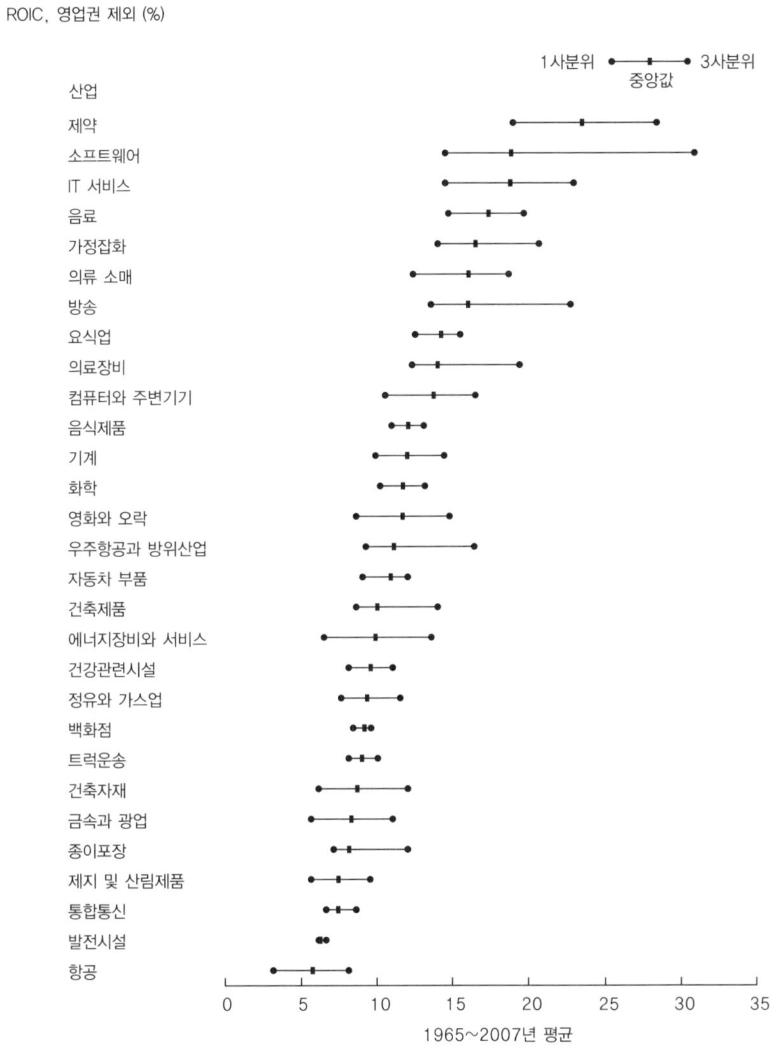

출처: Compustat, McKinsey Corporate Performance Center 분석자료

마지막으로 산업구조와 경쟁행태는 고정된 것이 아니라 기술혁신의 충격과 정부 규제의 변화, 그리고 경쟁업체의 진입에 따라 변화되며, 이들은 산업 전체 또는 개별 기업들에게도 영향을 미치게 된다. 소프트웨어 산업이 일관되게

고수익을 얻어 왔지만 오늘날의 선도기업은 20년 전 주요 플레이어가 아니라는 점에서 20년간 줄곧 선도기업의 지위를 유지하기는 어렵다는 것을 알 수 있다.

우리는 전략적 사고의 시사점을 얻기 위해서는 기업 전체가 아닌 특정 사업 단위와 생산라인, 그리고 시장 세그먼트에 대해 분석해야 한다는 점을 기억해야 한다. 수프나 애완견사료와 같은 사업에서도 서로 다른 경쟁구도를 갖는 하위부분이 있을 수 있다.

이상에서 논의한 가격 프리미엄의 이점은 아래 표와 같이 다섯 가지 하위범주로 나눠볼 수 있으며, 비용과 자본 효율성의 이점도 네 가지 하위범주로 나눠볼 수 있다.

가격 프리미엄	비용/자본 효율성
혁신제품 — 복제하기 어렵고 특허 보호 제품, 서비스 또는 기술들	**혁신적 사업방법** — 기존 업계 관행과 현저히 대조되어 복제하기 어려운 사업방법
품질 — 경쟁상품이나 서비스보다 높은 품질의 존재 또는 이에 대한 인지	**특이한 자원** — 지리학적 또는 운송면에서 특이한 위치 또는 특이한 원자재 접근성
브랜드 — 혁신 또는 품질 차이 이상의 브랜드 가격 프리미엄	**규모의 경제** — 대상 활동이나 지역 시장에서 규모의 경제
고객 유지 — 고객이 경쟁상품과 서비스로 대체하기 어려움	**확장성/유연성** — 무시할만한 한계비용으로 고객을 추가하거나 생산용량 증대 또는 재배분이 가능함
합리적 가격 규율 — 생산용량 관리와 가격정책에 있어서 산업 리더에 의한 투명한 행동	

혁신 제품/서비스

높은 자본수익률을 제공하는 혁신 제품과 서비스는 특허로 보호되거나 복제가 어렵고 비싼 특징을 갖는다. 적어도 하나의 이러한 보호(특허 보호 또는 복제 어려움)가 없는 경우에는 혁신 상품마저도 지속적으로 높은 수익률을 가져오기 어렵게 된다.

제약회사들은 특허로 20년까지 보호받는 혁신 제품들을 주로 생산하기 때문에 고수익을 향유한다. 이들 회사는 이러한 혁신 제품에 힘입어 무상표 제품이 낮은 가격으로 진입하게 되는 특허 만료 시점까지 가격 프리미엄을 누리게 된다.

애플의 iPod은 특허제품이 아니지만(적어도 핵심기술이 아님) 복제하기 어려운 제품의 좋은 예이다. 애플이 iPod 생산을 시작하기 전까지만 해도 MP3 플레이어들이 수년간 시장에서 팔리고 있었으나, iPod이 나오면서 MP3 시장의 70%를 점유해버렸다. 비록 MP3의 핵심기술은 모든 경쟁업체간 동일하였으나, iPod은 매력적인 디자인과 사용의 편리성, 사용자 인터페이스, 애플 뮤직스토어인 iTunes와의 통합 등으로 인해 매우 성공적이었다.

품질

품질은 광범위하게 사용되는 용어이기 때문에 이를 다음과 같이 정의할 필요가 있다. 즉 품질은 경쟁우위나 ROIC의 관점에서 보면, 어떤 제품이나 서비스가 다른 것에 비해 실제로 차이가 있거나 또는 그렇게 인지되고 있는 것을 의미하며 고객들이 그 대가로 더 높은 가격을 지불할 용의가 있어야 한다. 자동차 산업에서는 BMW가 가격 프리미엄을 누리고 있는데, 값싼 경쟁사의 자동차에 비해 BMW가 핸들링이 좋고 운전도 잘 된다는 고객들의 인지가 있기 때문이다. 그러나 이러한 추가 품질을 제공하는 데 소요되는 비용은 가격 프리미엄보다 훨씬 낮은 것이 보통이다. 이것은 BMW가 다른 자동차회사에 비해 더 높은 수익률을 얻는 이유들 중의 하나이다.

때로는 품질에 대한 인지가 실제보다 훨씬 더 오래 지속되는데 Toyota나 Honda의 품질이 GM, Ford, Chrysler에 비해 우위에 있다고 오랜 기간 인지되고 있는 것이 그 예가 될 수 있다. 요즘에는 미국차나 일본차 모두 JD Power 서베이와 같은 계량적인 품질지표에 있어서 거의 유사한 수준으로 나타나지만, Toyota는 아직도 가격 프리미엄을 유지하고 있다.[51] 유사 차종의 미국차 또는 일본차의 표시 가격은 거의 같은 수준이라해도 미국차들은 종종 표시가격보다 2,000달러에서 3,000달러 낮은 가격에 팔리고 있다.

브랜드

브랜드에 기초한 가격 프리미엄은 종종 품질에 기초한 가격 프리미엄과 높은 상관관계를 갖는다. 일반적으로 제품의 품질이 그 브랜드보다 더 중요하지만 때로는 Coca-Cola, Perrier, Mercedes-Benz와 같이 매우 오랜 기간 동안 브

51 이 책을 집필하던 때인 2010년 초에 Toyota 자동차의 가속페달 문제로 불거진 부정적인 사건이 얼마나 장기효과를 나올지 알 수 없었다.

랜드가 지속된 경우에는 브랜드가 더 중요한 경우도 있다.

포장식품은 브랜드가 더 중요한 비중을 차지하는 좋은 예가 된다. Cheerios와 같이 아침 시리얼 제품에서 고객들은 선호하는 브랜드에 높은 충성도를 보이지만, 육류와 같은 제품에는 브랜드가 그리 중요하지 않다. 결과적으로, 시리얼 제품은 자본수익률이 30% 이상에 달하고 대부분의 육류가공회사들은 15% 이하의 낮은 자본수익률을 보인다. 품질 면에서는 육류 제품이 시리얼 제품에 비해 더 큰 차이가 있기 때문에 육류 제품의 브랜드가 더 중요할 것으로 생각하겠지만 실제로는 그렇지 않은 것이다.

마찬가지로, 10대들은 비슷한 품질과 스타일의 옷을 더 싼 가격에 살 수 있지만 Abercrombie & Fitch나 Juicy Couture와 같은 로고가 붙은 옷에 대해 더 높은 가격을 기꺼이 지불하려고 한다.

브랜드 충성은 일단 만들어지면 오래 지속된다. 이 책 저자들 중 한 분의 아버님은 지난 50년간 GM 자동차가 일본 자동차에 비해 품질이 떨어지고 있다는 것을 알고 있었음에도 GM 자동차에 대해 높은 충성도를 유지하였다. 그 분이 일본 자동차인 Nissan Infiniti를 구입한 것은 2005년이 처음이었다.

고객 유지

고객들이 사용하던 제품이나 서비스를 다른 회사 것들로 대체하는 데 비용이 많이 들고 불편을 초래한다면, 가격 프리미엄을 부과하는 것이 가능해진다. 이처럼 가격 프리미엄을 부과하는 것이 최초 판매에 대한 것이 아니라면 적어도 추가 판매, 혹은 차세대 제품에 대한 판매나 기존 제품의 교체 수요에서는 가능할 것이다.

예를 들면 스텐트(stent)와 같은 의료용품은 의사들이 이 기구에 길들여지고 능숙해지기 위해서는 시간이 필요하기 때문에 고객 유지효과를 얻을 수 있다. 의사들이 일단 특정 스텐트에 익숙해져서 빨리 작업을 할 수 있게 되면, 치료 결과의 개선효과와 같은 아주 특별한 이유가 없이는 경쟁제품으로 전환하지 않는다.

블룸버그 금융터미널은 기본적으로 오래된 기술에 바탕을 두고 있지만 높은 전환비용 때문에 아직도 시장을 선도하고 있다. 은행원들이나 트레이더들은 상당한 시간을 투자하여 블룸버그 터미널을 이용하여 작업하는 것을 배웠기 때문에 다른 시스템을 배우려 하지 않는다. 이러한 블룸버그의 고객기반은 경쟁업체에게 매우 극복하기 어려운 장벽이 된다.

합리적 가격 규율

많은 경쟁업체가 존재하는 범용제품산업(commodity industries)에서는 수요공급의 법칙이 가격과 자본수익률을 끌어내리는 역할을 한다. 이것은 화학과 종이와 같은 전통적인 상품뿐만 아니라, 항공기 좌석과 같은 상품에도 적용된다. 항공권 가격을 5%~10%만 인상하면 항공산업 전체가 적자에서 흑자 전환이 될 수 있음에도 불구하고 항공사들은 연료비가 상승하는 시기에도 항공권 가격을 인상하지 않은 채 좌석을 채우는 전략을 통해 경쟁 우위를 구축하려고 한다.

때로는 불법적인 수단에 의존하지 않고서도 경쟁을 극복하고 합리적인 수익을(15% 이상은 매우 드묾) 얻는 가격정책을 펼치는 산업을 볼 수 있다. 예를 들면 오랜 기간 거의 모든 미국의 부동산 중개업자들은 주택 매도가격의 6%의 수수료를 받아왔다. 또한 정부의 규제에 따라 규율 가격이 허용되는 경우도 있다. 예를 들면 1970년대까지 미국 항공산업의 경쟁사들은 다른 회사 항공 경로에 진입하는 것이 금지되었기 때문에 항공운임이 매우 높게 책정되었으나 1978년의 규제완화로 항공운임은 하락하였다.

합리적이고 합법적인 가격 규율은 한 업체가 선도기업 역할을 하고 다른 업체들은 재빠르게 선도기업의 가격을 따를 때 작동한다. 일반적으로 규율에 잘 따르는 경쟁행위는 경쟁업체가 넷 또는 그 이하일 경우에만 작동한다. 또한 신규 진입자에 대한 장벽이 존재해야 하며, 모든 경쟁업체 규모가 충분히 커서 가격전쟁을 통해 늘어나는 새로운 매출증가보다 기존 매출의 이익 감소 효과가 더 커야 한다. 만약 소규모 경쟁업체가 가격을 인하해서 발생하는 손실보다 새로 얻는 이익이 더 크다면, 그 산업에서 가격규율을 유지하는게 매우 어렵게 된다. 끝으로 가격이 모든 경쟁업체들에게 투명하여 누가 언제 가격 인하를 하려고 하는지를 잘 알고 있어야 한다.

잘 규율된 가격행동의 시도는 대부분 실패한다. 예를 들어 제지산업을 생각해보자. 자본수익률은 1965년부터 2007년까지 평균 10% 이하였다. 이 산업의 모든 기업들은 수요와 가격이 올라간 다음에 동시에 사업을 확장하려고 하기 때문에 근본적으로 문제를 안고 있다. 결과적으로 대규모의 새로운 생산설비가 동시에 가동함에 따라 수요-공급의 균형이 깨지게 되어 가격과 수익률이 모두 하락한다.

한 전략 연구자가 몇 개의 경쟁업체가 적절한지에 관한 질문에 다음과 같이 요약하였다. "오직 두 경쟁업체만을 갖는 산업은 서로 해로운 경쟁을 회피한다;

6개 이상의 경쟁업체를 갖는 산업에서는 서로 협력하는 것이 매우 어렵기 때문에 그 두 배만큼의 경쟁업체를 가진 경우와 차이가 없다; 3~5개의 경쟁업체를 갖는 산업은 어느 쪽도 가능하고 또한 시간에 따라서도 달라진다."

대부분의 국가에서 불법으로 간주하는 카르텔 조차도 규율을 유지하는 게 쉽지 않다. OPEC회원국들은 계속해서 자기의 할당량을 속여 주기적으로 유가 인하를 초래한다. 가장 큰 생산국인 사우디 아라비아의 규율 없이는 카르텔이 유가를 유지하는 것조차도 어렵다는 것을 알게 된다.

혁신적 사업방법

한 기업의 사업방법은 생산, 물류, 그리고 제품이나 서비스가 고객에게 전달되는 방법들의 조합이라고 할 수 있다. 대부분의 생산방법은 복제될 수 있지만, 어떤 것들은 바로 복제하기가 어려운 경우도 있다. 예를 들면 HP나 Compaq와 같은 경쟁업체들이 소매점을 통한 개인용 컴퓨터 판매 시장을 선도할 때, Dell은 회사 초창기부터 개인용 컴퓨터를 생산하고 배달하는 새로운 방법을 만들어 내었다. 즉 Dell은 거의 재고가 없도록 하는 주문시스템을 만들었고, 제품이 운송되자 마자 고객으로부터 결제를 받음으로써 투하자본을 최소화하는 식으로 영업을 하였다. 이러한 Dell의 영업은 매우 성공적이었는데, 모든 대형 경쟁업체들이 이미 미리 생산한 후 소비업체에게 판매하는 소매유통사업모델을 채택하고 있었기 때문이다. 이런 상황에서 그들은 소매유통업자와의 갈등 없이 직접 판매 방식으로 쉽게 전환할 수 없었다.

그러나 이제는 노트북이 데스크탑을 능가하고 있기 때문에 오늘날의 PC시장 성공방식은 Dell이 한 때 누렸던 이점으로부터 멀리 벗어나 있다. 고객이 원하는 사양을 직접 선택해 주문하는 Dell의 방식(build-to-order model)은 표준화된 부품을 여러 공급자들로부터 각기 다른 시기에 저렴하게 구입하여 조립하던 때는 더 유리하였다. 이와 대조적으로 노트북 컴퓨터는 훨씬 꼼꼼하게 조립된 제품으로서 Dell에게 특별히 부품을 공급하는 공급업체를 통해 생산된다. 모든 부품이 제대로 부착되어야 하기 때문에 Dell은 공급업체로부터 더 많은 지원이 필요하게 되었고, 비용만을 기준으로 공급업체에게 압력을 가하거나 공급업체를 교체하는 것이 어려워졌다.

최적 사업방법의 혁신은 기존의 경쟁업체들이 적응하기가 어렵게 만든다. 예를 들어 자외선 수영장 청소기는 수영장 청소비용을 훨씬 절감하는 잠재력을 가지며 염소 사용이 불필요해진다. 따라서 기존의 수영장 청소업자나 염소 제조업자들과 같은 경쟁업체들은 수처리 과정에 도입된 자외선 수영장 청소기와 같은 새로운 방식에 적응하는 것이 어려워진다.

특이한 자원

때로는 기업들은 쉽게 복제될 수 없는 특이한 자원을 사용함으로써 상당한 비용우위를 점하게 된다. 이에 대한 전형적인 예로서 대부분의 광맥보다 풍부한 광석을 함유하는 광산을 들 수 있다. 두 니켈광산 회사의 예를 들면 Norilsk Nickel은 북부 시베리아에 위치하며, Vale은 남미에 위치하고 있다. Norilsk Nickel은 팔라듐(palladium)과 같은 훨씬 값비싼 귀금속을 함유하는 니켈을 생산한다. 다시 말하면, 이 회사는 광석으로부터 니켈을 얻는 것뿐만 아니라 고가의 팔라듐도 얻는다. 결과적으로 이 회사는 2007년에 세전 자본수익률이 67%에 달한 반면에 Vale은 니켈 가격이 높았던 2007년에도 25%의 자본수익률을 얻는 데 그쳤다.

지형도 때로는 독특한 자원의 역할을 한다. 일반적으로 시멘트나 소금과 같이 제품운송비용이 제품 가격보다 비싼 경우에는 고객에게 가까운 업체일수록 유리한 이점을 누리게 된다.

규모의 경제

이 개념은 흔히 잘못 이해되고 있는데, 규모의 경제가 자동적으로 성립하는 것이 아니기 때문이다. 규모는 중요하지만 지역 수준에서 작동하는 것이지, 국가 또는 세계적 수준에서는 성립하지 않는 것이 보통이다. 예를 들면 당신이 소매업자라고 하면, 창고비나 광고비는 지역 수준에서 고정적이기 때문에 한 도시 내에서 대형화하는 것이 전국적으로 대형화하는 것보다 훨씬 더 중요하다. 시카고 내에서 방송광고 시간을 구매하는 것은 당신의 점포가 몇 개든지 관계없이 동일하다.

미국에서 건강보험업 수익성의 핵심 요인은 전국이 아닌 해당 지역에서 영업하는 병원 및 의사와의 가격 협상력에 달려있다. 한 지역 시장에서 가장 큰 시장점유율을 갖는 보험회사는 전국 시장점유율에 상관없이 가격 협상력을 지니게 된다. 달리 말해 10개의 주에서 최고 회사가 전국 최고이면서 각 주에서는 4위인 회사보다 더 수익성이 좋다고 할 수 있다.

크기 또는 규모는 오히려 부정적인 효과를 초래할 수도 있다. 1980년대 UPS는 높은 인구밀도 지역의 기업용 고객에게 상당한 할인 혜택을 주면서 차별화한 포장배달회사인 RPS에게 공격을 받았다. 반면에 UPS는 제한적인 수준의 수량할인만을 제공하고 있었는데 예를 들어 한 오피스 빌딩에 배달되는 10개의 소포에 대한 할인 혜택이 반영된 가격이 한 주거지역에 하나의 소포를 배달하는 경우와 같은 수준이었다. 본질적으로 RPS는 UPS의 고마진 사업에 성공적으로 침투했고, UPS 규모도 이를 방어하는 데 도움이 되지 않았다. RPS 사례는 해당 시장에서 적절한 규모를 유지하는 것이 중요하다는 것을 보여준다.

확장성/유연성

추가 고객 서비스를 제공하는 데 소요되는 비용이 매우 적을 때, 그리고 보통 정보기술의 사용을 수반하여 제공될 때 그 사업은 확장성이 있거나 유연성이 있다고 한다.

중소기업들에게 급여처리 서비스를 제공하는 ADP회사를 생각해보자. 모든 고객들은 동일한 컴퓨터와 소프트웨어를 사용하기 때문에 새로운 고객을 추가하는 데 드는 비용은 거의 무시할 수 있는 정도이며, 따라서 회사가 성장함에 따라 마진이 증가하는 확장성이 높은 사업모델이다. 마찬가지로 eBay와 같은 회사나 Microsoft Office와 같은 제품은 아주 작은 한계 비용으로 고객을 추가하는 것이 가능하다.

또 다른 확장성이 뛰어난 사업의 예로서 영화나 TV 쇼를 제작 배포하는 미디어 회사가 있다. 영화나 쇼를 제작하는 데 드는 비용은 제작팀, 세트, 배우 등에게 지출된다. 그러나 그런 비용은 그 쇼에 대한 시청자가 얼마나 되는가에 관계 없는 고정비이다. 어느 정도 광고비의 증가가 있을 수 있고 영화를 DVD로 제작하고 스트리밍하는 데 아주 적은 추가 비용이 들지만, 전체적으로 고객 수의 증가와 관계 없이 비용은 고정적이다.

이것은 모든 IT 기반 사업들이 확장성이 있다는 것을 의미하는 것은 아니다. 많은 회사들이 확장성이 없는 컨설팅회사와 같은 형태로 영업하고 있으며, 고객과의 특정 계약을 이행하는 데 비용이 발생하게 된다. 예를 들어 데이터 센터를 유지하는 많은 회사들은 신규 고객을 추가함에 따라 인원, 장비, 설비를 추가하는 식의 원가가산기준에 따라 영업이 이루어진다.

자본수익률의 지속가능성

가치창출의 핵심은 ROIC의 지속가능성을 이해하는 일이다. 높은 ROIC를 지속적으로 유지하는 기간이 길어질수록 더 많은 가치를 창출하게 된다. 완전경쟁시장 하에서는 자본비용 이상의 자본수익률을 얻는 것은 궁극적으로 경쟁에 의해 사라지게 된다. 그러나 현실에서는 고-, 중-, 저-ROIC 기업 또는 산업이 꽤 긴 기간 동안 지속되기도 한다. 표 10.2에서 보는 것처럼 지난 45년간 산업별 자본수익률의 순위를 매겨보면 대부분의 산업이 같은 고-, 중-, 저-ROIC 그룹에 머물러 있었음을 알 수 있다.

지속적으로 높은 ROIC 그룹에는 가정잡화, 음료, 제약, 그리고 소프트웨어 산업이 포함되었다. 이 산업들은 예상대로 브랜드나 특허 등으로 보호를 받거나 확장성이 뛰어난 산업(소프트웨어 산업)이기 때문에 높은 수익률을 계속 유지할 수 있었다. 한편 지속적으로 낮은 ROIC 그룹에는 제지 및 산림제품, 철도, 공공설비, 그리고 백화점 산업이 포함되고 있다. 이들은 낮은 진입장벽과 범용제품, 또는 수익률 규제로 인해 가격 프리미엄을 얻기 힘든 범용품 산업들이다. 이중에서 백화점은 가격 차별화가 없는 범용품 산업처럼 움직이며, 대개 지속적으로 낮은 수익률을 얻는다. 어떤 산업은 경기순환에 따라 어떤 때는 수

[표 10.2] **산업별 ROIC의 지속성**

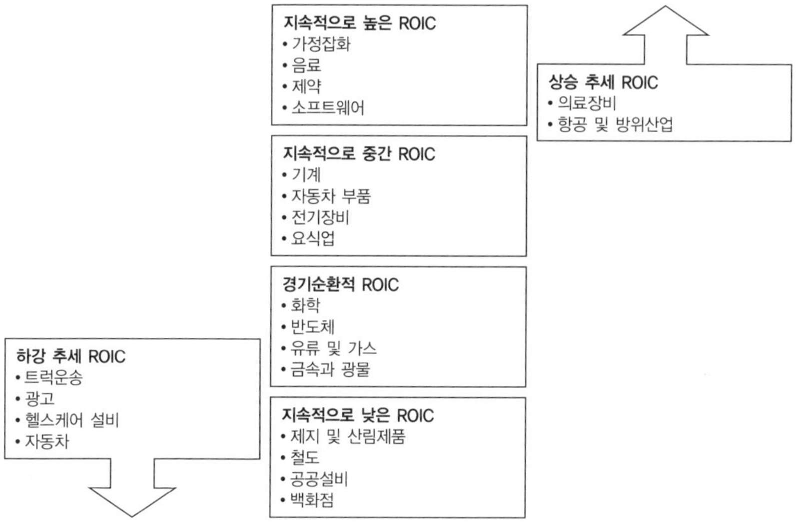

익률이 상승하고 어떤 때는 하락하지만, 전체적으로 명확한 상승 또는 하락 추세를 보이지 않는다.

한편 많은 산업이 뚜렷한 수익률의 하강추세를 보였다. 여기에는 트럭운송, 광고, 헬스케어 설비, 그리고 자동차 산업이 포함되었다. 트럭운송, 광고, 자동차 산업의 경쟁은 과거 50년간 상당히 심화되었다. 영리목적의 헬스케어 설비산업은 정부와 보험회사, 그리고 비영리단체와의 경쟁으로 인해 가격 압박을 받았다.

자본수익률의 뚜렷한 상승 추세를 보이는 산업은 매우 드문데, 여기에는 의료장비와 항공/방위산업이 포함된다. 의료장비에서의 혁신은 높은 부가가치를 갖고 스텐트 및 인공관절과 같은 차별화된 제품을 생산하는 산업으로 변모시켰고, 주사기와 핀셋과 같은 범용품 산업에서 벗어나게 되었다. 항공/방위산업도 그 동안 수익률이 증가해왔다고 믿기 어려우나 실제로 자세히 들여다 보면 정부가 선불투자자금을 제공하는 계약들을 통해 자본집약도를 축소시켜왔으며 이러한 낮은 자본기반으로 높은 ROIC를 얻는 게 가능해진 것이다.

일반적으로 브랜드와 품질에 기초하는 가격 측면의 장점과 비용 측면의 경쟁우위가 혁신과 같은 좀 더 일시적인 원천에 기반한 경쟁 우위 (더욱 새로운 혁신에 의해 우위를 상실함)보다 장기적으로 지속되는 경향이 있다. 또한 제품수명주기 요소들을 고려해야 한다; 비록 Cheerios가 혁신적이고 새로운 기술만큼 흥분시키지는 않지만, 문화적으로 뿌리 깊은 브랜드인 만큼 쇠퇴할 가능성은 낮다. 새로운 기술이 진부화되고 대체되더라도, Cheerios는 충실한 브랜드로 계속 남을 것이다.

따라서 회사가 보유한 독특한 자원이 제품 수명주기가 긴 사업과 관련이 있는 것이라면 그 자원은 지속 가능한 경쟁 우위의 원천이 되지만, 그렇지 않은 경우에는 경쟁 우위를 지속하는 데 도움이 되지 않는다. 마찬가지로 고객을 짧은 제품수명주기에 묶어두는 사업모델은 고객을 장기적으로 유지하는 사업모델에 비해 그 가치가 훨씬 작다.

개별 기업 차원에서도 수익률 차이의 지속성을 지지하는 증거들이 존재한다. 표 10.3에서 보여주고 있는 전이확률은 지난 10년간 어떤 회사가 동일한 ROIC 그룹에 머무를 확률 또는 다른 그룹으로 전이할 확률을 측정한다. 표에서 보면 1995년에 10% 이하의 ROIC를 얻은 기업들 중 57%의 기업은 10년 후에도 10% 이하의 수익률을 얻었고, 28%의 기업은 10%~20%의 수익률을 얻었으며, 15%의 기업은 20% 이상의 수익률을 얻었음을 보여주고 있다.

이러한 결과는 높은 ROIC 기업들은 계속 높은 수익률을 유지하며, 낮은

[표 10.3] **ROIC 전이확률, 1995년~2005년**

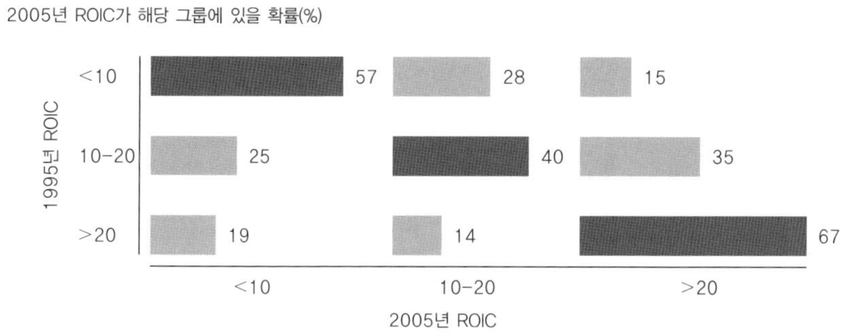

출처: Compustat, McKinsey Corporate Performance Center 분석자료

ROIC 기업들은 낮은 수익률을 유지하는 경향이 있음을 보여준다. 이러한 결과는 그 이전 기간에 대해서도 동일하게 발견되고 있으며 단지 낮은 수익률 그룹 중 더 적은 기업들이 높은 수익률 그룹으로 이전한다는 것만 차이가 있을 뿐이다. 1995년~2005년 기간은 자본수익률의 중앙값이 증가했다는 점에서 비정상적으로 보일 수도 있으나, 이에 대해서는 다음 절에서 더 자세히 논의하기로 한다.

어떤 회사가 매력적인 ROIC를 얻는 사업전략을 보유하고 있고, 특히 그것이 단기가 아닌 장기 제품수명주기를 갖는다면 그 회사는 미래 기간 동안 경제, 산업, 기업 상황의 변화를 겪더라도 그러한 매력적인 수익률을 얻을 가능성이 크다. 한편 이러한 논리의 역도 성립하는데, 즉 어떤 회사가 낮은 자본수익률을 얻는다면 이것 또한 지속될 가능성이 크다.

비록 경쟁이 ROIC의 주요 원동력이 되는 것은 분명하지만, 경영자들은 경쟁기업보다 환경 변화를 더 잘 예상하고 반응함으로써 수익률의 지속기간을 확장할 수 있다. Procter & Gamble은 Swiffer, Febreze, 그리고 Crest Whitestrips와 같은 새로운 제품을 계속 성공적으로 출시하는 대기록을 남겼다. 또한 미용제품의 강한 성장률을 예상하여 많은 기업인수를 통해 이 분야 수익을 73억 달러에서 195억 달러로 증가시켰으며, 1999년에는 단지 하나의 수십억달러 브랜드를 보유했으나 2008년에는 여덟 개의 브랜드가 수십억 달러의 매출을 올리는 회사로 발전하였다.

[표 10.4] **미국 기반의 비금융기업 ROIC, 1963년~2008년**

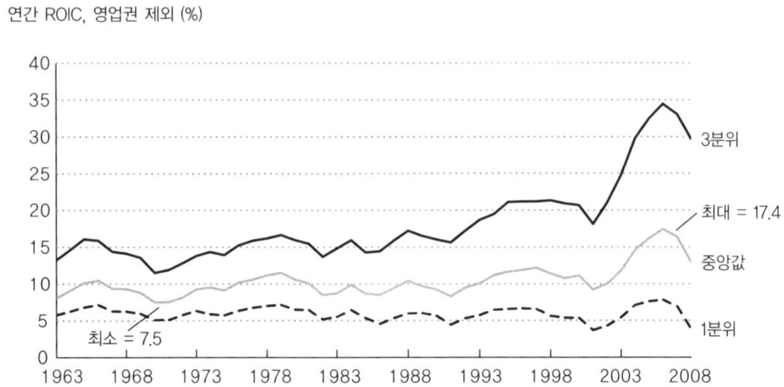

출처: Compustat, McKinsey Corporate Performance Center 분석자료

자본수익률의 추세

경쟁적인 경제 체제에서 자본수익률의 중앙값은 자본비용에 근접하게 된다는 것을 예상할 수 있다. 1963년에서 2008년까지 미국대기업들의 ROIC 중앙값은 약 10%이었다. 이것은 물가상승률이 높았던 연도들을 제외하면 이들 기업의 자본비용 중앙값보다 약 2% 높은 값이다. 경쟁은 소비자 이익을 위해 기업으로부터 경제적 잉여를 추출하는 역할을 수행한 것이다.

표 10.4에서 보는 바와 같이 수익률의 중앙값은 대체로 2004년까지 안정적이었다. 2004년까지 수익률로 상위 절반의 기업에 속하려면 10% 이상이 되어야 했고, 상위 1분위 기업에 속하려면 18%~20% 이상의 수익률을 얻어야 했다. 그러나 최근에는 상위 절반의 기업에 속하려면 17% 이상의 수익률을 얻어야 하고, 상위 1분위 기업에 속하려면 25% 이상의 수익률을 얻어야 한다.[52]

표 10.5는 이러한 ROIC의 추세를 조금 다른 시각에서 보여준다. 여기서는 1960년대, 1990년대, 그리고 2000년대의 세 시점에서 관찰된 ROIC 값들이 특정 구간별로 분포하는 비중을 보여주고 있다. 표에서 볼 수 있듯이 대부분의 회사들은 과거 50년간 5%에서 20%의 수익률을 얻었다. 최근의 변화로는 매

52 본 절의 수치들은 미국 기업들을 대상으로 한 것인데, 다른 나라들에 대한 오랜 기간의 자료는 구하기 어렵기 때문이다. 최근에는 수익률의 전세계 분포와 미국의 분포가 매우 유사한 경향이 있다.

[표 10.5] **ROIC 분포: 오른 쪽으로 이동 추세**

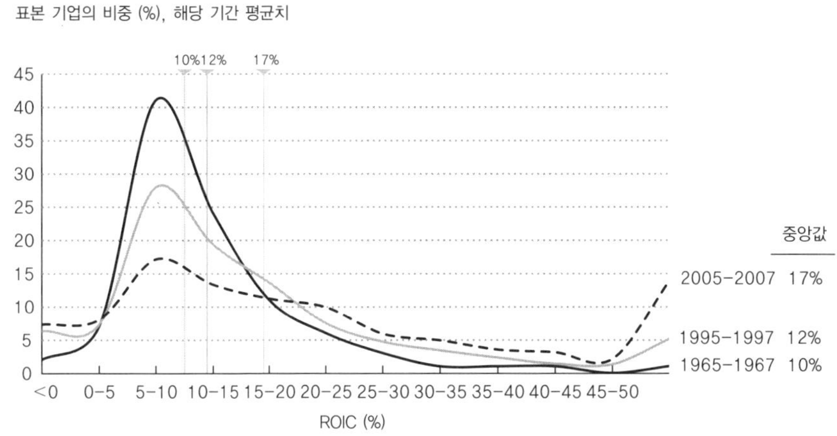

출처: Compustat, McKinsey Corporate Performance Center 분석자료

우 높은 수익률을 얻는 회사들의 숫자가 증가했다는 것이다. 1960년대에는 겨우 1%의 기업만이 50% 이상의 수익률을 얻은 데 반해, 2000년대에는 14%의 기업들이 50% 이상의 수익률을 얻고 있다.

높은 ROIC 기업들의 증가는 다음과 같은 질문을 제기한다. 즉 높은 ROIC의 중앙값이 영구적인 경제 변화를 반영하는 것인지, 아니면 2000년대 중반의 일시적인 경제 강도를 반영하는 것인지에 대한 질문이다. 이에 대한 대답은 표 10.6에서 산업별 수익률이 어떻게 변화해왔는지를 분석함으로써 그 단서를 찾을 수 있다.

비록 최근에 많은 산업들의 ROIC가 증가해왔지만, 이들 중 상당 부분은 아마도 경기순환적이고 지속적이지 않을 것이다. 에너지, 금속, 광산, 화학과 같이 상품가격 기반 산업들은 2000년대 중반의 높은 상품가격의 혜택을 보았으나 곧 바로 경기후퇴로 하락하고 말았다.

그러나 상위권에 있는 다른 산업들은 수익률의 근본적인 증가를 경험했을 수도 있다. 의료장비와 항공/방위산업들에서 수익률이 증가해온 이유에 대해서 이미 언급한 바 있다. 그러나 제약회사들의 ROIC 증가는 더욱 고도화된 고객들이 협상력을 발휘함에 따라, 그리고 보건의료개혁이 가격하락 압력으로 작용함에 따라 위협받았을 수 있다. 한편 소프트웨어와 IT 서비스 산업은 계속

[표 10.6] **산업별 ROIC 추세**

산업별 ROIC 중앙값, 영업권 제외 (%)

산업	1965-1967	1995-1997	2005-2007
소프트웨어	18	40	45
제약	26	25	44
컴퓨터와 주변기기	10	17	41
항공 및 방위산업	10	16	39
의료장비	12	20	38
IT 서비스	15	22	35
방송	21	15	33
가정잡화	21	20	30
영화 및 오락	18	12	27
소매 의류	14	17	25
음료	23	16	25
기계	13	18	23
에너지 장비와 서비스	12	12	21
유류 및 가스	10	9	21
금속과 광물	9	12	21
건축자재	7	16	18
음식제품	10	12	17
화학	11	15	17
건자재	9	15	16
요식업	21	11	16
통합 통신	7	13	14
헬스케어 설비	17	11	13
트럭운송	11	8	11
백화점	10	8	11
자동차 부품	11	14	10
종이 포장	12	12	7
항공사	9	18	6
발전시설	6	7	6
제지 및 산림제품	8	8	5

출처: Compustat, McKinsey Corporate Performance Center 분석자료

높은 수익률을 유지할 수 있었는데 이들은 소요자본이 적고 종종 확장성이 있는 사업들이기 때문이다.

소프트웨어와 같은 자본집약적이지 않는 산업에 속한 기업들이 많을수록 전체 ROIC 중앙값이 높게 유지되는 경향이 있을 수 있으나, 이것은 범용품 및 헬스케어 산업에서의 수익률 하락으로 상쇄될 것이다. 결국, 회사들은 소속 산업의 수익률이 얼마나 될지를 예상하여 그에 맞는 목표를 설정하고 적절한 투자를 해야 한다.

자본수익률에서 또 다른 추세는 기업인수의 영향에 관한 것이다. 한 회사가 다른 회사를 인수할 때 대가로 지불하는 가격과 대상자산(부동산, 공장 및 장비, 그리고 운전자본)의 가격 간의 차이가 영업권이라는 자산항목으로 기록된다. 물론 영업권은 만지거나 팔 수 있는 자산이 아니며, 단지 인수회사가 수익을 얻기 위해 대가로 지불한 가격의 일부를 반영할 뿐이다.

한 기업의 ROIC를 계산할 때 영업권을 포함할지에 대해 질문한 적이 있었는데, 그 답은 기업성과의 다른 측면에 대한 통찰력을 얻기 위해 두 가지 모두 사용하는 것이 바람직하다. 영업권을 제외한 ROIC는 그 산업 또는 회사에 내재하는 경제적 측면을 반영하고, 영업권을 포함한 ROIC는 경영자가 기업인수를 통해 가치를 추출해내었는지를 반영한다.

표 10.7은 4,000여 비금융기업에 대하여 영업권을 포함하거나 제외한 경우

[표 10.7] **영업권을 포함한 ROIC의 추세가 더 평평함**

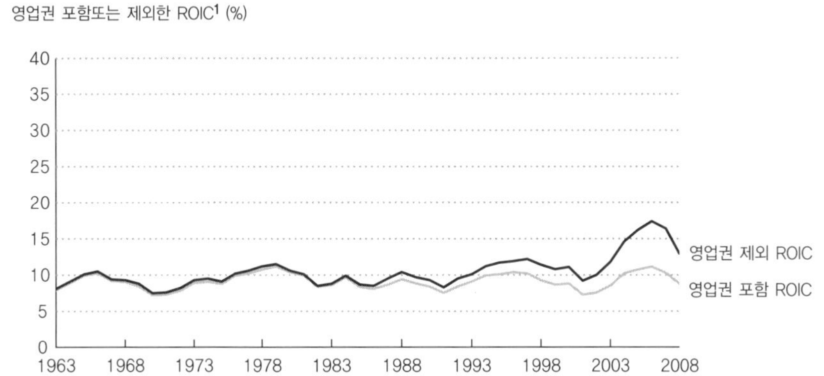

1 비금융 대기업
출처: Compustat, McKinsey Corporate Performance Center 분석자료

의 ROIC를 보여주고 있다. 비록 영업권을 제외한 ROIC는 눈에 띄게 증가해오고 있지만, 영업권을 포함한 ROIC는 큰 변화가 없었다는 점에서 이들 기업이 기업인수를 통해 많은 가치를 추출해내지 못했음을 암시하고 있다. 그러나 이것은 이들 기업이 피인수사업의 성과를 개선시키지 못했다는 의미는 아니다. 실제로 더 자세하게 들여다 보면 상당한 시너지 효과가 실현되었음을 알 수 있다. 그러나 이들 회사들은 인수 대가로 너무 높은 가격을 지불했고, 대부분의 가치창출은 피인수기업의 주주들에게 이전되었다(13장에서 기업인수와 가치창출에 대하여 더 자세하게 논의한다).

자본수익률은 아직도 중요하다

최근 경제의 중심이 물리적 자본을 많이 필요치 않는 사업들로 전환되었기 때문에 자본수익률은 이제 별로 중요치 않다고 주장하는 사람들이 있다. 실제로 인재와 지적재산에 대한 접근성이 자본에 대한 접근성보다 훨씬 중요한 경제에 살고 있는 게 사실이다. 자본에 대한 접근성은 심지어 신용긴축 여건하에서도 결코 희소자원이라고 할 수 없다. 사업 아이디어만 좋다면 얼마든지 사업 개시에 필요한 자금을 쉽게 조달할 수 있기 때문이다.

그러나 정작 중요한 것은 자본에 대한 접근성이(1960년대 이전에는 중요했을지 모르지만) 아니라 경쟁이다. 1960년대에 그랬던 것처럼 아직도 경쟁은 ROIC를 하락시키는 힘으로 작용한다. 1963년부터 2008년까지 노동자 생산성은 미국에서 3.5배 증가하였고, 그 외의 국가에서는 더욱 빠르게 증가하였다. 그럼에도 자본수익률이 증가하지 않은 이유는 경쟁으로 인해 혁신과 생산성의 혜택이 소비자에게는 낮은 가격의 형태로 그리고 근로자에게는 높은 임금의 형태로 전가되었기 때문이다. 결과적으로 기업들의 60% 정도는 2005년~2007년의 경기활황 시기에도 20%보다 낮은 ROIC를 얻는 데 그쳤다.

자본수익률이 아직도 중요하다는 전제하에 당신 회사의 경쟁적 위치와 전략에 따라 어느 정도의 수익을 창출할 수 있고, 창출해야만 하는지에 대한 관점을 개발하는 것이 중요하다. 예를 들면 해당 산업 전체로 볼 때 수익률이 안정적인가, 증가하는가, 또는 감소하는가, 경쟁업체에 대한 지식과 전략이 주어진 상태에서 당신의 기업과 산업의 전망은 어떠한가 등에 대한 관점이 필요한 것이다.

11

성장
Growth

비즈니스의 세계는 성장이라는 단어에 사로잡혀 있다. 성공하기 위해서는 성장해야 한다는 말이 있는데, 이 말에는 진리가 있다. 예를 들면 낮은 성장률의 기업은 사람들에게 더 적은 기회를 창출하고 따라서 인재를 유치하고 유지하는 데 어려움이 있을 수 있다. 낮은 성장률의 기업은 빠르게 성장하는 기업보다 인수될 가능성이 훨씬 더 많다. 과거 25년간 340개 기업들이 S&P500지수에서 제외되었는데, 대부분은 대형 회사에게 인수되었기 때문이었다.

그러나 2장에서 논의한 바와 같이 자본수익률이 적정한 수준이 아닐 경우에는 성장이 가치창출로 이어지지 않는다. 예를 들면 낮은 ROIC를 갖는 64개 회사들 중 평균 이상의 성장률을 보이긴 했지만 ROIC는 개선되지 않은 회사들의 경우 평균 이하로 성장하였으나, ROIC가 개선된 회사들과 대비하면 지난 10년간 연간 주주수익률이 4%나 더 낮은 것으로 나타났다.[53]

성장은 확실히 가치창출의 핵심 원동력이 되지만, 성장의 형태가 다르면 자본수익률에 차이를 가져오고 결과적으로 창출된 가치에 차이가 발생한다. 예를 들면 완전히 새로운 제품 카테고리를 개척하여 성장하는 것은 가격과 홍보 전술을 이용하여 기존 경쟁업체가 가진 시장점유율 획득을 통해 이루어지는 성장보다 더 많은 가치를 창출하게 된다. 경영자들은 자신들의 전략이 높은 자본수익률을 가져오게 되는지 파악하고 있어야 되는 것처럼, 10장에서 논의한대로 어떤 성장 기회가 가장 높은 가치를 창출하게 되는지에 대해서도 잘 알고 있어야 한다.

53 Bin Jiang and Timothy Koller, "How to Choose between Growth and ROIC," McKinsey on Finance, no. 25 (Autumn 2007): 19-22 참조.

다른 성장은 다른 가치를 창출한다

매출액 성장은 다음 네 가지 유형의 방법을 통해 달성될 수 있다: 시장점유율 증가, 가격인상, 대상 시장의 성장, 그리고 기업인수.[54] 이들 각 성장 유형은 다시 하위의 유형들로 세분화될 수 있다; 예를 들면 시장점유율 증가는 가격 인하 또는 제품판매 노력의 개선을 통해 실현될 수 있다. 또한 산업의 경쟁구조와 행동양식도 각 성장 유형에서 창출되는 가치에 추가적인 영향을 미칠 수 있다. 따라서 성장 유형과 그에 따른 가치창출의 결과에는 큰 차이가 있을 수 있다.

특정 성장 유형에서 얼마만큼의 가치가 창출될 것인지를 평가하는 유용한 방법은 한 기업의 매출이 성장할 때 어느 기업이 손실을 보게 되고 또 그 손실을 본 기업이 어떻게 대응하고 복수할 것인지를 분석하는 것이다.

예를 들면 가격인하와 같은 가격경쟁을 통해 시장점유율을 높이려는 성장 유형은 경쟁업체의 손실이 따르게 된다. 만약 경쟁업체들이 복수를 할 정도로 강력하거나, 아니면 가격전쟁 기간 내내 끝까지 버티는 식이 된다면 시장점유율의 증가로 얻어지는 성장은 아마도 큰 가치를 창출할 수 없을 것이다. 게다가 만약 가격할인이 일종의 표준처럼 일반화되어 버린다면 오히려 가치를 감소시키게 될 수도 있다. 반면에, 효과적인 마케팅이나 판매를 통해 시장점유율을 늘리려는 방법은 경쟁업체가 유사한 방법으로 복수하기 어렵다면 더 많은 가치를 창출할 수 있을 것이다.

한편 모든 경쟁업체들이 참여하는 가격인상의 성장 유형은 고객의 손실을 수반하게 되어, 고객은 소비를 줄이거나 대체재를 찾게 된다. 따라서 시장점유율의 증가를 통한 성장의 경우와 마찬가지로 이러한 가격인상에 대해서 고객들이 소비를 줄이거나 대체재를 찾을 좋은 옵션이 있다면 많은 가치를 창출할 수 없을 것이다.

대상 시장의 성장은 모든 성장 유형 중에서 가장 많은 가치를 창출할 수 있는 성장 유형인데, 이것은 다른 산업에 속한 기업들의 손실을 수반할 수 있지만 그들은 누구에게 시장점유율을 잃고 있는지 명확히 알지 못하기 때문에 복수할 가능성이 가장 적다.

54 Patrick Viguerie, Sven Smit, and Mehrdad Baghai, The Granularity of Growth: How to Identify the Sources of Growth and Drive Enduring Company Performance (Hoboken, NJ: John Wiley & Sons, 2008) 참조.

[표 11.1] **서로 다른 성장 유형별로 창출되는 가치**

창출된 가치[1]	성장 유형	근거
평균 이상	• 신상품을 통한 새로운 시장 개척	• 기존 경쟁업체 부재; 고객의 소비 지출을 다른 곳으로 돌림
	• 기존 고객들에게 더 많은 제품을 구입하도록 설득	• 모든 경쟁업체가 혜택 향유; 복수위험 낮음
	• 신규 고객 유치	• 모든 경쟁업체가 혜택 향유; 복수위험 낮음
평균	• 빠르게 성장하는 시장에서 시장점유율 증대	• 경쟁업체들이 시장점유를 잃지만 계속 성장 가능; 복수 위험 중간
	• 제품성장을 가속하기 위해 추가적 기업인수 실행	• 성공잠재력에 비해 인수 프리미엄 높지 않은 편
평균 이하	• 추가적인 혁신을 통해 경쟁업체로부터 시장 점유율 획득	• 경쟁업체가 모방하여 고객을 되찾아갈 수 있음
	• 제품홍보와 가격정책을 통해 시장점유율 획득	• 경쟁업체가 빠르게 복수 가능
	• 대규모 기업인수 실행	• 높은 프리미엄 지급; 대부분의 가치가 매도 주주에게 돌아감

1 매출액 1달러 당 창출된 가치

13장에서 더 자세히 논의하겠으나 기업인수를 통해 성장을 꾀하는 유형은 성장의 내재가치가 인수가격의 지출로 인해 상쇄되기 때문에 가치창출이 비교적 적게 된다.

표 11.1에서는 위에서 설명한 기본적인 네 가지 성장 유형의 범주 내에서 각 유형별로 창출될 가치에 따라 좀더 자세하게 순위를 매기고 있다. 이 순위는 모든 산업에 대해 동일하지 않을 수 있으나 분석의 출발점으로 유용하게 사용될 수 있다.

표 11.1에서 최고로 높은 가치를 창출하는 성장 유형으로서 고성장의 몇 가지 변형이 있는데, 직접적인 경쟁업체나 고객으로부터가 아니라 보통 신제품 카테고리를 새로 만들어 내는 혁신을 통해 인근 산업으로부터 매출액을 뽑아내는 방식이다. 예를 들면 관상동맥 스텐트는 수술 없이 심장병 치료가 가능하게 함으로써 심장병 치료 비용과 위험을 낮추었다. 이것은 전통적인 치료나 수술로는 대응이 불가능하다. 또 다른 예는 고객들이 텔레비전을 보던 것에서 인터넷이나 비디오 게임으로 전환해오는 것을 생각할 수 있다. 전통적인 텔레비전은 인터넷과 비디오 게임과 같은 양방향성 매체와 경쟁이 되지 않는다.

그 다음 순위의 가치를 창출하는 성장 유형은 현재 제품 또는 관련 제품을 더 많이 구매하도록 설득하는 것이다. 예를 들면 Procter & Gamble이 고객들로 하여금 손을 더 자주 씻도록 설득한다면, 손비누 시장은 빠르게 성장할 수 있을 것이고 직접적인 경쟁업체들은 자신들도 혜택을 보기 때문에 대응하려고 하지 않을 것이다. 이 경우 추가적인 매출 증대는 추가비용이 거의 없이 제조와 판매가 가능하기 때문에 ROIC는 높아지게 될 것이다. 그러나 이러한 매출 증대를 위해서 상당한 비용이 소요된다면 그만큼 혜택은 크지 않을 수도 있다. 예를 들어 은행 고객들이 보험상품을 구입하게 하려면 기존 은행 상품과 달리 더 복잡한 측면들을 설명해주어야 하기 때문에 새로운 판매인력이 필요하게 될 것이다.

신규 고객을 유치하는 것도 상당한 가치를 창출하게 된다. 예를 들면 Unilever (Axe 브랜드)와 Johnson & Johnson(Neutrogena Men 브랜드)과 같은 소비재상품 회사들은 남성들에게 스킨케어 상품을 사용하도록 권장함으로써 이들 남성용 상품의 판매증가를 가져왔다. 여기서도 경쟁업체들은 대응하지 않았는데 그 이유는 그들도 높은 판매 증가의 혜택을 경험했기 때문이다. 그러나 남성용 스킨케어 상품들은 여성용과 달리 별로 차별화가 되지 않기 때문에 기존의 R&D와 제조 및 유통망을 그대로 공유할 수 있다. 주요한 추가 비용은 마케팅과 광고비였던 것이다.

시장점유율 증대를 통한 가치 창출은 대상 상품의 성장률과 증가한 시장점유율에 따라 달라진다. 예를 들면 고성장 시장에서 공격적인 광고를 통해 시장점유율을 증가시킬 때, 경쟁업체들도 절대적인 매출액의 증가를 볼 수 있기 때문에 이들은 대응하려 하지 않을 것이다.

그러나 성숙된 시장에서 시장점유율을 증대시키는 것은 경쟁업체들의 대응에 직면하게 될 가능성이 있다. 기존 제품을 근본적으로 변화시키거나 완전히 새로운 제품 카테고리를 만들지 못한다면, 경쟁업체들은 추가적인 혁신을 매우 빨리 모방할 수 있을 것이다. 예를 들면 하이브리드 전기자동차는 휘발유나 경유 자동차와 근본적으로 다르지 않고 전기자동차도 높은 제조원가를 감당할 만한 가격 프리미엄을 부과하기 어렵다. 게다가 경쟁업체들은 재빠르게 다른 업체의 혁신을 모방할 수 있다. 어떤 회사가 시장점유율을 일정 기간 증가시켰더라도 전체 자동차 판매량은 증가하지 않을 것이므로, 경쟁업체들은 잃었던 시장점유율을 되찾으려 할 것이다. 결국 자동차 회사들은 하이브리드 또는 전기 자동차로부터 많은 가치 창출을 기대하기 어렵다.

성숙된 시장에서 가격/홍보/마케팅 노력을 통해 경쟁업체의 시장점유율을 획득하는 것은 가치를 그다지 창출할 수 없다. 예를 들면 1회용 기저기 시장을 주도하는 Huggies와 Pampers는 모두 재무적으로 건실하기 때문에 어느 한 업체가 마케팅과 광고비를 공격적으로 증가하여 시장점유율을 증대시키려 한다면 쉽게 대응하려 할 것이다. 2009년에 Amazon이 미국 소비자 전자상품시장으로 계속 확장함에 따라 Wal-Mart는 비디오 게임과 게임콘솔과 같은 최고 인기상품에 대해 가격할인으로 대응하였는데, 이때 Amazon의 2008년 매출액 200억 달러는 Wal-Mart의 매출액 4천60억 달러에 비해 일부분에 지나지 않았다.

고도로 집중된 시장에서 점유율 경쟁은 종종 시장점유율을 주고 받는 결과만 가져올 뿐이고, 경쟁업체가 기존 제품이나 유통과정을 대대적으로 변화시켜야 할 만큼 실질적인 신제품을 만들지 못한다면 영구적인 시장점유율 증대는 어렵다. 예외적으로 시장에서 완전히 사라지게 될만큼 소규모의 약한 경쟁업체로부터 시장점유율을 획득한 경우는 영구적인 시장점유율 증대가 가능할 수 있다.

원가인상 이상의 가격인상은 그에 따른 판매량 감소가 최소화된다면 가치를 창출하게 되지만 이것이 반복되기는 어렵다. 만약 어떤 한 회사 또는 경쟁업체 그룹이 올해 추가적인 가격인상을 하였다면, 내년에 다시 또 가격인상을 하는 것이 어려울 것이다. 게다가 올해 가격인상은 점차로 시간이 지나감에 따라 잠식되어 갈 것이다. 이에 대한 증거를 들자면 만약 어떤 회사들이 정기적으로 원가 인상보다 빠른 속도로 가격인상을 한다면 지속적으로 이익마진의 증가를 얻을 수 있겠지만 이것은 극히 드문 현상이다. 이에 대한 예외적인 경우는 1990년대의 소비재상품 회사들에서 찾아볼 수 있다. 이들은 원자재 원가상승을 소비자들에게 전가했지만 이후에 원자재 원가가 하락했을 때 가격을 인하하지 않았다. 그러나 그들은 이와 같은 것을 그 후로는 반복할 수 없었다.

일반적으로 제품시장의 성장은 가장 큰 가치를 창출하기 때문에 회사들이 지속적으로 가치창출을 하기 위해서는 고성장 제품시장을 타겟으로 삼아야 한다. 만약 어떤 회사가 고성장 시장에 있지도 않으면서 쉽게 적당한 시장으로 진입하지 못한다면, 경쟁업체들과 같은 정도의 성장을 지속하면서 자신의 ROIC를 개선하고 지속시키는 것이 바람직하다. 그러나 이것도 말로 하는 것보다 실제로 실현하기는 어렵다.

성장은 지속하기 어렵다

고도 성장을 지속하기는 높은 ROIC를 지속시키는 것보다 훨씬 어렵다. 이것은 수학적으로 간단하게 알아 볼 수 있다. 만약 핵심제품시장이 GD P성장률로(예컨대 5%의 명목 성장률) 성장하고, 현재 매출액이 100억 달러라고 가정하자. 10년 동안 연 5%로 매출이 성장한다면 10년 후 매출액은 163억 달러가 될 것이다. 그러나 당신은 8%의 유기적인 성장을 갈망하고 있다면, 10년 후 매출액은 5%성장의 경우보다 53억 달러가 많은 216억 달러가 될 것이다. 그러나 당신의 제품시장은 단지 5%로만 성장하고 있다면 추가적인 성장은 어디서 찾아야 할까?

이와 같은 장벽이 존재하는 상황에서 많은 회사들은 비현실적인 성장률 목표를 갖게 된다. 우리는 향후 20년간 연 20% 이상의 성장률 목표를 발표한 연 매출액 50억 달러의 대기업 하나를 알고 있다. 그러나 세계 경제는 보통 연 4% 이하의 실질 성장률을 보이고 있고 많은 회사들이 성장률을 놓고 경쟁하기 때문에 매출액 성장률 목표를 더 현실적인 수준으로 조정할 필요가 있다.

표 11.2은 1997년~2007년까지 세계 500대 제조기업들의 실질 매출액 성장률의 분포를 보여주고 있다. 이들 회사들의 실질 성장률 중앙값은 5.9%였고,

[표 11.2] **매출액 성장률 분포**

1997년~2007년까지 인프레이션 조정된 실질 매출액 성장률 분포(%)

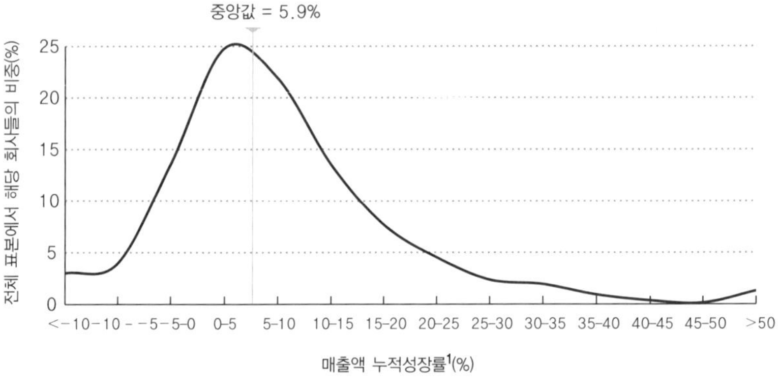

1 복리로 계산된 연간 성장률(CAGR)
출처: Compustat, McKinsey Corporate Performance Center 분석자료

[표 11.3] **장기 매출액 성장률: 미국 제조기업**

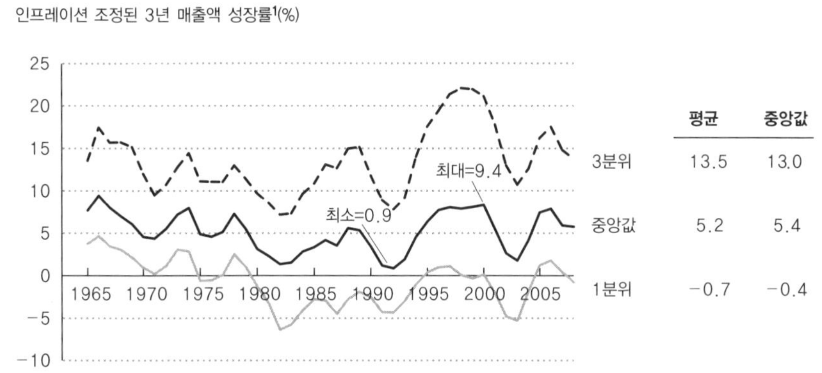

1 복리로 계산된 연간 성장률(CAGR)
출처: Compustat, McKinsey Corporate Performance Center 분석자료

이들 회사의 3분의 1은 10% 이상으로 성장하고 있었다(기업인수에 의한 효과를 포함한 수치이므로, 10% 이상으로 유기적인 성장을 한 회사들은 이보다 적을 것이다).

표 11.3은 1965년~2008년까지 미국의 500대 제조기업들의 실질 매출액 성장률을 보여주고 있다. 이들 회사들의 실질 성장률 중앙값은 5.4%이었다. 이 중앙값은 경제 상황에 따라 1%에서 9%까지 변동하지만 상향 또는 하향 추세는 찾아볼 수 없다.

1970년대 중반부터 이들 대기업들의 4분의 1은 실질 성장률이 음수로 나타나고 있다. 따라서 대부분의 회사들이 향후 5년에 대하여 건실한 성장률을 공개적으로 예상하지만, 실제 과거자료에 의하면 많은 성숙된 기업들의 매출이 실질적으로 줄어들 수 있음을 알려준다.

동 기간 중(1965년~2008년) 미국의 GDP 성장률 중앙값은 3.2%이었는데, 이것은 이들 대기업들의 성장률보다 상당히 낮은 수준이었다. 어떻게 이들 대기업들이 미국 경제 성장률보다 높게 성장할 수 있을까? 이것의 가장 큰 원동력은 미국 기업들이 글로벌화 함에 따라 미국 이외 지역에서의 매출이 미국 내에서의 매출보다 훨씬 빠르게 성장했음을 의미한다. 실제로 2008년까지 이들 대기업 매출의 48%가 미국 이외 지역에서 이루어졌다.

게다가 몇몇 가치사슬이 세분화됨에 따라 매출액이 이중계산 되었다는 점

[표 11.4] **매출액 성장률의 전이 확률**

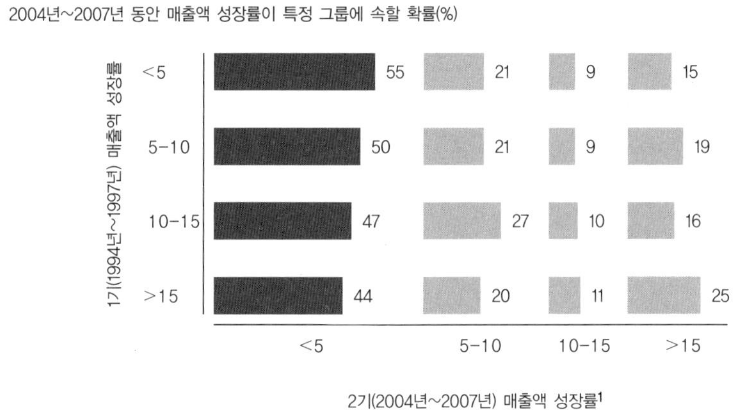

1 복리로 계산된 연간 성장률(CAGR)
출처: Compustat, McKinsey Corporate Performance Center 분석자료

도 있다. 예를 들면 어떤 회사가 정보기술영업을 외주하는 경우 발주기업의 매출은 변하지 않지만 수주기업의 매출은 성장하게 된다. 따라서 500대 대기업들의 매출액이 오늘날 GDP에서 더 큰 비중을 차지한다고 해서 이들 대기업들이 실제로 더 많은 GDP를 생산해내는 것은 아니라고 할 수 있다.

표 11.4는 매출액 성장률의 전이 확률을 보여주고 있는데 계속하여 고성장을 유지하는 것이 매우 드물다는 것을 보여준다. 고성장 기업들의 25%만이 10년 후에도 15% 이상의 실질 성장률을 유지하고 있고, 이들 대부분은 아마도 인수합병을 통해 가능했을 것이다. 또한 15% 이상의 고성장 기업들의 44%가 10년 후에는 실질 성장률이 5% 이하로 하락했다.

성장은 새로운 시장에 대한 계속적인 탐색이 필요하다

대부분의 제품들은 자연적인 수명주기를 갖기 때문에 성장률을 지속하는 것은 어렵다. 표 11.5에서 보듯이 제품시장(특정 지역에서 특정 고객군에 판매되는 협의의 제품 카테고리에 대한 시장을 의미함)은 보통 성숙기까지 S-곡선을 따르게 된다. 표에서 좌측은 전형적인 S-곡선을 보여주고, 우측은 다양한 실제 제품들에 대한 성장률 곡선을 보여준다(미국 가계에의 해당 제품 침투율로 표시됨).

[표 11.5] **제품수명주기에 따른 성장률의 변화**

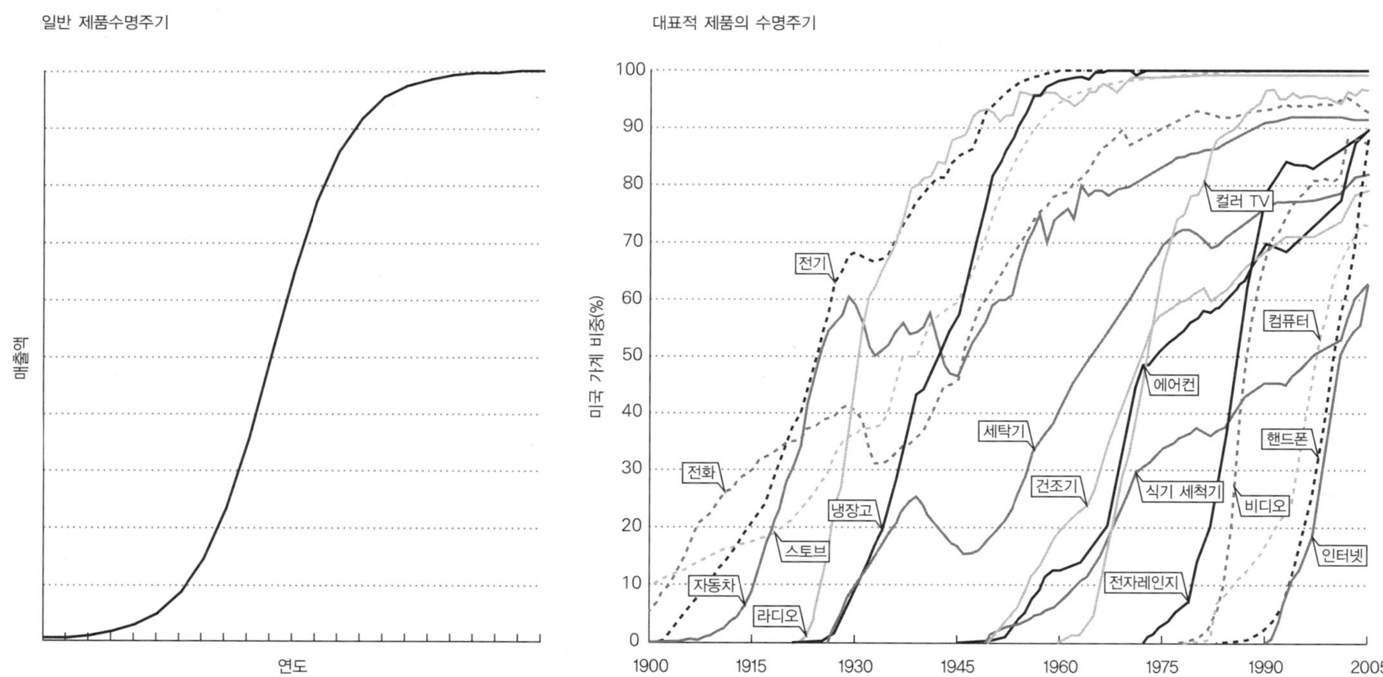

출처: © 2008, Nicholas Felton. Reprinted by permission.

[표 11.6] **Wal-Mart와 eBay의 성장률 궤적**

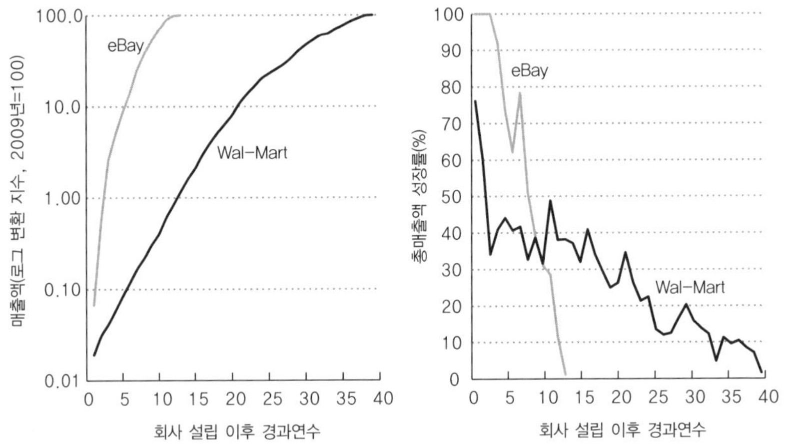

출처: McKinsey Corporate Performance Center 분석자료

새로운 제품은 먼저 초기 사용자들에게 쓸모있다는 것을 증명해야 한다. 그 후 더 많은 사람들이 구매함에 따라 매출 성장률이 가속화된 이후 최대 시장 침투율에 도달하게 된다. 이러한 성숙기 이후에는 제품의 특징에 따라 매출액 성장률이 인구 또는 경제 성장률과 같은 수준으로 떨어지게 된다. 예를 들어 자동차와 포장과자류는 지난 반세기 또는 그 이상의 기간 동안 경제 성장률에 준하는 성장을 계속해온 반면에 비디오 녹화기는 20년도 채 되지 않아서 매출이 감소하였고 결국 사라졌다.

성장단계별 패턴은 일반적으로 같다 하더라도 그 규모와 속도는 제품에 따라 차이가 있다. 표 11.6은 Wal-Mart와 eBay를 비교하고 있다. 두 기업 모두 핵심제품 이외에도 몇 개의 사업들이 있지만 대체로 단일제품 기업이라고 할 수 있다.

Wal-Mart는 회사 설립 이후 35년이 지난 1990년대 말까지 성장률이 10% 이하로 내려간 적이 없었다. 반면에 eBay는 설립 이후 겨우 12년 만에 성장률이 10% 이하로 떨어졌는데, 이것은 eBay가 매우 급속히 성장하여 조기에 성숙기에 도달한 셈이다. eBay는 인터넷 경매사이트를 운영하기 때문에 성장에 필요한 직원들을 많이 추가할 필요가 없었다. 반면에 Wal-Mart는 소매업자로서 점포를 추가로 개설하게 되면 바로 직원들을 고용해야 하기 때문에 eBay와

[표 11.7] **고성장 지속의 어려움**

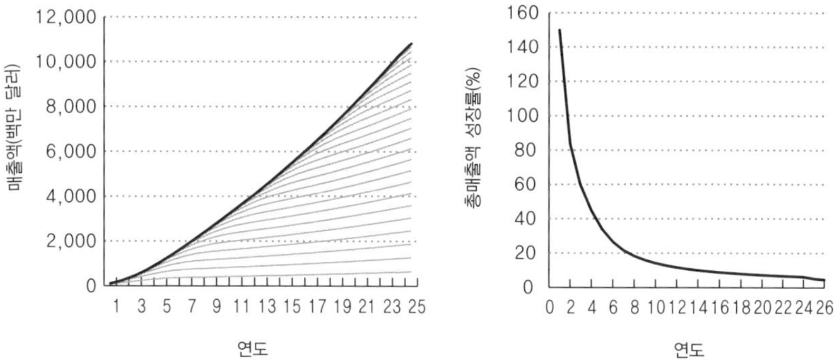

출처: McKinsey Corporate Performance Center 분석자료

달리 신규 직원을 고용하고 훈련시키는 속도에 따라 매출 성장률이 결정되게 된다.

또한 Wal-Mart의 핵심시장은 eBay보다 훨씬 큰데 2008년에는 4천60억 달러의 매출을 기록하였고 대부분 대규모 할인점을 통해서 매출이 이루어졌다. 반면에 eBay의 핵심시장은 훨씬 작아서 2008년에 85억 달러의 매출을 기록하였다.

고성장을 지속하는 것은 어떤 규모의 회사이든지 어려운 도전이 된다. 제품의 자연적인 수명주기를 고려할 때, 고성장을 지속하는 유일한 방법은 새로운 제품과 지역시장 및 고객군을 계속 찾아내서 수익성 높은 고성장 단계를 향유할 수 있도록 이들 시장에 조기에 진출하는 것이다. 표 11.7은 이를 보여주고 있는데, 매년 하나의 신제품을 출시하거나 새로운 지역 시장이나 고객군 하나를 개설하는 회사의 그 이후 누적매출액을 보여주고 있다. 모든 신제품, 지역시장, 고객부문들은 판매량이나 성장률에 있어서 동일하다. 즉, 초기의 성장률은 매우 높고 궁극적으로 시장에 완전 침투된 이후에는 3%의 성장률로 낮아진다.

회사가 이전 제품에 필적하는 성공적인 신상품들을 계속 출시하더라도, 총매출액 성장률은 회사가 커짐에 따라 급격히 낮아지게 된다. 장기적으로 성장률은 제품시장의 장기 성장률과 같은 3%로 낮아지게 된다.

궁극적으로 회사의 규모와 성장률은 회사 제품시장들의 규모와 경쟁하고 있는 제품시장의 개수에 의해 제한된다. 예를 들어 Exxon Mobil은 2009년 매

[표 11.8] **산업별 매출액 성장률 분포**

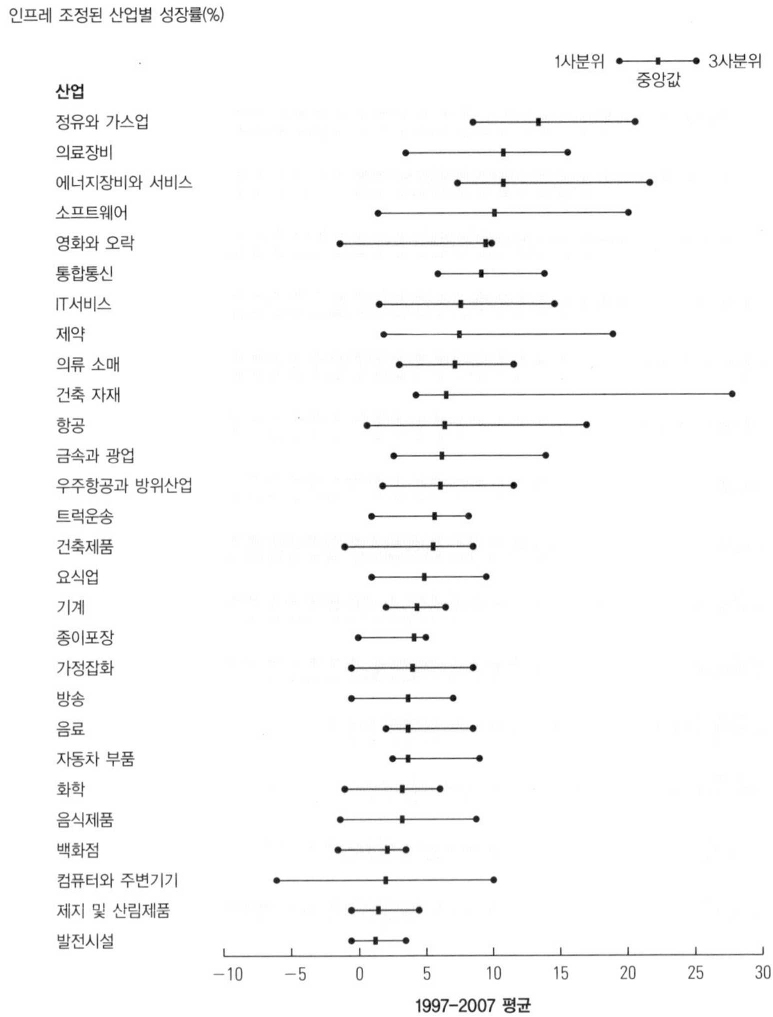

출액 3천1백억 달러의 대부분이 원유와 천연가스의 두 가지 대규모 제품시장에서 나왔다. 반면에 Procter & Gamble은 2009년 매출액 790억 달러가 수백 가지 소규모 제품시장에서 나왔다.

표 11.8에서 보여주듯이 제약조건이 무엇이든지 간에 성장률은 동일 산업 내의 기업들마다 상당한 차이가 있다. 고성장을 지속하기 위해서 기업은 포트

폴리오 쳇바퀴(portfolio treadmill) 효과를 극복해야 한다. 성숙기에 도달하여 매출액이 감소하는 제품에 대하여 회사는 매출액 수준을 유지하기 위하여 비슷한 규모의 대체상품을 찾아야 한다. 그러나 훌륭한 새로운 성장동력을 찾기 위해서는 많은 회사들이 선불리 하지 못하는 수많은 실험과 장기적인 시야가 필요하다. General Electric의 GE Capital 사업은 1981년에는 부속 사업이었고, 당시 GE 이익의 약 8%를 벌어들였다. 그 후 26년간 지속적인 투자의 결과 2005년에는 GE 이익의 50%에 달하였다.

비록 성장률의 중요성에 대해서 부인할 수 없지만, 대기업들은 인내와 규율이 필요하다. 인내는 향후 수년간 새로운 성장플랫폼을 양육하기 위한 것이고 규율은 가장 높은 가치를 창출하는 성장 유형을 차별화하는 데 필요한 것이다.

12

사업 포트폴리오
The Business Portfolio

기업이 어떤 사업에 종사할 것인지 결정하는 것은 경영진이 내리는 가장 중요한 의사결정 중 하나이다. 사실 많은 경우 기업이 어느 산업분야에 종사하느냐에 따라 기업의 운명이 결정되곤 한다. 예를 들어 범용 화학제품(commodity chemicals)을 생산하는 기업은 유명 브랜드 아침식사 대용 시리얼을 생산하는 기업만큼의 수익을 올릴 가능성이 낮다.

이것에 대해 Kaplan, Sensoy, 그리고 Strömberg는 말에 배팅할 것인지 기수에 배팅할 것인지의 문제에 비유한다.[55] 그들은 벤처캐피털의 자금 지원을 받아 막 설립된 소규모 기업들을 분석하여, 이들이 궁극적으로 증권시장에 상장될 만큼 성공적으로 성장하였는지를 확인하였다. 이들의 분석결과 성공적인 성장을 위해서는 경쟁우위를 가지는 것이 (즉 좋은 말을 선택하는 것이) 양질의 경영진을 고용하는 것보다 (즉, 좋은 기수를 고용하는 것보다) 더 낫다는 것이 밝혀졌다. 기업이 경쟁우위를 가지고 있는 경우 벤처캐피털은 필요에 따라 언제나 기량이 부족한 경영진을 교체할 수 있었으나, 아무리 경영진의 능력이 뛰어나다 해도 경쟁우위가 없는 기업을 구해내기는 어려웠다. 다시 말해 기수보다는 말에 배팅해야 한다는 것이다.

실제로 Warren Buffett은 이에 관해 "특출한 경영진이 근본적으로 경쟁력

55 Steven N. Kaplan, Berk A. Sensoy, and Per Strömberg, "Should Investors Bet on the Jockey or the Horse? Evidence from the Evolution of Firms from Early Business Plans to Public Companies," Journal of Finance, 64(1) (February 2009): 75-115 참조.

이 부족한 기업에 들어간다 해도 그 기업의 평판이 나아지는 경우는 없다"고 언급한 바 있다.

물론 비록 최상의 경영진이라도 하락세에 있거나 이미 추락해 버린 기업을 되살려 내는 것은 어렵겠지만, 같은 기업이라도 소유자 또는 경영진이 달라짐에 따라 그 기업에서 뽑아낼 수 있는 성과의 정도는 다를 수 있다. 이것이 바로 최상의 소유자 원칙(best-owner principle)으로서 5장에서 언급된 바 있다.

그러나 현재의 특정 기업이 특정 사업분야의 최상의 소유자라 해서 미래에도 그러할 것이라는 보장은 없다. 산업 또는 기업 수명주기의 각 단계에 따라 경제적으로 합리적이었던 자원배분 정책이 오히려 문제가 될 수도 있다. 예를 들어 혁신적인 발명품을 만들어낸 회사가 이를 이용하는 단계에서도 가장 잘할 것이라는 보장은 없는 것이다.

이와 마찬가지로 산업이 성숙단계에 들어서 수요가 감소함에 따라 그 산업 내 장수 기업들은 설비과잉 문제에 직면할 가능성이 크다. 이때 이들이 이러한 과잉설비를 줄임과 동시에 유휴 자산 및 인력 또한 감축하고자 하는 의지나 능력을 보이지 않는 경우, 이들은 더 이상 최상의 소유자가 아닌 것이다. 기업 수명주기의 어느 시점에서든 일군의 경영진이 다른 경영진보다 그 기업을 더 잘 운영할 능력을 보유하고 있을 수 있으며, 이런 경우 종종 인수합병 또는 기업분리가 자원을 현명하게 분배하는 가장 좋거나 유일한 방법이다.

이는 환언하면 기업들이 자신의 사업 포트폴리오에 소속된 각각의 사업들에 대해 계속 보유하고 있는 것이 맞는지 정기적으로 평가해야 한다는 것이다. 한때 기업이 성공하는 데 초석이 된 사업이라도 오늘날 전체 사업 포트폴리오와 잘 부합하지 않는 경우 분리되어야 한다. 또한 기업들은 인수합병 또는 신규진출을 통하여 새로이 소유하거나 개발할 만한 사업들을 지속적으로 발굴해야 한다.

McKinsey가 미국 내 200개 대기업들을 10년간 분석한 결과 사업 포트폴리오를 수동적으로 관리한 기업들은 - 즉 불량한 사업에 대한 매각 압박을 받아 매각한 경우를 제외하고는 보유 중인 사업을 매각한 적이 없는 기업들은 -능동적으로 관리한 기업들에 비해 낮은 성과를 보였다.[56] 가장 높은 성과를 보인 기업들은 기업 인수 및 사업부문 분리를 체계적으로 시행하고 있었다. 이러한 과

56 J. Brandimarte, W. Fallon, and R. McNish, "Trading the Corporate Portfolio," McKinsey on Finance (Fall 2001): 1-5 참조.

정은 자연스러운 것이며 또한 절대 끝나지 않을 것이다. 분리되어 독립한 사업 부문도 수명주기에 따라 미래에는 다시 또 분리될 수도 있는 것이며, 이는 급격한 성장 및 기술적 측면에서의 격변을 겪고 있는 역동적인 산업의 경우 더 그러하다.

미국의 방산업체인 General Dynamics를 통해 능동적으로 사업 포트폴리오를 관리하여 상당한 가치를 창출해낸 사례를 살펴보자. 1990년대 초반 General Dynamics는 비우호적인 사업 환경에 직면하게 되었다. 당시 전망에 따르면 미 국방예산은 상당히 줄어들 것으로 보였으며 이에 따라 다양한 무기류를 생산하는 General Dynamics는 타격을 입을 수밖에 없었다.

William A. Anders가 1991년 CEO 직에 오른 이후 여러 사업부문들이 줄줄이 분리되었다. 비록 약 2년여에 이르는 구조조정 기간 동안 수입이 거의 반으로 줄었으나, 주주수익률(shareholder returns)은 엄청나게 증가하였다. 구체적으로 1991년부터 1995년 사이 General Dynamics의 연 수익률은 무려 58%에 달했는데, 이는 주요 동종기업 주주수익률의 두 배를 넘는 수치였다. 구조조정 이후 1995년부터 Anders는 매력적인 분야의 기업들을 인수하기 시작하였다. 이후 7년간 General Dynamics의 연 수익률은 여전히 20%를 상회하였으며, 이 역시 동종기업들의 일반적인 수익률의 두 배를 넘는 것이었다.

이상적인 멀티비즈니스(multibusiness) 기업에서는 각 사업부문이 높은 성장 가능성과 함께 매력적인 수준의 ROIC를 지녀야 하며 회사는 각 사업부문이 잠재력을 최대한 발휘할 수 있도록 도우며 경영진은 지속적으로 높은 ROIC를 갖는 사업을 개발하거나 인수하고 ROIC가 떨어지고 있는 사업은 매각하여야 한다.[57] 비록 이처럼 이상적인 세상이 존재하지는 않겠지만, 이러한 이상적인 상황을 벤치마크로 설정함으로써 기업들이 사업 포트폴리오를 더 잘 관리하도록 도움을 줄 수 있다.

이렇게 잘 통솔된 접근법을 통해 기업들은 다음의 세 활동에 전략적으로 집중할 수 있다. 첫째, 사업 포트폴리오에 속해 있는 사업들에 대해 그들이 왜 그리고 어떻게 최상의 (혹은 최소한 다른 기업들보다 더 나은) 소유자인지를 정의해야 한다. 둘째, 현재 보유하고 있는 사업부문들 중 본질적 매력을 상실해

57 일부 기업들은 이와는 다르게 이들의 투하자본수익률 수준과는 상관 없이 성과를 향상시킴으로써 가치를 창출할 수도 있다.

가고 있거나 더 이상 최상의 소유자로서 운영할 수 없는 사업들을 지속적으로 처분해야 한다. 셋째, 본질적 매력을 가지고 있거나 해당 기업에게 가치를 창출해줄 수 있는 새로운 사업부문을 찾아야 한다.

최상의 소유자: 부가가치의 창출

앞서 5장에 기업이 특정 사업의 최상의 소유자가 될 수 있는 방법들이 제시된 바 있는데, 최상의 (혹은 더 나은) 소유자가 되기 위한 다섯 개의 요인들은 다음과 같았다.

1. 사업 포트폴리오 내 다른 사업과의 고유한 연관관계
2. 전 사업부문 혹은 최소한 대부분 사업부문에 적용할 수 있는 뛰어난 기술
3. 더 나은 통찰력/예지력
4. 더 좋은 지배구조
5. 인재, 자본, 정부, 공급자, 그리고 고객에 접근하는 뛰어난 능력

경제, 자본시장, 그리고 기업들이 성숙하고 더 발전하게 되면서 가치창출의 원천들은 점점 더 드물게 나타나게 된다. 따라서 기업들이 점점 더 전문화되고 덜 다각화되는 경향이 나타나고 있는 것이며, 이러한 흐름은 앞으로도 계속될 것으로 보인다.

위 목록의 가장 밑에서부터 시작하여 인재, 자본, 정부, 공급자, 그리고 고객에게 접근하거나 이들을 이용할 수 있는 특출한 능력은 대부분 선진국 경제에서는 큰 상관이 없으나 개발도상국 경제에서는 어느 정도 이득을 가져올 수 있다. 예를 들어 개발도상국 경제의 경우 잘 알려진 대규모 기업집단들에 유능한 경영진이 많이 몰리고 있으나, 선진국의 경우 이와는 정반대여서 연구자나 마케팅 스페셜리스트와 같은 기능별 전문가 그리고 경영진들은 기업집단의 모기업으로부터 오히려 더 많은 심리적 압박을 받는다.

자본을 끌어올 수 있는 능력과 관련하여 신흥 시장에서는 여전히 적절한 연줄이 있어야만 자본조달이 가능할 수 있으나 선진국 시장에는 자본이 넘치므로 이와는 다르다.

정부의 구매 및 규제 기능과 관련하여 선진국의 경우 관계보다는 규칙에 따라 업무가 처리되는 편이며, 따라서 정부에 접근하는 능력은 상대적으로 덜 중

요하다. 실제로 미국 정부는 이보다도 한술 더 떠서 정부 차원에서 계약을 체결할 때 대기업보다 중소기업을 더 선호한다. 중국과 인도와 같은 국가들도 경제가 발전함에 따라 정부와 좋은 관계를 유지하는 능력이 점차 덜 중요하게 될 것으로 보이나, 이는 향후 수십 년이 걸릴 수도 있다.

마지막으로, 선진국 시장의 공급자 및 소비자는 전반적으로 더 많은 지식을 보유하고 있으며 종종 더 전문화된 기업과 거래하기를 희망한다. 소비자들은 대 기업 관계와는 상관 없이 최상의 상품 및 서비스를 찾고자 할 것이다.

최상의 소유자가 되기 위한 다음 요인은 더 좋은 지배구조인데 이것은 증권시장을 통하여 주주들이 소유하거나 대기업이 소유하고 있음에도 최대한의 가치창출에 실패한 경우에 한정하여 나타나는 경향이 있다. 그 결과 더 좋은 지배구조는 부가가치 창출의 원천으로는 항상 작용하지만, 기업의 성패를 좌우하는 요인으로는 일시적인 경향을 나타낸다. 사모펀드 또는 기업이 불량한 지배구조를 드러낸 타 기업을 파악하여 인수한 다음 그 기업의 지배구조 및 성과를 개선한 후 다시 다른 기업에 매각하는 식이다.

선진국의 대기업들은 일반적으로 앞에서 언급된 최상의 소유자가 되기 위한 요인들 중 앞의 세 가지에 의해서만 부가가치를 창출할 수 있다. 고유한 연관관계, 뛰어난 기술, 그리고 더 나은 통찰력 및 예지력이 그것인데 이들 부가가치 창출요소들의 대부분은 기업에 내재된 고유한 특성에서 비롯한 것이다. 세정용 비누를 생산하는 기업이 설거지용 세제도 같이 생산하는 것은 이 두 제품이 서로 다른 상표를 달고 판매되더라도 꽤나 합리적인 접근인데, 이는 두 제품이 공통된 기술에 기반하고 있으며 또한 공통된 소비자 및 유통 니즈에 따라 동일한 소매유통 채널로 판매되기 때문이다. 이와 비슷하게 통신사들은 동일한 네트워크 망을 이용하여 기업 및 가정에 음성 및 데이터 서비스 둘 다를 제공할 수 있다.

여러 사업부문에 걸쳐 공통된 소비자, 기술, 또는 (통신사 네트워크 망과 같은) 자산이 있어서 이것들을 여러 사업부문이 함께 이용할 수 있는 경우 그렇게 하기 위한 통찰력과 방법을 찾고자 하는 것은 자연스러운 일이다. 그러나 단순히 연관관계, 통찰력, 기술 정도로는 안 되며 고유한 연관관계, 특별한 통찰력, 그리고 뛰어난 기술이 있어야 함을 명심해야 한다. 그렇지 않을 경우 모기업이 부가가치를 창출하기는 상당히 어렵다. 시장이 성숙하고 더 발전하게 되면서 기업이 고유한 연관관계, 특별한 통찰력, 그리고 뛰어난 기술을 보유하지 않으면서 사업부문을 소유하는 것이 정당화되기는 점점 더 어려워진다.

우리는 2009년 미국 내 수익 기준 50대 대기업들을 분석하였다. 이들 중 General Electric, United Technologies, 그리고 Berkshire Hathaway 등 세 개 기업만이 서로 연관성이 약한 여러 개의 사업부문을 보유하고 있는 전통적 의미의 기업집단이었다. 한편 이밖에 Walt Disney, 3M, Johnson & Johnson, Abbott Laboratories, Bank of America, JP Morgan Chase 그리고 Hewlett-Packard 등 일곱 개 기업들은 어느 단일 사업부문 혹은 단일 소비자 집단으로부터도 전체 수익의 4분의 1 이상을 올리고 있지 않아 어느 정도 다각화된 기업으로 분류되었다.[58]

대부분의 대기업들은 고도로 집중되어 있다. 예를 들어 IBM은 기업 고객들에게만 IT 제품 및 서비스를 제공하고 있으며 개인 고객들에게는 더 이상 제품 및 서비스를 제공하고 있지 않으며 앞으로도 그럴 계획이 없다고 천명해왔다. Procter & Gamble의 제품들은 대부분 건강, 미용, 가정용품 분야에 속하는 브랜드 소비자용품이며 이들은 대부분 할인점, 슈퍼마켓 또는 잡화점을 통해 팔려나간다(물론 애완동물용 사료나 Pringles 감자칩과 같은 몇 가지 예외가 있기는 하다).

기업들이 특정 사업에 집중하기 위한 또 다른 방법은 수직적 통합을 피하는 것이다. 수직적 통합의 흐름은 지난 100년 이상의 시간 동안 지속적으로 이루어져 왔다. 원자재 및 반제품 시장이 점점 더 발전하고 유동성이 증가함에 따라 기업들은 이제 가치사슬(value chain) 내에서 그들이 경쟁력을 가지고 있는 특정 분야에만 더 집중할 수 있게 되었다. 예를 들어 자동차 제조업체들은 이미 오래 전부터 타이어나 철강재 등을 직접 생산하는 것을 그만 두었으며, 최근에는 브레이크나 좌석까지도 더 이상 직접 생산하지 않는다. 제지회사도 더 이상 삼림을 보유하지 않으며 잡지사도 자체 윤전설비를 더 이상 운영하지 않는다. Apple을 비롯한 다수의 기술집약형 기업들은 실제 제조과정은 모두 외주에 맡기고 디자인 및 마케팅에만 집중하고 있다.

비록 오늘날 사업 포트폴리오의 특정 사업부문에 집중하고 수직적 통합을 해체하는 것이 일반적인 경향이지만, 이러한 흐름을 거부하는 일부 고유한 상황들이 때로는 오히려 가치를 창출하는 기회로 작용할 수도 있다. 예를 들어 대

58 Hewlett-Packard가 어느 정도 다각화된 기업으로 분류된 이유는 기업 및 개인 고객 모두에게 IT 제품 및 서비스를 제공하기 때문이다. 이에 반해 IBM은 기업 고객에게만 IT 제품 및 서비스를 제공한다.

부분의 서방 정유회사들은 석유의 생산, 정제, 판매에 이르는 전 과정을 통합적으로 운영해 왔고 그래서 '통합정유회사(integrated oil companies)' 라고 불려왔던 것이다. 원유 시장에 유동성이 극히 부족했기 때문에 이들 기업들은 자사의 석유 생산량과 정유설비 용량 사이의 균형을 유지하기 위하여 노력해 왔다. 그러나 오늘날 원유 시장은 대부분의 여타 상품 시장보다 유동성이 더 풍부하며, 그에 따라 석유회사들이 수직적으로 통합해야 할 이유도 사라진 것이다. 오늘날 정유사들은 다양한 경로를 통하여 원유를 확보하고 있다. 그러나 Alaska에서 생산되는 특정 원유는 그 특성상 California에 위치한 특정 정유소와 수직적으로 통합될 때 더 많은 수익을 창출할 수 있으며 바로 이러한 경우들이 앞서 언급된 수직적 통합의 해체 흐름에 역행하는 예가 되는 것이다.

사업부문 분리: 주기적인 가지치기

기업에서 체계적으로 사업부문을 분리해내는 것은 사과 농부들이 사과나무의 잔가지를 쳐내는 것과 같은 이치이다. 현명한 사과 농부들은 사과나무의 영양상태를 건강하게 유지하기 위하여 죽거나 약해진 가지를 잘라낸다. 이들은 사과나무가 과도하게 자라면서 나무 전체가 햇볕을 제대로 받지 못하게 가려버리거나 혹은 다른 이유로 나무의 성장을 방해하는 가지들이 있으면 이들을 쳐낸다. 이렇게 조심스럽고 체계적인 가지치기가 이루어져야만 과수원의 생산성을 최대한 끌어올릴 수 있는 것이다. 매년 사과나무의 잔가지를 쳐내는 것처럼 기업의 사업부문 - 때로는 상태가 좋은 것들까지도 - 또한 정기적으로 분리 매각해야 남아있는 사업부문들이 최대한의 잠재력을 발휘할 수 있고 전체 기업이 더 강하게 자랄 수 있다.[59]

사업부문 유지비용

사업부문을 지속적으로 보유하고자 하는 욕구는 강한데, 이는 특히 성공적인 사업부문인 경우 더욱 그러하다. 이는 특정 사업부문에서 상당량의 현금흐름이 창출되기 때문일 수도 있고 특정 사업부문의 핵심 정체성이 모기업의 종업원들로 하여금 그 사업부문과 모기업간에 정서적인 유대관계를 느끼도록 유도

59 Lee Dranikoff, Tim Koller, and Antoon Schneider, "Divestitures: Strategy's Missing Link," Harvard Business Review, 80(5) (May 2002): 74-83 참조.

하기 때문일 수도 있다. 이 경우 사업부문의 매각이 일부 사람들에게는 반역과 같이 보일 수도 있다. Jack Welch가 GE의 가정용품 사업부를 매각하였을 때 그는 분노한 종업원들로부터 기업의 역사를 파괴한다고 비난하는 편지를 받아야만 했다.

그러나 아무리 사업부문을 분리 매각하는 것이 가슴 아픈 일이더라도 지나치게 오랫동안 분리 매각 없이 유지하는 경우 역시 명백하게 드러나지는 않을지라도 상당한 규모의 비용을 발생시키며 종종 이 비용이 사업부문을 유지하여 얻는 편익을 상회하곤 한다. 이러한 비용 중 세 가지를 살펴보기로 한다.

모기업에게 발생하는 비용 본 궤도에 올라 성숙 단계에 접어드는 사업은 이를 보유한 기업에 안정성과 현금흐름을 제공하지만 이 안정성이 오히려 부정적일 수도 있다. 이미 성숙해 버린 사업부문의 문화는 모기업이 조성하고자 원하는 문화와는 부합하지 않을 수 있고 또한 성숙 단계에 접어든 사업은 일반적으로 규모가 지나치게 크며 향후 성장 잠재력이 있는 사업부문을 흡수하는 데 사용되어야 할 희소한 경영자원을 상당부분 차지해 버릴 수 있다. 일례로 특수 포장재를 제조하는 Pactiv는 알루미늄 사업부문이 충분한 현금흐름을 창출하고 있음에도 불구하고 1999년에 이 사업부문을 매각했는데, 이에 대한 경영진의 설명이 바로 다른 더 중요한 곳에 사용되어야 할 자원과 경영진의 노력을 알루미늄 사업부문에 지나치게 많이 들어가고 있다는 것이었다.

또한 사업부문 간 갈등도 의사결정 과정을 왜곡할 수 있으며 그렇기 때문에 사업부문의 분리가 필요하기도 하다. 1990년대 초반 Lucent는 양질의 통신장비를 생산하는 AT&T의 한 사업부문이었음에도 불구하고 AT&T의 여러 경쟁자들에게 제품을 공급하고 있었다. 이로부터 발생할 수 있는 갈등을 피하고 잠재적인 고객 불만을 완화하기 위하여 AT&T는 결국 1996년 Lucent를 분사시키게 되었다.

사업부문에 발생하는 비용 한 사업부문의 성과는 그 부문과 모기업이 전략적 측면뿐 아니라 모기업의 핵심역량과 최고경영진의 능력 측면에서 얼마나 부합하지 않느냐에 따라 부정적인 영향을 받을 수 있다. 우리는 5장에서 그리고 그 밖에도 여러 번에 걸쳐 기업 수명주기에 따라 더 좋은 소유자가 어떻게 바뀔 수 있는지, 그리고 기업의 사업 포트폴리오가 점차적으로 기업의 핵심 사업에서 벗어날 수 있음을 언급한 바 있다.

Jack Welch는 그의 자서전 Jack: Straight from the Gut에서 사업부문을

분리 독립시키는 것이 어떻게 해당 사업부문과 종업원에게 자유를 부여하는지 잘 설명하고 있다. 그는 GE가 매각한 에어컨 사업부문장이 사업부문의 분리가 매출에 미친 유익한 효과에 대해 설명했던 것을 다음과 같이 회고하고 있다: "Jack, 전 분리된 사업부문에서 일하는 게 좋아요. 아침에 일어나 회사에 가면 제 상사가 에어컨에 대해 생각하고 있거든요. 그는 에어컨이 매력적이라고 생각해요. 하지만 우리가 통화할 때 당신은 항상 고객의 불만을 전달하거나 에어컨 사업부문의 수익률이 마음에 들지 않는다고 했을 뿐이죠. 당신은 에어컨을 싫어했습니다. 그러나 오늘날 우리 에어컨 사업부문은 모두 승리자의 기분으로 일하고 있어요. 그에 반해 Louisville에서 일할 때 전 마치 고아 같은 기분이었죠."

Tyco의 CFO에 따르면 Tyco가 과감하게 사업부문들을 독립시켜 얻을 수 있었던 이익 중 하나는 바로 의료사업부문(오늘날의 Covidien) 등을 분리 독립시킴으로써 과거와 같이 다각화된 사업구조 속에서는 입사하기를 꺼렸을 유능한 인재들을 대거 끌어들일 수 있었다는 점이다. "이제 그들은 분사된 의료사업부문을 명확한 전략을 가진 의료서비스 기업으로 생각합니다. 그렇기 때문에 이제는 의료산업에만 계속 종사하더라도 중요한 업무를 처리하면서 점차적으로 승진할 수 있을 거라고 믿습니다."

사업부문 매각가치(exit price)의 하락 사업부문의 분리를 늦춤으로써 발생하는 마지막 비용은 바로 그 사업부문의 가치가 직접적으로 하락할 수 있다는 것이다. 적절한 시점에서 사업부문을 매각하면 가치를 증대시킬 수 있으나 그렇지 않는 경우 가치를 감소시킬 수 있다. 그러나 불행히도 대부분의 기업들은 사업부문을 관리할 때 싸게 사서 비싸게 팔기보다는 성과가 나지 않는 사업부문을 수년간 붙들고 있다가 염가에 팔아 치우곤 한다. 비록 몇몇 산업들의 경우 지나치게 요동치는 바람에 경영진들이 시장의 고점과 저점을 정확하게 파악하지 못하지만, 많은 경우 기업들은 자신들이 소유한 사업부문의 하강 궤도를 알고 있으면서도 이를 외면하다가 때를 그르치곤 한다.

물론 시장에서 적절한 타이밍을 완벽하게 포착하는 것은 불가능하다. 그러나 간단한 원칙 하나만 제대로 세우면 적절한 타이밍을 포착하는 능력을 훨씬 발전시킬 수 있는데, 바로 최대한 일찍 팔라는 것이다. 실제로 우리가 연구한 사업부문 분리 사례들의 거의 대부분은 더 일찍 팔았다면 더 높은 가격에 팔 수 있었다.

사업부문을 일찍 분리시킬수록 유리하다는 증거

기업들이 사업부문을 분리시키는 대부분의 경우 적절한 시기를 놓치고 뒤늦게 외부의 압력에 직면해 진행하곤 한다. 만약 이것이 의심스럽다면 직접 확인해 보아도 좋다. 아무 때나 일주일 기간을 설정하여 그 기간 중 주요 신문에 보도될 만큼 중요한 기업분리 사례들만 수집한 다음, 그 각각에 대해 애널리스트와 기자들이 어떻게 설명하고 있는지 읽어보라. 대부분의 경우에 특정 사업부문이 손실을 기록하거나 모기업의 부채가 과다해지는 등 어떤 형태로든 압력을 받아 일어난 것임을 알 수 있을 것이다.

실제로 우리는 50개의 대형 기업분리 사례를 분석하였고 이 중 4분의 3 이상이 어떠한 압력에 직면해 발생한 것임을 확인할 수 있었다. 그리고 또한 대부분이 문제가 심해져 더 이상 어떠한 형태로든 대응을 미룰 수 없는 지경에 가서야 적절한 타이밍보다 훨씬 늦게 이루어졌음을 알 수 있었다. David Ravenscraft와 F. M. Scherer의 연구에 따르면 모기업으로부터 분리된 사업부문은 보통 분리시점 7년 전부터 동종기업의 평균 수익에도 미치지 못하는 수익성을 보였다.[60] 모기업들이 성과가 저조한 사업부문을 지나치게 오래 붙들고 있음은 이밖에 다른 연구를 통해서도 드러난다.[61] 그렇다면 이러한 관행을 어떻게 줄일 수 있을까?

첫째, 사업부문의 분리가 외부에 어떻게 보일지에 대한 걱정은 접어 두도록 한다. 경영진들은 종종 사업부문의 분리가 실패를 인정하는 것과 같으며, 기업의 규모를 줄일 뿐 아니라 증권시장에서의 기업가치를 감소시킨다고 우려한다. 그러나 연구 결과를 보면 이와는 정반대로 증권시장은 사업부문의 분리에 대해 지속적으로 긍정적인 반응을 보여왔다.[62] 이에 더해 분리되는 사업부문 또한 혜택을 보는데, 연구결과에 따르면 모기업으로부터 분리 독립된 사업부

60 L. Lang, A. Poulsen, and R. Stulz, "Asset Sales, Firm Performance, and the Agency Costs of Managerial Discretion," Journal of Financial Economics 37 (1994): 3-37 참조.

61 D. Revenscraft and F. Scherer, Mergers, Sell-Offs, and Economic Efficiency (Washington, DC: Brookings Institution, 1987), 167; and M. Cho and M. Cohen, "The Economic Causes and Consequences of Corporate Divertiture," Managerial and Decision Economics 18 (1997): 367-374 참조.

62 J. Mulherin and A. Boone," "Comparing Acquisitions and Divestitures," Journal of Corporate Finance 6 (2000): 117-139 참조.

문들은 분리작업 완료시점으로부터 향후 3년간 수익률이 3분의 1이나 늘어나는 것으로 밝혀졌다.

둘째, 희석효과에 대해 걱정하지 말아야 한다. 물론 (잔류하는 사업부문들보다 낮은 PER를 보이는 사업부문을 매각하는 경우) 분리 과정에서 모기업의 주당순이익은 감소할 것이다. 그러나 일반적으로 이 과정에서 일반적으로 모기업의 주가 또한 상승하며 이는 다시 말해 모기업의 주가이익비율(PER) 또한 상승함을 의미한다. 매각되는 사업부문의 주가이익비율은 모기업의 나머지 부분보다 낮을 수밖에 없는데 이는 그 사업부문의 성장률과 ROIC 잠재력이 낮기 때문이다. 따라서 이 사업부문이 모기업으로부터 분리되면서 모기업의 성장률과 ROIC 잠재력이 상승할 것이고 따라서 더 높은 PER를 보일 것이다. 참고로 사업부문의 분리매각 과정에서 유입되는 현금을 부채 상환에 사용하든 주식 재매입에 사용하든 결과는 같게 나타난다.

셋째, 사업부문의 분리가 기업규모에 미치는 영향을 무시해야 한다. 경영진 및 이사회는 종종 사업부문을 분리함으로써 기업규모가 감소할 것이며 그에 따라 자본시장에서 기업의 가치 또한 하락할 것이라고 우려한다. 아마도 대기업이 중소기업보다 가치평가상 더 유리할 것이라고 오해하기 때문인데, 5억 달러 미만의 시가총액을 가진 기업들이 자본시장에서 조금 더 높은 수준의 자본비용에 직면하게 된다는 일부 학술연구를 제외하고는 실제로 이를 증명할 수 있는 증거는 없다.[63]

사업부문의 분리를 가치창출하는 방향으로 진행하고자 한다면 기업의 수명주기 어느 단계에서나 좋은 사업과 그렇지 않은 사업을 가려내어 지속적으로 가지를 쳐내야 한다. 당연히 우수한 사업부문을 분리시키는 것은 직관적인 생각과는 거리가 있어 보이며 경영진들로서는 결정하기 힘든 부분일 것이다. 따라서 적극적인 포트폴리오 관리 과정에서 어느 정도 원칙을 세워 접근할 필요가 있다. 이중 한 방안은 분리시킬 사업부문을 검토하는 것을 유일한 안건으로 하는 회의를 주기적으로 개최함으로써 경영진이 이에 대해 지속적으로 검토하도록 유도하고 각 사업부문별로 적절한 분리시점을 산정해둘 수 있도록 하는 것이다. 이를 통하여 경영진들에게 각 사업부문별로 예상 적정분리시점이 도래함에 따라 해당 사업부문을 면밀히 검토하도록 의무감을 부여할 수 있다.

63 Robert S. McNish and Michael W. Palys, "Does Scale Matter to Capital Markets?" McKinsey on Finance (Summer 2005): 21-23 참조.

사업 포트폴리오에 신사업 추가하기

경영진들에게 가장 어려운 일 중 하나가 바로 새롭게 시작하거나 외부의 기업을 인수하는 방식으로 기존 사업 포트폴리오에 추가할 새로운 사업을 파악하는 것이다. 이와 관련하여 대부분의 기업들은 별로 좋은 성적을 보이고 있지 못하는데, 매 10년마다 Fortune 500에 등재된 기업들 중 무려 50% 정도가 교체되는 것도 이 때문이다. 기업들은 일반적으로 하나 또는 여러 개의 핵심사업 또는 제품의 성공에 힘입어 Fortune 500에 등재될 만큼 덩치를 키우게 되는데, 어느 시점 이후에는 이들 핵심사업 또는 제품이 성숙기에 접어들게 된다. 많은 기업들이 이 과정에서 차기 성장동력을 발견하지 못하고 만다(그나마 기업이 이미 상당한 규모로 성장하였기 때문에, 차기 성장동력이 회사에 어느 정도 이상 영향을 미치기 위해서는 초창기 성장동력보다 차기 성장동력이 더 커야 할 것이며, 이 점을 감안하면 문제는 더 복잡해진다).

어떤 사업부문을 독립시킬지 고려하는 경우라면 그나마 선택가능항목이 적은 편이나, 이에 비하면 새로운 사업기회를 찾기 위한 탐색 과정은 한마디로 짚더미에서 바늘 찾기와 같다. 찾아볼 곳이 너무나도 많은데, 그렇다면 어디에 집중하여 찾아야 하는가?

본 책에서는 각 기업별로 적합한 차기 사업 아이템을 어디에서 찾아야 하는지 일일이 구체적으로 설명할 수는 없다. 모든 기업은 각자의 고유한 환경에 맞추어 새로운 사업을 찾아내기 위한 독창적인 접근방법을 개발해야만 한다. 그러나 이 분야 저술의 상당수가 기업들의 신사업 발굴을 위한 검색 과정이 별로 체계적이지 않음을 지적하고 있다.

일례로 과거 동료관계였던 Mehrdad Baghai, Stephen Coley 그리고 David White는 "대부분의 경영자들이 기존 사업에 지나치게 집중하고 있으며, 이들이 오늘 어디에 있는지 뿐 아니라 어느 방향으로 가고 있는지에도 적절한 관심을 보여야 한다"고 주장한다.[64] 이들은 지속적인 성장을 위해서는 연속적으로 새로운 사업을 개발하는 체계를 세우고 관리하는 것이 가장 큰 과제 중 하나라고 주장한다. 그리고 이러한 체계를 유지 관리하는 한 방법은 기업의 사업을 성장기회에 따라 세 단계로 나누어 관리하는 것이다:

64 Mehrdad Baghai, Stephen Coley, and David White, The Alchemy of Growth: Kickstarting and Sustaining Growth in Your Company (London: The Orion Publishing Group), 1, 참조.

- 1단계 사업들은 현재 기업의 이익 및 현금흐름 대부분을 창출하고 있는 것들이다. 이들은 중간 정도의 성장을 보인다.
- 2단계 사업들은 현재는 중간 수준의 이익 및 현금흐름을 창출하고 있으나 향후 최소 4~5년 이후에는 상당한 수준의 이익 및 현금흐름을 기업에 가져다 줄 것으로 기대되는 이른바 떠오르는 샛별들이다.
- 3단계 사업들은 연구 프로젝트, 파일럿테스트 중인 제품들(test-market pilots), 업무제휴, 소수지분, 그리고 현재 진행중인 양해각서 등으로서, 성공적인 경우 10년 이상의 시간 이후 기업에 상당한 도움이 될 수 있을 것들이다.

여기에서 핵심은 기업이 위 1, 2, 3단계 사업들 각각에 충분한 관심을 기울여야 한다는 것이다. 다음 장에서 기업의 사업 포트폴리오에 사업을 추가시키기 위한 서로 다른 인수 전략들에 대해 다룰 것이다.

사업 포트폴리오 다각화

기업전략 분야에서 항상 되풀이되는 질문이 있는데, 바로 기업들이 다각화된 사업 포트폴리오를 보유하고 있어야 하느냐는 것이다. 사업 다각화라는 개념은 1970년대쯤 진작 사라졌어야 하지만, 여전히 몇몇 경영자들은 "사업 다각화는 의자의 세 번째 다리와 같아서 기업에 안정성을 더해준다"는 식의 언급을 한다. 이에 대하여 우리는 사업 다각화가 본질적으로는 딱히 좋지도 나쁘지도 않으며, 다만 모기업이 사업 다각화 과정에서 소유하게 되는 각 사업에 대한 최상의 소유자로서 다른 어떤 잠재적인 소유자보다 더 많은 가치를 추가할 수 있는지에 달려있다고 생각한다.

수년간 사업 다각화를 장려하거나 합리화하기 위한 다양한 이유들이 제기되어 왔으나, 이들의 대부분은 선진국 시장에서는 이미 인기가 줄어든 지 오래이다. 그 이유의 대부분은 서로 다른 사업들이 서로 다른 사업 수명주기 상에 있기 때문에 한 사업이 수명주기의 최고점에서 창출해 내는 현금흐름을 다른 사업들이 현금흐름을 제대로 창출해 내지 못할 때 이를 메우는 데 사용할 수 있어 결국 다각화가 기업 전체적으로는 현금흐름을 안정화하는 데 도움이 된다는 논리에 기반하고 있다. 이 논리에 따르면 결국 현금흐름 및 이익이 위와 같은 방식으로 완만하게 조정되어 투자자들은 주식을 사기 위해 더 높은 가격을 지불해야 한다.

그러나 위의 논리는 사실과는 다르다. 첫째, 다각화된 사업구조를 가진 기업이 완만한 현금흐름을 보인다는 증거가 없다. 1997~2007년 사이 S&P500에 등록된 기업들 중 가장 낮은 변동성을 가진 기업들 50개를 뽑아 검토한 결과 이들 중 10개 미만의 기업들만이 두 개 이상의 산업분야에 걸쳐 사업을 운영하고 있어 다각화된 기업으로 분류될 수 있었다. 둘째, 투자자들이 변동성이 작은 기업들에 투자할 때 더 높은 가격을 지불한다(9장 참조)는 증거가 없는데 이 증거도 또한 첫째 증거만큼이나 중요하다. 우리가 고객들을 위해 정기적으로 다각화된 기업들을 분석한 결과 다각화된 기업들의 각 사업부문별 가치의 합이 통합된 회사의 시장가치와 크게 다르다는 결과를 얻는 경우는 거의 없었다.[65]

기업의 사업 다각화를 두둔하는 또 하나의 논리는 다각화된 기업이 더 안정적인 현금흐름을 보이기 때문에 더 많은 양의 부채를 안정적으로 발행할 수 있으며, 따라서 더 큰 절세효과를 누릴 수 있다는 것이다. 물론 이론적으로야 말이 되겠지만 실제로 다각화된 기업이 다른 기업에 비해 유의미하게 더 많은 부채를 발행한다는 결과는 나타나고 있지 않다.

다각화를 정당화하는 마지막 논거는 조금 미묘한데, 다각화된 기업들이 그렇지 않은 기업들보다 다양한 섹터의 각기 다른 사업주기를 더 잘 이용할 수 있다는 것이다. 다각화된 기업들은 사업주기의 정점에 다다른 사업들로부터 대량으로 창출되는 현금흐름을 사용하여 사업주기가 아직 상승하지 않은 다른 섹터의 사업들에 투자할 수 있으나 다각화되지 않은 기업들은 그렇게 할 수 없다는 것이다.

그러나 이 논거 또한 실제로 기업들이 이에 따라 움직인다는 증거가 없어 설득력이 없다. 사실 우리의 연구결과는 오히려 이 논거와는 정반대로 나타났는데, 구체적으로 다각화된 기업의 최고경영진은 경쟁자들 중 그 누구도 사업주기의 바닥에 위치하고 있는 사업들에 감히 투자할 엄두를 내지 못하고 있을 때 용기있게 투자를 감행할 정도로 사업부문 각각에 대해 잘 알고 있지 못하다. 다각화된 기업들은 그렇지 않은 기업들에 비해 투자기회가 나타났을 때 반응하는 속도가 느린 경향을 보인다.

사업 다각화를 통해 얻을 수 있는 혜택은 제대로 파악되지 않는 반면 이로 인하여 발생하는 비용은 잘 나타난다. 투자자들은 기업들보다 더 싼 비용으로 포

65 각 사업부문의 가치가 비슷한 성과를 보이는 동종기업들에 준하여 산정된다고 가정한다.

트폴리오를 다각화할 수 있는데, 이는 개인 투자자의 경우 주식을 단순히 매수 및 매도하는 정도만으로도 분산투자를 손쉽게 일년에도 여러 번씩 할 수 있기 때문이다. 그러나 기업 차원에서 사업 포트폴리오를 다각화하고자 하는 경우 일반적으로 몇 년씩 소요되며, 이 과정에서 상당한 거래비용과 혼란이 유발된다. 게다가 다각화된 기업의 사업부문들은 그렇지 않은 동종기업들에 비해 일반적으로 성과가 저조한 편인데, 이는 어느 정도는 사업을 다각화함으로써 기업구조가 더 복잡해지고 조직구조 또한 더 관료제를 닮아가기 때문이다.

물론 모기업이 소유하고 있는 모든 사업부문들에 대해 최상의 소유자인 경우 사업 다각화는 가치를 창출할 수 있다. 예를 들어 Danaher는 미국 기업들 중 가장 다각화된 사업 포트폴리오를 보유하고 있는 기업 중 하나인데, 소유하고 있는 사업분야가 40개를 넘으며 이 사업분야들로부터 창출되는 수입을 모두 합하면 120억 달러가 넘을 정도이다. Danaher는 Danaher Business System이라 불리는 자사의 검증된 시스템을 적용하여 품질, 배송, 비용, 혁신 장려 등을 적절히 통제할 수 있는 기업들만 매수한다.

다각화되었는지 여부를 떠나 기업의 사업 포트폴리오가 아무리 전략적으로 유효하다 하더라도, 결국 이것이 제대로 구성된 포트폴리오인지 확인하는 방법은 모기업이 각 사업분야를 효과적으로 운영할 수 있는지를 검증하는 것이다. 이를 위한 명확한 룰이 존재하지는 않는다. 앞서 언급한 Danaher는 40여 개의 서로 다른 사업부에 효과적으로 동일한 경영 시스템을 성공적으로 적용했을 수도 있으나, 실제로 소매업종의 경우 일반적으로 직접 챙기는 방식으로 경영해야 하기 때문에 여러 다른 종류의 소매업을 동시에 성공적으로 운영하는 기업은 매우 드물다. 따라서 일반적으로 식품 소매상은 식료품점 체인만을 운영하고, 백화점 기업은 백화점만을 그리고 철물점 기업은 철물점만을 운영하곤 한다. 의류 판매업조차도 몇 개 이상의 매장 형태나 브랜드를 동시에 운영하는 경우는 거의 없는 실정이다.

연관관계가 있을 수밖에 없는 여러 개의 사업들을 단순히 보유하고만 있는 것으로는 부족하며, 겉보기에는 논리적으로 보이는 전략들이라도 연관관계가 있는 기업들을 어떻게 하면 실제로 연동시킬 수 있을지를 고민해야 한다. 예를 들어 은행과 보험사를 통합하면 이론적으로는 서로 상대방의 상품을 팔 수 있어 유리할 것으로 보이나 실제로는 통합이 지극히 어려워 지금껏 수많은 실패 사례가 보고되어 왔다. 또한 단순히 소매점 컨셉을 외국에 적용하는 것조차도 어려워 수많은 기업들이 실패해왔음을 고려해야 한다.

기업의 규모 및 범위

경영진들이 그들의 사업 포트폴리오와 관련하여 자주 묻는 또 다른 질문은 기업의 절대적인 크기 및 범위가 증가함에 따라 증권시장이 가치를 더 높게 평가해주거나 기업의 성장률과 ROIC가 실제로 증가하는 등의 이득이 있냐는 것이다.

일부 소위 전문가들은 그 동안 경영진들로 하여금 기업 규모가 커질수록 증권시장의 가치평가도 더 좋아진다고 믿게 유도해 왔다. 이를 뒷받침하는 논거 중 하나는 투자자들이 대기업 주식을 더 선호한다는 것인데, 주식 애널리스트와 언론이 더 자주 다루는 까닭에 이들 기업들에 대한 정보도 더 많을 뿐 아니라 이들 주식에 대한 기관투자자들의 수요도 더 많기 때문이다. 또 다른 논거는 대기업이 위험도 더 낮은 편이고 주식 유동성도 더 높기 때문에 자본비용 또한 더 낮으며 자본비용이 낮거나 자본 수요가 높아짐에 따라 기업 가치평가배수(valuation multiples) 또한 더 높아진다는 것이다.

물론 이러한 주장들이 어느 정도는 일리가 있을 수 있으나, 실제로 이는 비교적 작은 기업들의 경우에만 성립한다. 기업들이 시장의 가치평가상 손해를 볼 수 있는 임계점은 대략 시가총액 기준 2억5천만 달러에서 5억 달러 사이로 보이며 이 범위보다 아래쪽에 속하는 기업들의 경우 일정 수준의 추가적인 자본비용을 부담해야 한다는 연구결과가 있다. 그러나 이 범위보다 위쪽에 속하는 기업들의 경우 시가총액이 다름에 따라 가치평가상 다른 대우를 받는다는 증거가 없으며, 시가총액이 10억 달러이든 50억 달러이든 혹은 250억 달러이든 상관없이 동일한 대우를 받는 것으로 나타났다.[66]

기업규모가 기업의 성장률이나 ROIC에 영향을 미치는지 명확하게 파악하는 것이 그나마 더 어려운 이유는 학생들이 경영 및 경제분야 기초과목에서 배우는 규모의 경제라는 개념 때문이다. 규모의 경제를 간략하게 정리하면 다음과 같은데 기업 규모가 증가함에 따라 판매량이 많아지기 때문에 고정비용을 더 잘 희석시킬 수 있을 것이며 따라서 단위당 생산비용은 줄어들고 이익마진과 ROIC는 증가한다는 것이다.

물론 기업들이 규모의 경제를 경험하기는 하지만 이는 특정 환경 속에서만 그

66 Robert S. McNish and Michael W. Palys, "Does Scale Matter to Capital Markets?" McKinsey on Finance (Summer 2005): 21-23 참조.

러하다. 이와 관련된 한 가지 문제는 바로 기업들이 소속된 산업 내에서 만들어낼 수 있는 규모의 경제로부터 얻을 수 있는 혜택의 대부분 혹은 전부를 이미 뽑아내고 있다는 것이다. FedEx나 UPS와 같은 물류배송 기업을 예로 들어보자. 배송 처리량을 늘린다 해도 (이미 기존 화물 배송을 위해 화물기와 트럭이 움직이고 있으므로 배송할 화물이 조금 늘어나도 비용은 그대로일 것이기 때문에) 비용은 별반 증가하지 않을 것으로 생각할 수 있으나 현실은 훨씬 더 복잡하다.

첫째, 이들 물류배송 기업들은 운송 네트워크를 고도로 정교하게 짤 뿐 아니라 미사용 배송용량이 최소화되도록 최적화하기 때문에, 배송 처리량을 10% 늘리고자 하는 경우 결국 화물기와 트럭 또한 10% 늘어나야 한다. 우리의 경험에 따르면 대부분의 기업들이 규모의 경제를 통해 얻어낼 수 있는 최대한을 뽑아내고 있었다. 둘째, 모든 규모의 경제가 다 똑같은 것이 아니며, 따라서 어떠한 종류의 규모의 경제인지가 문제가 된다. 물류배송 기업의 경우 기존 고객들로부터 추가로 화물을 유치하는 것이 새로운 고객들로부터 같은 양의 화물을 유치하는 것보다 더 작은 비용을 발생시킨다.

또한 아이스크림이나 빵과 같은 제품을 생산하면서 규모의 경제를 얻고자 하는 경우에도 실제로는 지역에 따라 선호 등이 다르기 때문에 상당히 어렵다. 이러한 제품들의 경우 지역에 따라 고객들이 각기 다른 입맛과 선호를 가지고 있으며 마케팅, 광고, 유통 등의 기능들도 모두 현지에서 조달하여 투입하여야 한다. 특정 회사가 세계에서 가장 큰 규모를 가지고 있다고 해서 모든 나라와 지역에서 높은 점유율을 보이는 것은 아니다.

결국 다각화와 마찬가지로 단순히 기업규모와 범위를 키운다 하여 자동적으로 기업의 성과를 신장시키고 증권시장에서의 가치를 증대시키는 것은 아니며, 오히려 정반대의 상황이 발생할 수 있다. 기업규모가 커짐에 따라 오히려 기업구조만 복잡해지고 규모의 불경제가 발생할 수 있는 것이다. 구체적으로 덩치를 키우는 과정에서 사업부문이 늘어나고 지역적으로도 점차 확장하게 되며 지휘체계 또한 길어지고 각 의사결정 과정에 참여하는 사람들도 더 늘어나게 된다. 따라서 더 작으면서도 더 민첩하게 움직이는 기업들이 대기업들에 비해 낮은 비용구조를 가지고 있는 경우가 상당히 많다. 다른 전략적인 이슈들과 마찬가지로 규모를 키우는 것이 득이 되는지 아니면 실이 되는지, 그리고 규모의 경제를 발생시키는지 아니면 규모의 불경제를 발생시키는지의 문제는 결국 각 기업별로 고유한 환경에 달려있는 것이다.

13

인수합병
Mergers and Acquisitions

기업의 인수합병은 기업의 성장을 위한 중요한 동력이면서 역동적인 경제의 중요한 요소가 된다. 기업을 더 좋은 인수자 및 경영자에게 양도하거나 과잉 설비를 줄여주는 인수합병은 보통 경제 전반은 물론 투자자 모두에게 상당한 가치를 창출해 준다.

이러한 효과는 많은 기업들이 인수합병으로 통합되어 창출된 현금흐름이 증가하는 것에서 확인될 수 있다. 그러나 인수합병이 전반적으로는 가치를 창출한다는 사실에도 불구하고, 창출된 가치는 주로 피인수기업의 주주들에게 편중되는 경향이 있다.

통계적으로 대부분의 인수합병이 인수기업의 주주들에게 가치를 창출하지 않는 것이 사실이라 하더라도, 인수합병 여부를 결정하려는 경영자에게는 이 것이 대체로 상관이 없다. 경영자의 과제는 그들이 추진하는 인수합병이 예외적으로 주주들에게 가치를 창출해준다는 것을 확인하는 데 있다.

가치 창출의 측정

가치보존의 원칙은 인수합병으로 인해 가치가 어떻게 창출되는지 이해하는 데 도움이 된다(제 3장 참고). 인수합병은 합병된 기업의 현금흐름이 합병되지 않았을 경우의 현금흐름보다 클 경우에 가치를 창출한다. 인수합병을 위해 너무 많은 대가를 지불하지 않는 한 이 가치의 일부는 인수기업의 주주들에게 돌아갈 것이다.

인수기업의 주주들에게 돌아가는 가치는 인수기업이 받은 가치에서 인수기업이 지불한 가치를 차감한 값이다. 인수기업이 받은 가치는 피인수기업이 이전 경영진에 의해 운영될 경우의 내재가치에, 인수합병으로 인해 피인수기업이나 인수기업의 증분 현금흐름의 형태로 나타나는 모든 성과 개선의 현재가치를 더한 값이다. 지불가치는 피인수기업의 시장가치에 피인수기업의 주주들이 보유 주식을 팔도록 하는 데 필요한 프리미엄을 더한 값이다.

표 13.1은 이러한 인수합병의 평가구조를 도식화하였다. A기업은 B기업을 시장가치에 30%의 프리미엄을 더하여 13억 달러에 인수하였다. A기업은 다양한 영업 개선을 통해 B기업의 가치가 40% 증가하여 14억 달러가 될 것으로 평가하고 있다. A기업이 평가하는 B기업의 가치인 14억 달러에서 인수가격인 13억 달러를 차감한 1억 달러는 A기업의 주주들에게 돌아갈 몫이 된다.

피인수기업의 독립가치가 시장가치와 일치할 경우, 인수기업은 영업 개선의 가치가 지불한 프리미엄보다 클 경우에만 주주들에게 가치를 창출할 수 있게 된다. 이 등식을 살펴보면 왜 대부분의 인수합병을 통한 가치가 피인수기업의 주주들에게로 돌아가는지 알 수 있다. 즉 인수기업이 30%의 프리미엄을 지불하면 피인수기업의 가치를 30% 이상으로 증가시켜야만 가치를 창출할 수 있는 것이다.

표 13.2는 프리미엄과 영업 개선의 정도에 따라 인수합병에 투자한 금액 대비 인수기업의 주주들에게 창출된 가치를 보여준다. 예를 들어 앞서 언급한 A

[표 13.1] **인수합병 평가 구조**

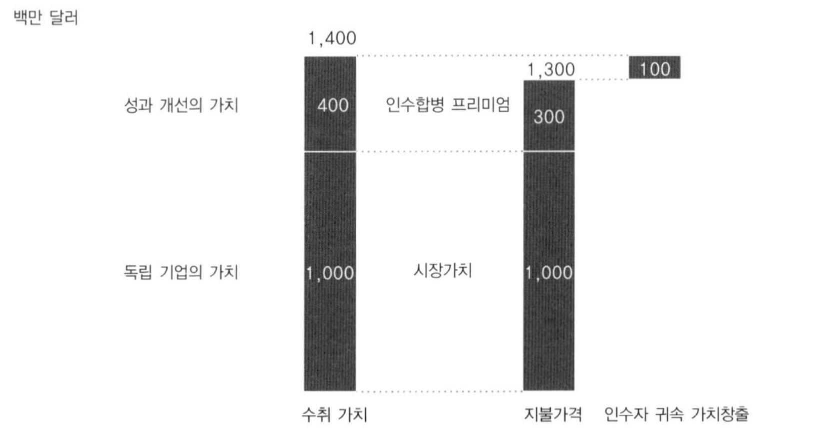

[표 13.2] **주어진 성과 개선과 지불한 프리미엄에 따른 가치 창출**

인수금액 대비 가치 창출(%)

독립가치 대비 지불한 프리미엄(%)					
0	10	20	30	40	50
10	0	9	18	27	36
20	−8	0	8	17	25
30	−15	−8	0	8	15
	10	20	30	40	50

독립가치 대비 성과 개선의 가치 (%)

기업이 B기업에게 30%의 프리미엄을 지불하고 B기업의 가치를 40% 증가시켰을 경우, 인수기업의 주주들을 위해 창출된 가치는 A기업이 이 거래를 위해 투자한 금액의 8%가 된다.

만약 합병 시점에 A기업의 가치가 B기업 가치의 3배였다고 가정할 경우, 이 인수합병은 1억 달러의 가치창출 분을 (표 13.1 참고) A기업의 가치인 30억 달러로 나눌 때 A기업의 가치를 3%밖에 증가시키지 못하는 셈이 된다. 본 예시가 보여주듯이 인수기업이 인수합병으로부터 큰 가치를 창출하는 것은 쉽지 않다.

40%의 성과 개선이 급격한 것으로 보일지 모르나, 인수기업은 자주 이 같은 성과를 보인다. 표 13.3은 소비재 산업에서의 4건의 대규모 인수합병 거래로 인해 창출된 가치를 나타내고 있다. 창출된 총 가치를 측정하기 위해서 공시된 실제 성과 개선을 각 기업의 자본비용으로 할인하였다. 성과 개선은 보통 피인수기업 가치의 50% 이상으로 상당한 성과를 보였다. 게다가 Kellogg와 PepsiCo는 인수합병에 현저하게 낮은 프리미엄을 지불하여 더 많은 가치를 가져갈 수 있었다.

실증 결과

인수합병이 가치를 창출하는가는 수십 년 동안 학계와 연구기관들이 연구해온 주제이다. 당연하게도, 본 장의 처음에서 소개된 인수합병의 이점을 고려할 때

[표 13.3] **인수합병 사례: 상당한 성과 개선**

%	연도	피인수기업의 독립가치 대비 공시된 성과개선의 현가 비율	피인수기업의 독립가치 대비 지불한 프리미엄 비율	인수가격 대비 인수합병으로 인해 창출된 순가치 비율
Kellogg/Keebler	2000	45–70	15	30–50
PepsiCo/Quaker Oats	2000	35–55	10	25–40
Clorox/First Brands	1998	70–105	60	5–25
Henkel/National Starch	2007	60–90	55	5–25

연구자들은 인수합병이 종합적으로는 인수기업과 피인수기업의 주주들 모두에게 가치를 창출한다는 결과를 보여주었다. 1997년에서 2009년까지의 1,415건의 인수합병을 McKinsey에서 조사한 결과, 인수기업과 피인수기업의 총가치는 평균적으로 약 4% 정도 증가하였다.[67]

그러나 수익률에 대한 결과에 따르면 인수합병은 인수기업의 주주들에게 많은 가치를 창출해주지는 못하는 것으로 대부분 나타났다. 인수합병 소식에 대한 자본시장의 반응을 분석한 실증분석에 따르면 시장가치가중평균 거래(value-weighted average deal)는 인수기업의 주가를 1~3% 가량 하락시키는 것으로 나타났다.[68] Mark Mitchell과 Erik Stafford에 따르면 인수기업이 인수합병 후 3년 동안 TRS가 비교기업에 비해 5% 정도 낮은 것으로 나타났다.[69]

이 질문에 대한 답을 보는 또 다른 방법은 인수합병 건들 중 인수기업 주주들에게 가치를 창출해주는 건들의 비중을 측정하는 것이다. McKinsey의 조사 결과에 따르면 3분의 1은 가치를 창출했고, 3분의 1은 그렇지 못했으며, 나머지 3분의 1은 실증분석 결과 결론을 내릴 수 없었다.[70] 이 같은 연구들은 인수합병 발표 후 며칠 동안의 주식시장 반응을 살펴보는데, 최초의 시장반응은

67 Werner Rehm and Carsten Buch Sivertsen, "A Strong Foundation for M&A in 2010," McKinsey on Finance 34 (Winter 2010): 17-22.

68 S.B.Moeller, F.P.Schlingemann, and R.M.Stulz, "Do Shareholders of Acquiring Firms Gain from Acquisitions?" (NBER working paper no. W9523, Ohio State University, 2003).

69 M.L.Mitchell and E.Stafford, "Managerial Decisions and Long-Term Stock Price Performance," Journal of Business 73 (2000): 287-329.

70 Werner Rehm and Carsten Buch Sivertsen, "A Strong Foundation for M&A in 2010," McKinsey on Finance 34 (Winter 2010): 17-22.

(평균적으로) 지속되며 미래 성과를 꽤 정확하게 나타내는 것으로 드러났다.[71]

그러나 공시효과에 대한 연구는 규모가 큰 표본에 대해서는 유용한 결과를 주기는 하지만 개별 거래들에 똑같은 방법이 적용될 수는 없다. 시장이 거래의 결과를 평균적으로는 정확하게 반영하지만 이 사실이 개별 거래의 최초 반응 또한 언제나 옳다는 것을 의미하지는 않는다. 공시효과 연구의 또 다른 문제는 모기업의 주가에 영향을 거의 미치지 못할 정도로 작은 규모의 인수합병 표본에는 적용하기 부적합하다는 것이다.

연구자들은 또한 인수기업에게 유익한 거래와 그렇지 못한 거래를 구분하는 특정 요인들을 찾아내고자 하였다. 이러한 연구는 세 가지의 특성들을 지적하고 있으며, 이것들은 충분히 예상할 수 있는 것들이다.

1. **건실한 기업이 더 성공적이다.** 실증연구에 따르면 인수합병 시점 전의 3년간 산업 평균 이상으로 이익과 주가가 성장한 인수기업은 공시 시에 통계적으로 유의한 양의 수익률을 얻는다.[72]
2. **작은 거래 프리미엄이 더 낫다.** 연구에 따르면 높은 프리미엄을 지불하는 인수기업이 공시 시에 음의 수익률을 얻는 것으로 나타났다.[73]
3. **단독 입찰자가 되는 것이 좋다.** 여러 연구에 따르면 인수기업의 주식 수익률은 입찰자의 수와 반비례 관계를 보이는 것으로 나타났다. 피인수기업을 인수하려는 기업들이 많을수록 인수가격은 상승한다.[74]

71 Mark Sirower and Sumit Sahna, "Avoiding the Synergy Trap: Practical Guidance on M&A Decisions for CEOs and Boards," Journal of Applied Corporate Finance 18, 3 (Summer 2006): 83-95.

72 R.Morck, A.Shleifer, and R.Vishny, "Do Managerial Objectives Drive Bad Acquisitions?," Journal of Finance 45 (1990): 31-48. 기업의 성과 측정 지표로 시장대비장부가치비율을 사용하여 비슷한 결과를 얻은 다른 연구도 있다: H.Servaes, "Tobin'sQ and the Gains from Takeovers," Journal of Finance 46 (1991): 409-419.

73 M.L.Sirower, The Synergy Trap (New York: Free Press, 1997); and N.G.Travlos, "Corporate Takeover Bids, Methods of Payment, and Bidding Firms' Stock Return," Journal of Finance 42 (1987): 943-963. Sirower의 결과는 통계적으로 유의하였으나 Travlos의 결과는 그렇지 않았다.

74 R.Morck, A.Shleifer, and R.Vishny, "Do Managerial Objectives Drive Bad Acquisitions?," Journal of Finance 45 (1990): 31-48; and D.K. Datta, V.K.Narayanan, and G.E.Pinches, "Factors Influencing Wealth Creation from Mergers and Acquisitions: A Meta-Analysis," Strategic Management Journal 13 (1992): 67-84

여기서 기업의 특성은 중요하지 않다는 사실을 짚고 넘어갈 필요가 있다. 다음과 같은 기업의 특성들이 인수합병 시에 창출되거나 사라지는 가치에 영향을 미친다는 증거는 없다.

- 피인수기업 대비 인수기업의 크기
- 거래로 인한 EPS의 증가 혹은 희석 여부
- 피인수기업 대비 인수기업의 PER
- 인수기업과 피인수기업의 관련성

이 같은 실증 결과들은 다음과 같은 사실을 명확하게 해준다. 기업 경영에서의 대부분 이슈에서와 마찬가지로 인수합병에는 모든 상황에 통하는 마법의 공식은 없다. R&D나 마케팅 등 다른 경영 프로세스와 같이 인수합병 자체는 본질적으로 좋거나 나쁜 것이 아니다. 각 거래는 그 자체의 전략적 논리를 갖고 있고 우리의 경험에 따르면 성공적인 인수기업은 각 거래에 대해 잘 연결된 구체적인 가치창출의 아이디어를 갖고 있다. 그다지 성공적이지 않았던 거래들의 전략적 근거는 다소 모호한 경향이 있는데 예를 들면 '국제적 규모의 추구', 포트폴리오의 공백 채우기, 포트폴리오에 제 3의 교량 짓기, 또는 거래 자체를 아예 '전략적' 거래와 같이 부르는 경우 등이 있다.

가치창출 인수합병의 원형

가치를 창출하는 인수합병의 구체적인 전략을 도출한 실증 분석은 거의 없다. 이렇게 실증 연구가 없는 상태에서 가치를 창출하는 인수합병 전략에 대하여 기업들과의 인수합병 작업 경험을 토대로 제언하고자 한다. 우리의 경험에 따르면 가치를 창출하는 인수합병의 전략적 근거는 보통 다음의 다섯 가지 원형 중 하나에 해당한다.

1. 피인수기업의 성과 개선
2. 산업의 과잉설비 감소를 위한 통합
3. 피인수기업이나 인수기업 제품의 시장접근성 향상
4. 자체 개발보다 더 신속하게 혹은 더 낮은 가격으로 기술 획득
5. 경쟁력 있는 기업을 조기에 발견하여 사업을 확장하도록 도움

만약 인수합병이 이 같은 원형의 하나 혹은 둘 이상에 해당하지 않는다면, 가치를 창출하지 못할 가능성이 크다. 전략적 근거는 이 같은 원형 중 하나를 세분화한 것이어야 하며, 성장 혹은 전략적 포지셔닝과 같은 모호한 개념이 아니어야 한다. 성장과 전략적 포지셔닝이 중요할지 몰라도, 이들은 보다 더 실체적인 개념으로 변형될 필요가 있다. 또한 여러분이 하는 인수합병이 이 원형들 중 하나에 속한다 할지라도, 지나치게 많은 대가를 지불하거나 가치창출 계획에 따르지 않는다면 가치를 창출하지 못할 수도 있다.

피인수기업의 성과 개선

피인수기업의 성과를 개선하는 것은 가치창출의 가장 흔한 동력 중 하나이다. 간단히 말해서, 여러분은 기업을 인수하여 마진율을 높이고 현금흐름을 증가시키기 위해 비용을 현저히 절감한다. 어떤 경우에는 인수자 또한 매출 성장을 가속화하기 위해 조치를 취하기도 한다.

이러한 인수합병은 최고의 사모펀드회사들이 하는 일이기도 하다. Acharya, Hahn, Kehoe는 성공적인 사모펀드회사들의 인수합병 사례를 연구하였는데 이들은 인수되어 개선된 다음 추가적인 인수합병 없이 팔렸다.[75] 이들에 따르면 사모펀드회사들의 소유 기간 동안 인수된 기업의 영업이익마진율은 비교기업들에 비해 평균적으로 2.5% 정도 증가한 것으로 나타났다. 이것은 이들 거래의 많은 경우 영업이익마진율은 더욱 (어떤 거래들은 물론 덜) 크게 증가했다는 것을 의미한다.

낮은 마진율과 낮은 ROIC 기업의 성과를 개선하는 것이 높은 마진율과 높은 ROIC를 가진 기업의 성과를 개선시키는 것보다 더 쉽다는 사실을 기억해야 한다. 6%의 영업이익마진율을 가진 기업을 인수한다고 가정하자. 매출의 94%에서 91%로 비용을 3% 줄이는 것은 마진율을 9% 증가시키고, 기업의 가치를 50% 증가시킬 수 있다. 반대로 기업의 영업이익마진율이 30%라면 50% 만큼의 가치 증가를 위해서는 마진율을 45%로 증가시켜야 한다. 비용은 매출의 70%에서 55%로 즉, 원가 기준 21%만큼 감소시켜야 한다. 이 같은 성과 개선 기대는 비현실적이다.

75 Viral V.Acharya, Moritz Hahn, and Conor Kehoe, "Corporate Governance and Value Creation: Evidence from Private Equity" (working paper, February 4, 2010).

산업의 과잉설비 감소를 위한 통합

보통 산업이 성숙해질수록 과잉설비가 더 많아진다. 예를 들면 화학산업에서 기업들은 신규 경쟁자들이 산업에 계속 진입하는 동안 공장에서 더 많은 생산을 할 방법을 계속 찾는다. 1980년대 중반에 생산을 시작한 Saudi Basic Industries Corporation (SABIC)은 1985년에 630만 톤에서 2008년에는 5,600만 톤의 부가가치 상품을 생산하기까지 성장한다. 이제는 세계에서 가장 영향력 있는 석유화학 기업으로서 SABIC은 지속적으로 성장하여 2020년경에는 연간 생산량이 1억 3,500만 톤에 달할 것으로 예상된다.

기존의 생산능력에 신규 진입자의 새로운 생산능력이 결합되면 종종 공급이 수요를 초과하게 된다. 그러나 공장을 닫는 것은 어느 기업에게도 개별적으로 이득이 되지 않는다. 기업들은 그들이 가진 가장 생산성이 낮은 공장을 닫고 작은 기업으로 남는 것보다는 인수합병으로 인해 결합된 큰 기업의 공장을 닫는 것이 더 쉽다는 것을 자주 발견한다.

산업의 과잉설비를 줄이는 것은 공장을 닫는 것에 국한되지 않고 무형의 생산능력에도 적용될 수 있다. 예를 들면 제약산업의 합병은 합병된 기업의 제품 포트폴리오가 바뀜에 따라 판매인력을 감소시키고, 이는 의사들과 소통하는 방법도 변화시킨다. 제약기업들은 또한 보다 생산적인 연구방법을 발견하고 연구개발프로젝트 포트폴리오를 가지치기할 수 있게 됨에 따라 R&D 역량을 현저하게 감소시켜왔다.

피인수기업이나 인수기업 제품의 시장접근성 향상

혁신적인 제품을 생산하는 상대적으로 작은 규모의 기업들은 잠재 시장 전체에 접근하는 것이 어려운 경우가 많다. 예를 들어 규모가 작은 제약기업은 보통 제품을 출시할 능력이나 의사들에게 판촉할 대규모 판매인력을 갖고 있지 못하다. 그러나 규모가 큰 제약기업은 작은 기업의 제품 판매를 급격하게 촉진시킬 수 있는 판매 및 제품경영 능력을 갖추고 있다.

IBM은 소프트웨어산업에 이 전략을 추구해왔다. 2002년에서 2009년까지 IBM은 70개 기업을 140억 달러에 인수하였다. 이들 기업의 제품들을 IBM의 세계적인 세일즈망을 통해 판매하여 인수 후 첫 2년 동안 거의 50%에 달하는 매출 성장을 달성했고 그 후 3년 동안은 평균 10% 이상의 성장을 기록하였다.[76]

76 2010 IBM Investor Briefing, May 12, 2010.

어떤 경우에는 피인수기업이 인수기업의 매출 성장을 촉진시키는 데 도움을 줄 수도 있다. Procter & Gamble이 Gillette을 인수할 때, 합병된 기업은 P&G가 어떤 신흥국 시장들에서의 세일즈 파워가 강력했고 Gillette 또한 다른 신흥국 시장에서 점유율이 더 높았기 때문에 양쪽으로부터 이득을 보았다. 이 둘은 결합됨으로써 새로운 시장에 자신들의 제품을 훨씬 더 빠르게 소개할 수 있게 되었다.

자체 개발보다 더 신속하게 혹은 더 낮은 가격으로 기술 획득

Cisco Systems는 네트워크 솔루션 제품의 방대한 생산라인을 구축하고 개별 제품 생산자에서 인터넷 장비 산업의 핵심 주체로 빠르게 성장하기 위해 인수합병의 전략을 구사하였다. 내부에서 개발하기보다 전략적으로 외부기업을 인수하며 1993년부터 2001년까지 Cisco는 평균 약 3억5천만 달러에 71개 기업을 전략적으로 사들였다. Cisco의 매출은 1993년에 6억5천만 달러에서 2001년에 220억 달러로 성장했는데 2001년 매출의 거의 40% 정도가 이런 인수합병으로부터 직접 발생하였다. 2009년에 Cisco는 360억 달러 이상의 매출에 시가총액이 약 1천500억 달러에 이르렀다.

경쟁력 있는 기업을 조기에 발견하여 사업을 확장하도록 도움

성공하는 인수합병 전략의 마지막 원형은 새로운 산업이나 생산라인의 초기 단계 즉, 산업의 성장 잠재력이 시장에 드러나기 전에 인수합병을 하는 것이다. Johnson & Johnson은 의료기기산업에 진출할 때 이와 같은 전략을 추구하였다. Johnson & Johnson이 1996년에 기기생산자인 Cordis를 인수했을 때 Cordis의 매출은 5억 달러였다. 2007년에는 연간성장률이 20%에 달하며 매출이 38억 달러로 증가하였다. J&J은 1996년에 정형외과 기기생산자인 DePuy를 인수하였는데 당시 매출은 9억 달러였다. 2007년에 DePuy의 매출은 46억 달러였고 마찬가지로 20%의 연간성장률을 보였다.

이와 같은 인수합병 전략은 경영진 차원에서 세 가지 원칙에 입각해야 한다. 첫째, 경쟁자나 시장이 산업 혹은 기업의 잠재력을 알게 되기 전에 조기에 투자를 해야 한다. 둘째, 여러 번의 베팅을 해야 하고 어떤 것은 실패할 수도 있다는 것을 인식해야 한다. 셋째, 인수한 사업이 성장하도록 단련시킬 능력과 인내심이 필요하다.

인수합병으로부터 가치를 창출하기 위한 좀 더 어려운 전략방안들

앞서 언급한 다섯 가지의 주요 인수합병 전략 외에도 경영자는 롤업(rollup), 경쟁적 행동 개선을 위한 합병, 변형 합병 참여, 저가 매수 등과 같은 더 다양한 메뉴로부터 전략을 택하여 인수합병을 정당화하기도 한다. 이 같은 전략들이 가치를 창출할 수 있더라도 성공적인 실행이 어려운 경우가 많기 때문에 실제 가치를 창출하는 경우는 드물다. 그러므로 가치를 고려하는 경영자는 이 같은 전략들에 기반한 거래가 있을 때 비판적인 시각으로 바라보아야 한다.

롤업전략

롤업전략은 현재 경쟁자들이 규모의 경제를 달성하기에는 규모가 너무 작은 매우 세분화되어 있는 시장을 합치는 전략이다. 예를 들어 1960년대부터 Service Corporation International은 휴스턴에 있는 작은 장례식장에서 2008년에는 1,400개 이상의 장례식장과 묘지로 성장하였다. 비슷하게 Clear Channel Communications는 미국 시장의 라디오 방송국을 롤업한 결과, 900개 이상의 국을 소유하게 되었다.

이 같은 전략은 기업들이 개별 기업으로 존재하는 것보다 합병됨으로써 비용을 현저히 절감하거나 더 높은 매출을 달성할 수 있는 경우에 효과가 있다. 한 도시 내 Service Corporation의 장례식장들은 차량, 구매, 비영업 업무들 등을 공유할 수 있다. 이들은 또한 합동 광고를 통해 비용 절감과 동시에 높은 매출 달성을 할 수 있다.

규모 자체가 성공적인 롤업을 만드는 것은 아니다. 중요한 것은 적절한 수준의 규모인가의 여부이다. 예를 들어 Service Corporation의 경우 차량 공유와 같은 비용 절감이 지점 간 거리가 가까워야만 실현될 수 있기 때문에 많은 도시에 많은 지점들이 흩어져 있는 것보다 한 개 도시에 여러 지점이 있는 것이 나았다.

롤업전략은 숨기기 어렵기 때문에 모방자가 출현하게 된다. 다른 경쟁자들이 Service Corporation의 전략을 모방하기 시작하자 어떤 장례식장들의 가격은 추가적인 인수합병에 따른 이익이 사라질 정도로 상승하게 되었다.

경쟁적 행동 개선을 위한 합병

매우 경쟁적인 산업의 많은 경영진들은 인수합병이 경쟁자들로 하여금 가격경쟁에 덜 집중하게 하여 산업의 ROIC를 증가시킬 수 있을 것이라 기대한다. 그러나 실증 결과에 따르면 산업 내 서너 개 경쟁사만 존재하고 신규 진입이 불가능하지 않는 한 경쟁자의 가격책정 행위는 변하지 않는다. 소규모 기업이나 신규 진입자는 저가를 통해 점유율을 높이려는 유인을 갖는 경우가 많다. 그러므로 10개의 경쟁자가 있는 산업이 있다면 경쟁의 기반이 바뀌기 위해서는 많은 인수합병이 일어나야만 할 것이다.

변형 합병 참여

인수나 합병의 이유로 자주 언급되는 것이 하나 혹은 양쪽 기업을 변형시키는 것이다. 그러나 변형 합병은 상황이 적절해야 하고 경영진이 전략을 제대로 구사해야만 하기 때문에 성공하는 경우가 드물다.

변형 합병을 설명하는 좋은 예가 있다. 세계적인 제약회사인 스위스의 Norvatis는 1996년에 Sandoz와 Ciba-Geigy의 300억 달러 규모의 합병을 통해 탄생하였다. 그러나 이 합병은 단순한 사업결합 이상이었다. 새로운 CEO Daniel Vasella의 리더십 아래 Sandoz와 Ciba-Geigy는 완전히 새로운 회사로 변형되었다. 합병을 변화의 촉매로 활용하며 Vasella와 경영진은 14억 달러의 비용절감뿐 아니라 회사 미션, 전략, 포트폴리오, 조직, 연구부터 세일즈까지의 모든 중요 프로세스의 재정의를 이루었다. 모든 분야에서 Sandoz와 Ciba-Geigy의 사업 방식 중 하나를 선택하는 일은 없었다. 대신에 사업을 위한 최적의 방식을 찾는 체계적인 노력이 기울여졌다.

Norvatis는 생명과학산업(제약, 영양, 농업)의 혁신으로 전략적 초점을 바꾸고 1997년에 70억 달러의 Ciba Specialty Chemicals 사업을 분할하였다. 전 세계 R&D를 지역보다는 치료산업 중심으로 재조직하여 Norvatis가 세계에서 선도적인 종양학 체인으로 거듭나도록 하는 등의 조직개편을 단행하였다. 모든 부서와 조직체계에 걸쳐 Norvatis는 연공중심에서 성과중심 보상체계를 경영자들에게 적용하는 변화를 줌으로써 강력한 성과중심 문화를 창조하였다.

저가 매수

인수합병으로부터 가치를 창출하는 마지막 방법은 저가 매수이다. 즉, 대상 기업의 내재가치보다 낮은 가격에 사들이는 것이다. 그러나 우리의 경험에 따르면 저가 매수를 통한 가치 창출의 기회는 드물고 상대적으로 작다.

시장가치가 장기적인 관점에서는 내재가치에 수렴해가지만 두 가치가 단기적으로는 불일치할 수가 있다. 예를 들어 시장은 경영진의 범죄행위 수사, 다수의 경쟁력 있는 제품 포트폴리오 군에서 하나의 제품 실패 등과 같은 부정적인 소식에 과민 반응하는 경우가 있다. 경기민감 산업에서는 경기 하강 시 자산이 과소평가되는 경우가 많다. '완전 예측' 모형 하에서 내재가치를 시장가치와 비교하면 경기민감 산업의 기업들이 경기 하강 시에 자산을 매입하여 과열 시 매도하는 경우 주주들의 수익률을 (실제 수익률과 비교 시) 두 배로 늘릴 수 있는 것으로 나타났다.[77]

시장에서 내재가치 이하의 값으로 기업을 인수할 수 있는 경우가 종종 발생함에도 우리는 그런 사례를 많이 관찰하지는 못하였다. 인수 대상기업을 통제하기 위해서 인수기업은 현재 시장가치 이상의 프리미엄을 피인수기업 주주들에게 지불해야 한다. 프리미엄의 액수는 매우 다를 수 있지만, 기업 통제를 위한 평균 프리미엄은 대체로 피인수기업 순자본의 공시 직전 가격의 30% 정도로 나타났다.

다수의 인수자가 노리는 피인수기업의 경우 프리미엄은 치솟아서 소위 승자의 저주가 일어난다. 다수의 기업이 특정 인수 대상기업을 평가하여 대략 같은 정도의 시너지 효과를 기대한다면, 잠재적 시너지를 가장 과대평가한 인수기업이 최고가를 부를 것이다. 판매가는 창출되는 가치의 과대평가에 기반하기 때문에 승자는 과대한 지불로 인해 결과적으로 패자가 되고 만다.[78]

회계수치가 아닌 가치 창출에 집중하라

많은 경영자들은 인수합병으로 인해 창출되는 가치보다 그로 인한 이익의 증가나 희석에 집중하기 쉽다. 주식시장이 인수합병으로 인한 회계수치 효과보다 그 거래로 인한 가치창출에만 반응한다는 것이 알려졌음에도 경영자들은 여전히 그러하다. 따라서 회계수치에만 집중하는 것은 위험하며 잘못된 의사

77 T.Koller and M.de Heer, "Valuing Cyclical Companies," The McKinsey Quarterly no.2 (2000): 62-69.

78 K.Rock, "Why New Issues Are Underpriced," Journal of Financial Economics 15 (1986): 187-212

결정에 이르게 할 가능성이 있다.

2005년에 국제회계기준(IFRS)과 미국회계기준(U.S. GAAP)은 영업권의 상각규정을 삭제하였다. 그 결과 많은 경우 현금결제 인수합병은 가치창출 여부에 관계 없이 이익이 증가하게 되었다. 표 13.4의 예가 보여주듯이 인수합병이 이익을 증가시켜주기 위해서는 많은 대가가 필요하지 않다. 인수기업은 6% 이자율(세후 유효이자율 3.9%)로 차입하여 피인수기업에 현금 5억 달러를 지불한다. 이익 증대 효과를 보기 위해 인수기업의 이익인 8천만 달러에 피인수기업의 이익인 3천만 달러를 더한 후 부채의 세후 이자비용인 1천9백5십만 달러를 차감한다. 인수기업의 이익은 9천5십만 달러가 되어 이전 이익에서 13% 증가한 값이 된다.

인수기업의 이익은 피인수기업으로부터의 수입이 신규 부채로부터의 세후 이자비용을 초과하는 한 증가하게 된다. 본 예시에서 피인수기업의 이익은 인수가격의 6%이고 세후 이자비용은 3.9%밖에 되지 않는다. 이익이 증대되는 동안 본 거래가 가치를 창출하는지의 여부는 알 수 없다. 사실 주어진 정보만을 볼 때, 인수기업의 주주는 대부분 기업 주주들의 요구수익률에 훨씬 못 미치는 6%의 수익만 얻기 때문에 이 거래는 오히려 가치를 소멸시킬 것으로 보이기도 한다. 미래 성과 개선으로 인해 가치를 창출하는 거래가 될 수도 있지만 이익증대 측면에서는 그와 같은 사실이 드러나지 않는다.

금융시장은 회계수치 결과보다 진정한 가치창출이 중요하다는 것을 인식하고 있다. 미국에서의 117건의 사례를 살펴본 연구에서 인수합병으로 인한 이익의 증대나 희석이 시장의 반응 요소는 아닌 것으로 나타났다.(표 13.5)[79] 거래

[표 13.4] **가치파괴에 따른 주당이익의 증대**

	총액 (백만 달러)	주당	
인수기업의 순이익	80.0	2.00	
피인수기업의 순이익	30.0	0.75	← 5억 달러의 인수합병가액에 대한 6.0%의 세후 수익률
추가 세후 이자비용	(19.5)	(0.49)	← 인수 가격에 대한 3.9%의 세후 이자비용
인수합병 후 인수기업의 순이익	90.5	2.26	

79 Richard Dobbs, Billy Nand, and Werner Rehm, "Merger Valuation: Time to Jettison EPS," McKinsey on Finance, Spring (2005): 17-20

[표 13.5] **인수합병으로 인한 주당이익(EPS) 변화의 시장 반응**

2년차의 주당이익 효과	긍정적 시장반응을 얻은 인수자 비율: 공시 후 1달	긍정적 시장반응을 얻은 인수자 비율: 공시 후 1년	거래 수[1]
증대	41	52	63
일정	40	43	23
희석	42	54	31
	평균 = 41	평균 = 50	

1 표본은 1999년 1월에서 2000년 12월 사이 미국 기업 대상 30억 달러 이상의 117개 인수합병 거래를 포함한다.

출처: Thomson, 애널리스트 보고서, Compustat, McKinsey Corporate Performance Center 분석자료

후 2년 간 기대 주당이익이 크던지 작던지 같던지 상관없이 약 41% 정도의 인수기업들은 긍정적인 시장반응을 받았다.

인수합병이 가치를 창출하는지 여부는 회계적 이익의 증대 혹은 희석 같은 단순한 틀로 설명될 수 없다. 유일하게 의미 있는 측정방법은(비용절감이나 매출증대와 같은 단기 지표도 유용하기는 하지만) 인수합병이 장기적으로 합병된 기업의 현금흐름을 증가시켰는지의 여부이다. 게다가 인수합병 전략의 유형 파악이 인수합병의 가치창출 여부를 파악하는 데 도움이 될 수 있지만, 결국에는 모든 거래는 특정 산업과 시장 환경 하에서 현금흐름을 증가시킬 수 있는 고유 능력에 따라 가치를 창출하거나 소멸시키게 된다.

14

위험
Risk

2007년에 시작된 경제위기는 많은 경영진들에게 위험에 대한 이해와 관리 간의 차이에 대한 경각심을 갖도록 하였다. 그 결과 많은 이들이 위험관리 개선을 위한 조치들을 취했는데 일부는 유익하였으나, 이사회를 달래는 수준에 그치는 경우가 더 많았다.

위험은 다양한 기준으로 분류할 수 있다. 우리의 목적상 유용한 분류는 다음과 같다. (1) 기업이 통제할 수 있는 내부 위험 (직원과 소비자의 안전, 오염, 직원의 불법행위 등) (2) 자연재해 (허리케인, 지진 등) (3) 외부 경제적 위험 (경기불황, 인플레이션, 이자율 변화, 실물가격 변화, 소비자 수요와 선호 변화, 기술 변화, 경쟁업체의 행동 등)

내부 위험과 자연재해 위험은 보통 일방적, 하강적 위험으로 큰 위기가 될 수 있으나 발생 빈도는 낮다. 기업은 이러한 종류의 위험을 감소시키기 위해 얼마만큼의 투자를 할 것인지 결정할 필요가 있다. 예를 들어 원유생산과 같이 실제적인 안전위험이 있는 중공업의 경우 안전문화를 교육하고 구축하기 위한 투자 정도를 결정해야 하고 도박이나 증권거래 산업의 경우 직원들의 행동을 어떻게 효과적으로 모니터링할 결정해야 한다.

본 장에서 우리의 초점은 외부 경제적 위험에 있다. 이러한 위험은 양방위험(경제적 변화는 유익할 수도 해로울 수도 있다)이기에 이를 관리하는 방법을 결정하는 과정은 복잡하며, 이러한 위험의 감소는 합리적인 가격으로 실행이 어려울 수도 있다.

당신이 이 글을 읽는 시점이 2005년이라 가정하자. 당신은 첨단기술 기업을 경영하고 있고 미국의 주택 가격이 하락하여 1년에서 5년 후에 큰 경기 불황이 올 가능성이 높다는 것을 알게 되었다고 하자. 당신은 어떻게 할 것인가? 장부상 부채를 줄여 불황 시에 어려움을 덜 겪도록 할 수도 있고 경쟁력이 덜한 경쟁자들에 비해 경쟁우위를 다질 수도 있다. 이는 상대적으로 비용이 덜 드는 현명한 결정이 될 것이다.

또한 당신은 제품개발 비용을 줄이고 판매망 구축을 늦출 수도 있다. 그러나 이 경우 시장점유율을 잃을 위험이 있고 이는 다시 회복하기가 어려울 수 있다. 또는 당신은 금융시장에서 헤지를 할 수도 있다. 하지만 어떤 종류의 수단으로 헤지를 할 것인가? 당신은 거래되는 현물을 팔지 않기 때문에 직접 헤지를 매수하는 것은 불가능하다. 당신이 매수할 수 있는 유일한 상품은 주가지수계약으로(S&P500 등) 주가지수가 하락할 경우 보상을 해줄 수 있으나, 지수의 움직임이 당신의 기업 영업성과와 완벽한 상관관계를 갖기는 힘들다. 당신은 그저 경기가 하강하기 시작할 때의 대응계획을 준비하는 것에 만족해야 할 것이다.

위험은 기업과 투자자에게 다르게 영향을 미친다

경영진이 위험관리 방법을 결정할 때, 기업의 투자자들은 위험을 다른 시각에서 보며 이사회는 또 다른 제 3의 시각을 가질 수 있다는 사실을 고려해야 한다. 투자자들은 개별 기업 주식의 일부만 그들의 포트폴리오에 갖고 있는 경우가 보통이기 때문에 성공 가능성이 낮더라도 잠재적으로 보상이 큰 투자를 기업이 실행해주기를 바랄 수 있다. 그러나 경영자들은 실패가 그들의 경력을 망칠 수 있기에 이 같은 투자를 꺼릴 수 있다. 이사회는 큰 잠재수익의 기회를 택하는 것보다 손실 위험을 제한하는 것에 더 관심을 가질 수 있다.

이 같이 각기 다른 관점들로 인해 기업의 위험 크기와 위험 가격간의 관계는 직관적이지 않다. 위험의 크기는 기업의 미래 현금흐름의 불확실성 범위라고 생각하자. 위험의 가격은 기업의 현금흐름을 평가할 때 사용하는 자본비용, 할인율, 또는 기대수익률 등으로 불리는 이자율이다.[80] 직관적이지 못한 부분은 위험 크기와 위험 가격이 서로 연관성이 없는 경우가 많다는 것인데, 이것은 투자자들의 분산투자가 위험 크기와 위험 가격 간의 연결고리를 끊어버리기 때문이다.

80 기업의 자본비용은 투자자들이 그 기업에 투자함으로써 얻기를 기대하는 최저 수익률을 말한다. 그래서 투자자의 기대수익률과 자본비용이 같은 뜻으로 쓰인다. 자본비용은 또한 할인율이라고도 불리는데 투자안의 현재가치를 계산할 때 미래의 현금흐름을 이 비율로 할인하기 때문이다.

[표 14.1] **포트폴리오 수익률의 변동성: 분산투자에 따라 감소**

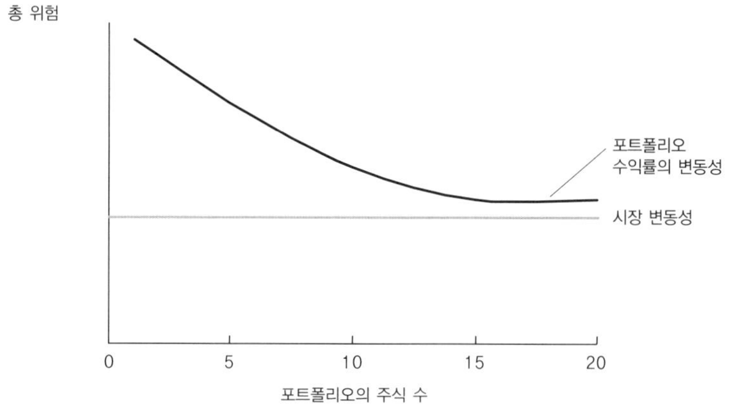

주식시장 투자자, 특히 기관투자자들의 경우 보통 포트폴리오에 수백 가지 주식을 갖고 있고 가장 집중된 기관투자자라도 최소 50가지 주식을 갖고 있다. 그 결과 개별 기업에 대한 이들의 위험노출은 제한적이다. 표 14.1은 포트폴리오 내의 주식 수가 많아질수록 총 위험이 변화하는 양상을 보여준다. 어떤 기업의 현금 흐름이 증가하는 반면 다른 기업의 현금 흐름은 감소하는 등의 기업들의 현금흐름간의 상관관계가 낮기 때문에 포트폴리오 내의 주식 수가 많아질수록 총 위험은 감소하게 된다.

시간이 흐름에 따라 재무 학계에서 받아들여진 통찰 중 하나는 위험가격(자본비용)에 대한 분산투자의 효과이다. 분산투자가 투자자들의 위험을 감소시키고 분산투자의 비용이 크지 않다면, 투자자들은 분산투자를 통해 쉽게 제거할 수 있는 위험에 대해서는 보상을 요구하지 않는다. 그들은 분산 불가능한 위험에 대한 보상만을 요구한다.

분산 불가능한 위험은 경기 사이클에 대한 노출과 같이 모든 기업들에게 영향을 끼치는 위험이다. 그러나 기업들이 직면하는 대부분의 위험은 분산 가능하기 때문에 대부분의 위험들은 기업의 자본비용에 영향을 미치지 않는다.

2010년 초 비금융 대기업의 자본비용은 8~10% 수준이었다. 이는 미국이나 독일 같은 튼튼한 정부의 정부채권 수익률보다 약 4~5% 높은 수준이고 BBB 등급 회사채 수익률보다는 겨우 2~3% 높은 수준이었다.

Campbell Soup과 같이 예측 가능한 현금흐름을 가진 기업부터 Google과 같이 덜 예측 가능한 기업까지 아우르는 기업의 자본비용이 가질 수 있는 범위는 좁다. 이는 투자자들이 그들의 보유 주식을 분산투자하기 때문이다. 만약 그 범위가 더 넓어진다면 PER 비율도 더 넓은 범위를 나타내야 하는데 그렇지 않다. 대부분의 대기업들 PER 비율은 12에서 20 정도이다. 자본비용이 8~10% 수준이 아니라 6~15% 범위였다면 더 많은 기업들의 PER 비율이 8 미만이나 25 이상이었을 것이다.

기업의 자본비용이 8%, 10% 또는 그 사이에 있는지의 이슈는 금융업계에서 뜨겁게 논쟁이 되는 주제이다. 수십 년 동안 자본비용의 차이를 측정하는 기본 모형은 자본자산가격결정모형(CAPM)이었는데, 이 모형은 학계와 업계에서 주가 실제 데이터를 적절히 반영하지 못한다고 비판받아왔다. 그러나 이 같은 비판 또한 비판의 근거가 되는 데이터 자체에 문제가 있다고 비판 받고 있다. 어떤 경우라도 최근 새로 부상하는 이론들도 CAPM보다 넓은 기업 간 자본비용의 범위를 보여주지 못하고 있다. 그러므로 새로운 접근방법이 CAPM을 대체한다고 하더라도 기업의 의사결정에 미치는 실제적인 영향은 적거나 아예 없을 것이다. 기업들의 자본수익률 범위가 5% 미만에서 30% 이상으로 넓게 나타날 때, 자본비용의 1~2% 차이는 별로 논쟁할 정도가 되지 못한다.

위험의 측정

위험관리는 기업이 직면하는 위험을 측정하지 않고서는 불가능하다. 2008년 금융위기 시에 은행들에서 보았듯이, 위험측정을 위해서는 반드시 복잡한 모델이 필요한 것이 아니라, 사려깊은 이해가 필요하다. 우리는 은행들이 수많은 수학과 통계지식으로 무장된 복잡한 모형을 갖고 있었음에도 실질적인 경제분석은 미진했던 것을 보았다.

위험측정에는 많은 함정이 있다. 예를 들면 개별 위험들은 복잡하고 미묘하게 상호작용할 수 있다. 새로운 탄소규제가 알루미늄 생산자에게 미치는 영향을 생각해보자.[81] 단순하게 분석하면 정부가 탄소배출에 세금을 부과할 경우 기업 이익은 줄어들 것이다. 왜냐하면 기업이 배출한 탄소와 이들이 구입하는 제품에 대해 더 높은 가격을 지불해야 하므로 원가가 증가하기 때문이다. 게다

81 Eric Lamarre와 Martin Pergler가 제시한 예를 인용함: "Risk: Seeing Around the Corners," McKinsey on Finance 33 (Autumn 2009): 2-7.

가 증가한 원가를 소비자들에게 전가하지 못할 수가 있다.

그러나 알루미늄업계에서는 생산자별로 미치는 영향이 다를 수 있다. 미국 중서부에서는 알루미늄 공급보다 수요가 훨씬 많아서 알루미늄 가격은 그 지역에서 알루미늄을 확보하는 데 드는 비용에 크게 영향을 받는다. 높은 탄소세는 그 지역의 운반비용을 상승시킬 것이다. 그러나 그 지역 내에 용광로를 가진 생산자는 이 같은 추가비용이 발생하지 않으므로 높은 탄소세가 오히려 유리할 수도 있다.

또 다른 효과는 알루미늄의 수요가 증가하게 될 수도 있다는 것이다. 높은 탄소세로 인해 자동차 제조업자들은 무게를 줄이고 에너지 효율성을 개선하기 위해 자동차 부품의 많은 부분을 철에서 알루미늄으로 바꾸게 될 것이다. 이처럼 어떤 위험의 영향은 분명하지 않을 수도 있고 직관에 반하는 경우도 있다.

위험의 계량화를 위해 겉보기에 정교한 모형을 사용하는 것이 오히려 방해가 될 수 있는데, 이 모형들은 보통 근본적인 경제분석을 바탕으로 하기 보다는 과거 수년간의 자료 패턴이 미래에도 반복될 것이라는 가정 하에 단기 과거 자료에 의존하는 경우가 많이 있기 때문이다. 예를 들면 그리스의 이자율 모형은 1999년 유로화 도입 이후 이자율 변동성에 기반하고 있는데 이 모형에 의하면 자기만족에 안주하도록 안심시켰을 것이다. 반면에 근본적인 경제분석은 부채위기가 커져 가고 있으며, 잠재적 변동성이 최근 과거에 비해 훨씬 높아지고 있음을 보여줄 수 있었을 것이다. 이러한 분석은 민간 부분의 생산성과 혁신, 연금부담규모, 정부에 소득을 의존하는 인구비율(연금 수령자, 공무원, 복지수당 수령자 등)에 대한 분석을 포함시켰을 것이다. 이처럼 관련 없는 모수들에 기반하는 정교한 통계분석보다는 간단한 질적분석이 더 통찰력 있는 분석결과를 보여주었을 것이다.

마지막 문제는 회사들이 전체 회사의 위험을 단일의 측정치로 축약하려는 시도인데 예를 들면 금융회사의 경우는 VaR(Value at Risk)을 비금융회사의 경우는 CFaR(Cash Flow at Risk)을 그러한 단일 측정치로 사용하고 있다. 보통 특정 신뢰수준 하에서 1년 내 현금흐름의 잠재적 감소로 측정되는 CFaR을 생각해보자. 예를 들어 한 기업이 한 해 동안 현금흐름이 기준치 대비 10억 달러 아래로 감소할 확률이 5% 미만이 될 것이라고 계산했다. 이 CFaR 수치는 경영진에게 5%의 확률로 일어날 상황에 대비해 20억 달러의 초과 현금을 보유하면 충분하다는 확신을 줄 수 있을지라도, 그들이 직면하는 위험에 어떻게 대처해야 하는지에 대해서는 알려주는 것이 없다.

[표 14.2] **위험측정의 예시**

십억 달러

	가치 변동분		3년간 현금흐름 변동분		확률(%)	
	하방	상방	하방	상방	하방	상방
경기불황	-1.0	0	-0.6	0	5-10	-
원자재 가격	-1.2	1.4	-0.4	0.4	20	20
중국 진출	-0.2	1.6	-0.2	0.2	60	20
안전 위반	-0.6	0	-0.6	0	5-	
신제품	-0.1	1.8	-0.1	0.5	50	20
이자율	-0.1	0.1	-0.1	0.1	25	25

우리는 기업들이 적절하게 사용하기만 한다면 위험측정 시에 흔히 발생하는 많은 함정들을 극복할 수 있는 보다 유용한 방법이 있다고 생각한다. 이 방법은 표 14.2에 예시되어 있듯이 각 위험별로 세분화될 수 있는데 즉, 어떤 기업이 직면하는 각 위험에 대한 상방/하방 가치변동분, 현금흐름 변동분, 그리고 그 확률들을 구체화하고 있다. 예를 들어 표를 보면 이 가상기업이 개발한 신제품이 실패할 확률은 50%이고, 이 경우 향후 3년간 기업가치와 현금흐름에 미치는 영향은 1억 달러에 불과한 것으로 나타나고 있다. 반면 이 신제품의 성공 확률은 20%로서 그 가치는 18억 달러이며 3년 동안 5억 달러의 추가적인 현금흐름이 발생하는 것으로 분석되었다.

이 가상기업의 경우 이자율 변동성이 발생 확률은 꽤 높지만 영향은 미미한 반면, 안전 위반은 발생 확률은 낮으나 발생 시 비용이 크다. 이 기업은 발생 확률이 높지만 영향력은 작은 이자율 변동성을 관리하는 것보다 안전 위반의 발생 가능성을 더 낮추는 데 자원을 배분하는 것이 더 좋을 것이다.

기업은 어느 정도 위험은 부담해야 한다

경영진은 기업의 모든 위험을 감소시켜야 한다는 성급한 결론을 내려서는 안 된다. 기업은 투자자들에게 최선이 되는 적정한 수준의 위험은 부담해야 한다. 예를 들면 금광업과 원유생산업의 기업에 대한 투자자들은 종종 변동성이 높은 금과 원유 가격에의 노출을 취하고자 이들 주식을 매입한다. 그런데 이들 기업이 자신의 매출 변동성을 헤지한다면, 투자자들은 오히려 더 번거롭게 되는데 왜냐하면 어느정도 수준으로 금과 원유 가격의 위험이 헤지되고 있는지, 그리고 미래에 이러한 위험관리 정책이 어떻게 변경될 것인지에 대하여 추정할 필요가 있기 때문이다.

게다가 대규모 헤지가 가능한 기간은 일반적으로 최대 1년에서 2년에 불과하다. 그러나 기업의 가치는 시장가격이 변동하는 향후 수년 간의 현금흐름을 포함하게 된다. 따라서 헤징이 단기 현금흐름의 변동성은 감소시킬 수 있을지라도 장기 현금흐름을 바탕으로 한 기업의 가치에는 거의 영향을 미치지 못할 것이다.

어떤 위험을 부담하고 어떤 위험을 최소화할 것인가의 결정은 동일 산업 내의 기업들 간에도 상황에 따라 매우 달라진다. 세계적인 양조업체인 Heineken의 환위험 효과를 생각해보자. 마케팅 목적상, Heineken은 주요 브랜드인 Heineken을 네덜란드에서 생산하여 전세계, 특히 미국으로 운송한다. 이와는 대조적으로, 대부분의 대규모 양조업체들은 그들이 판매하는 국가에서 맥주를 생산한다. 따라서 이들 양조업체들에게 환율변화는 이들의 이익을 외화로 환산하여 보고할 경우에만 영향을 미친다. 실제로 이들 양조업체들에게 1%의 외국 화폐 가치하락은 그 외국시장에서의 1%의 매출 하락과 1%의 이익 하락으로 나타난다. 이처럼 매출과 이익에 미치는 영향이 동일한 이유는 모든 매출과 비용이 동일한 통화로 표시되어 있기 때문이다. 영업이익률은 변하지 않는다.

그러나 Heineken의 경우는 다르다. 미국에서 이루어지는 Heineken의 매출을 생각해보자. 환율이 변하면 유로화 표시 Heineken의 매출은 영향을 받으나, 비용은 영향을 받지 않는다. 만약 달러가치가 1% 하락하면 Heineken의 유로화 표시 매출 또한 1% 감소하지만, 비용은 유로화로 표시되어 있기 때문에 변하지 않는다. 당초에 영업이익률이 10%였다면 달러가치의 1% 하락은 Heineken의 이익률을 9%로 줄일 것이고, 유로화 표시 순이익은 무려 10%나 감소할 것이다.

Heineken의 생산시설이 매출이 발생한 나라와 다른 곳에 위치하고 있기 때문에, 환위험은 다른 양조업체들에 비해 훨씬 크다. Heineken은 생존을 위해서 헤징이 절대적으로 필요한 반면, 다른 세계 양조업체들은 환율변화의 영향이 중요하지 않기 때문에 헤징으로 그다지 이득을 보지 못할 것이다.

금융시장은 경제적 위험을 감소하는데 제한적으로만 도움이 된다

기업이 위험을 측정한 후, 그리고 어느 위험을 부담할 것인지 결정한 후에는 위험을 감소시킬 방법을 생각해야 한다. 예를 들어 일본의 자동차회사가 제품을 일본에서 생산하여 미국시장에서 판매한다고 가정하자. 원가의 대부분을 차지하는 제조인건비, 설계비, 디자인 비용, 원자재 등은 엔화로 표시되어 있다. 만약 달러가치가 하락하였는데도 미국시장에서 가격을 올릴 수 없다고 한다면 (경쟁업체들이 미국이나 유럽에서 생산을 하고 있기 때문에), 엔화 표시 매출은 감소하고 엔화 표시 순이익 역시 (아마도 상당히) 감소하게 될 것이다.

이론적으로 자동차회사는 외환시장에서 이러한 위험을 헤지할 수 있어야 한다. 그러나 그것이 가능하기 위해서는 외환시장이 장기 헤지를 제공할 수 있을 정도로 충분히 깊어야 하는데, 실제로 그 정도로 깊지는 못하다. 자동차업체들에게 필요한 헤지의 규모가 외환시장을 압도하기 때문에 기껏해야 12 ~ 18개월 동안 헤지하는 것이 최선일 것이다. 실질적으로 환위험을 줄이는 유일한 방법은 (대부분의 일본과 독일 자동차업체들이 해오고 있는 것처럼) 생산시설을 미국시장으로 옮겨서 매출과 원가가 연관되도록 하거나, 불리한 환율변동을 장기간 흡수할 수 있을 정도의 충분한 재무 건정성을 갖는 것, 혹은 두가지 모두를 하는 것이다.

또한 금융시장에서 헤지를 할 수 있을지라도, 헤징의 실질 비용은 클 수 있다. 금융헤지거래는 보통 기업이 잠재적 손실에 대비해 상당한 규모의 자본을 담보로 맡길 것을 요구한다. 만약 당신이 1년 후에 1천억 엔을 받기로 되어 있고, 이것의 달러 가치를 일정하게 유지하고 싶다고 하자. 현재 환율은 1달러 당 100엔이므로 미수금의 현재가치는 10억 달러이다. 당신은 1달러 당 100엔의 환율로 1천억 엔을 매입할 수 있는 1년짜리 10억 달러의 선도계약을 체결한다. 상대방은 당신이 1년 후에 계약대로 매입할 수 있을 만큼의 충분한 자금이 있는지 확신을 얻고 싶어하므로, 당신에게 1억 달러의 현금 혹은 정부채를 담보로 맡길 것을 요구할 것이다. 이 기간 동안 당신은 그 담보금액을 당신의 사업에 투자하거나 주주들에게 현금으로 지급할 수 없게 된다.

또 다른 비용은 기회손실이 발생하는 경우이다. 현재 가격으로 고정시키는 헤지는 하방위험을 보호하는 가치보다 상방이득의 기회손실이 더 큰 비용을 발생시킬 수 있다. 예를 들어 대규모의 천연가스 독립 생산자가 미래 2년 동안의 생산에 대한 헤지를 분석하고 있었다고 하자. 선물시장에서의 천연가스 가격은 1백만 영국열단위(British Thermal Units: BTUs) 당 5.5달러였다. 이 기업의 근본적 예상으로는 가스 가격이 앞으로 2년 동안 1백만 BTUs당 5달러에서 8달러 범위 내에 있을 것으로 예상하였다. 1백만 BTUs당 5.5달러 수준으로 천연가스 생산가격을 헤지하면 이 기업은 겨우 0.5달러의 가격 하락에 대해서 보호되는 반면 가격이 8달러로 상승할 경우 2.5달러의 잠재이득을 포기하는 셈이 된다.

얼마만큼의 위험을 부담할 것인가

재무이론은 기업 전체를 위험에 빠트릴 위험을 기업이 부담해서는 안된다는 것을 알려주지만 얼마만큼의 위험을 부담해야 하는지에 대한 지침은 제공해주지 않는다.

예를 들어 표 14.3에 예시로 보여주고 있는 A프로젝트는 2천만 달러의 초기투자가 필요하다고 가정하자. 프로젝트가 잘 될 경우, 기업은 매년 1천만 달러를 영구적으로 벌 수 있다. 그렇지 않을 경우 기업이 벌 수 있는 금액은 0이다 (이 같은 모 아니면 도의 프로젝트는 드물지 않다). A프로젝트의 가치를 평가하기 위하여 재무이론에서는 기대현금흐름을 자본비용으로 할인한다. 그러나 이 경우 기대현금흐름은 어떻게 계산되는가? 성공 확률을 60%라고 하면 기대현금흐름은 매년 6백만 달러가 되고 또한 자본비용을 10%라고 한다면 프로젝트의 가치는 완료 시 6천만 달러가 된다. 여기에 2천만 달러의 투자금액을 차감하면 투자가 시작되기 전 프로젝트의 순가치는 4천만 달러가 된다.

그러나 이 프로젝트는 실제로 매년 6백만 달러를 벌어들이지 못할 것이다.

[표 14.3] **A 프로젝트 분석**

천 달러

	성공	실패	기대값
확률 (%)	60	40	–
매년 현금흐름	10,000	–	6,000
자본비용 (%)	10	10	10
프로젝트의 총 가치	100,000	–	60,000
초기 투자금액	(20,000)	(20,000)	(20,000)
프로젝트의 순가치	80,000	(20,000)	40,000

단지 매년 1천만 달러 또는 0달러의 현금흐름을 창출할 것이다. 이들 현금흐름의 현재가치는 1억 달러 또는 0달러가 될 것이고, 초기 투자자금 2천만 달러를 차감한 프로젝트의 순가치는 8천만 달러 또는 −2천만 달러가 된다. 기대값인 4천만 달러(6천만 달러에서 초기 투자자금을 제한 값)가 될 가능성은 0이다.

경영자는 기대값을 아는 것보다 60%의 확률로 프로젝트의 가치가 8천만 달러가 되거나 40%의 확률로 2천만 달러를 잃을 위험이 있음을 아는 것이 낫다. 그러면 경영자는 각 결과가 나타날 경우의 시나리오를 분석하여 상방 시 이득이 하방 시 손해를 보상하는지, 기업이 잠재 손실을 충분히 흡수할 수 있는지, 손실 위험과 그 정도를 줄이기 위해 기업이 대응할 수 있는지를 결정할 수 있다. 기대값에 초점을 맞춘 이론적 접근은 수학적으로는 옳을지 모르나 특정 결과의 범위에 대한 중요한 정보를 숨길 수 있다.

기업은 성공 시 8천만 달러, 실패 시 −2천만 달러, 기대값이 6천만 달러인 프로젝트의 선택 여부를 어떻게 결정해야 하는가? 이론적으로는 상방 대비 하방위험에 상관없이 양의 기대값을 가진 모든 프로젝트를 선택해야 한다. 그러나 이 이론을 따르는 것은 문제를 발생시킬 수도 있다.

만약 하방 가능성이 기업을 파산으로 몰게 된다면 어떻게 되겠는가? 150억 달러를 투자하여 원자력발전소를 지을 기회가 있는 전력회사의 예가 표 14.4에 주어졌다(2009년 두 개의 원자로를 가진 발전소가 대략적 수치). 이 기업은 원자력발전소를 짓기 전 가치가 320억 달러(200억 달러의 기존 부채와 120억 달러의 자기자본)라고 가정하자. 이 발전소가 성공적으로 지어져 가동되면 280억 달러의 가치를 갖게 된다. 그러나 20% 확률로 허가를 얻는 데 실패하여 0달러의 가치를 갖게 될 가능성이 있다. 개별 프로젝트로서의 기대값은 220억 달러가 되고, 투자자금을 차감한 순가치는 70억 달러가 된다. 또 달리 표현하자면, 이 프로젝트는 80%의 가능성으로 130억 달러(280억 달러에서 150억 달러의 투자자금 차감)가 되거나 20%의 가능성으로 −150억 달러가 될 수 있다.

게다가 이 프로젝트의 실패 시에는 기업이 파산하게 될 수 있는데, 그 이유는 이 기업의 기존 시설로부터의 현금흐름이 기존 부채와 실패한 발전소에 대한 부채를 감당하기에 충분하지 않기 때문이다. 이럴 경우 원자력발전소의 경제적 효과는 기업 전체의 가치에 영향을 미치게 된다. 실패 시에는 발전소에 투자한 150억 달러뿐만 아니라 기업의 모든 자기자본을 잠식하게 될 것이다.

우리는 이 이론을 확장시켜 기업은 기업 전체를 위험에 빠트릴 수 있는 위험을 감수하지 말아야 한다고 결론 내릴 수 있다. 다른 말로, 큰 부정적 파급효과

[표 14.4] **원자력발전소 건설이 기업 가치에 미치는 영향**

십억

	현시점의 기업	기업이 원자력발전소를 건설하는 경우		
		발전소 성공	발전소 실패	기대값
확률(%)	–	80	20	–
원자력발전소의 가치	–	28	–	22
그 이외의 가치	32	32	32	32
총 가치	32	60	32	54
기존부채	(20)	(20)	(20)	(20)
신규부채	–	(15)	(15)	(15)
자기자본의 가치	12	25	(3)	19

가 있는 어떤 것도 하지 말아야 한다. 이 같은 경고는 앞선 예시에서의 경영자가 A 프로젝트를 채택해야 하는지의 여부를 결정하게 한다. 2천만 달러의 손실이 기업 전체를 위험에 빠트리게 된다면 6천만 달러의 기대값이 있더라도 프로젝트를 채택하지 말아야 한다.

기업이 파급효과가 있는 위험을 부담할 때 신중해야 하는 것처럼 기업의 존립에 위협을 끼치지 않는 위험에 대해서는 너무 보수적으로 행동하지 말아야 한다. 예를 들어 기업은 매출과 현금흐름의 적정 변동성을 아예 제거하려고 하지는 말아야 한다. 이는 기업이 이자율위험, 환위험, 원자재가격위험과 같은 거시적 위험이 기업의 이익보고에 변동성을 가져온다 하더라도 이들 위험으로부터의 적정한 노출을 아예 제거하려고 하지는 말아야 한다는 것을 의미한다. 우리는 제 9장에서 투자자들이 적정 수준의 매출 변동성에 불이익을 가하지는 않음을 보인 바 있다.

게다가 기업은 매력적이지만 위험한 투자기회를 포기할 필요는 없다. 실제 상황에 근거한 예시로서, 가상의 A기업이 S프로젝트에 10억 달러를 투자할 기회를 갖고 있다고 하자. 40%의 확률로 프로젝트의 가치는 200억 달러가 되거나 60%의 확률로 완전히 실패하여 10억 달러의 투자자금을 모두 날려버릴 가능성이 있다. 기대 순현재가치(NPV)는 70억 달러, 또는 투자한 1달러 당 7달러이다. 이 기업은 현재 매년 10억 달러의 세후 현금흐름을 창출하고 있고 부채가 거의 없기 때문에 프로젝트가 완전히 실패하여 부정적인 기사제목을 장식하게 되더라고 재무적 곤경에 빠질 일은 없다.

이 프로젝트는 이 기업의 매출을 향후 5년간 매년 5%씩 감소시킬 것이며 프로젝트의 성공 혹은 실패 여부는 5년 동안 알 수 없다. 대부분의 투자자들은 이 투자에 뛰어들 것인 반면, 우리가 아는 많은 기업들은 그러지 않을 것이다. 첫째, 이 프로젝트의 실패가 기업 전체를 망치지는 않더라도 제대로 되지 않을 경우 담당자들의 커리어는 망쳐질 것이기 때문에 (따라서 이들은 애초에 이 프로젝트를 소개하지 않을지도 모른다) 이 프로젝트는 CEO나 이사회에 보고되지도 않을 것이다. 둘째, 많은 기업들은 단기의 매출 감소를 감당하려 하지 않을 것이다. 셋째, 많은 기업들은 200억 달러의 이익 가능성보다는 10억 달러의 잠재적 손실에 더 집중하게 될 것이다.

위험 문화

기업들은 위험관리를 할 때 다음의 세 가지 함정에 자주 빠지고는 한다. (1) 큰 위험의 무시(특히 은행이 주택가격이 계속 오르지 않는 한 부채를 감당할 수 없는 사람들에게 주택담보대출을 해준 것처럼 잘못된 상황에 직면하고 있을 때), (2) 적정한 매출 변동성처럼 중요하지 않은 위험을 줄이기 위해 높은 대가를 지불, (3) 하방위험이 기업가치에 미미한 영향을 끼침에도 불구하고 고수익 프로젝트를 포기. 경영진이 공개적으로 위험에 대해 의논하고 행동할 수 있는 능력으로 정의되는 위험 문화가 빈약할 경우, 기업은 이와 같은 함정에 빠진다.

예를 들어 많은 기업들은 한 가지 경우만을 분석하는 일이 많다. 즉, 인수합병을 위한 자본지출부터 5개년 전략까지 모든 것을 여러 개의 시나리오가 아닌 하나의 경우로 귀결시켜 분석한다. 경영자들은 요구되는 성과수준이 높아질 수 있다는 두려움 때문에 기준치 이상의 상방이득 잠재성을 보여주기를 꺼려한다. 마찬가지로, 경영자들은 프로젝트가 거절될 두려움 때문에 하방 시나리오를 보이는 것도 꺼려한다. 이것은 왜 그렇게 많은 프로젝트들이 아주 높은 수익률을 보일 희망은 거의 없으면서 겨우 승인 받을 정도의 자본비용 이상의 수익률을 보이는지 이유를 설명해 준다.

기업들은 고급 통계기법을 사용하기에 더 정교한 판단을 했다고 착각하는 경우가 많으나 이런 기법을 잘못 사용하는 일이 흔하다. 우리는 어느 한 기업이 프로젝트를 분석하기 위해 정교한 통계기법을 사용했으나, 항상 음의 NPV 프로젝트가 될 가능성이 없다는 결과를 보여주었다는 것을 알고 있다. 이 기업은 실패가 아니라 다양한 성공의 정도만 의논하였던 것이다.

시나리오 분석과 같은 단순한 기법이 위험관리를 장기적으로 효과적으로 하기 위한 좋은 방법이 될 수 있으며, 이는 오직 최고경영진이 (플러스 마이너스 10%가 아닌) 충분히 넓은 범위의 시나리오를 요구하고 하방위험과 상방 잠재성 모두에 대해 공개적인 논의를 장려할 경우에만 가능하다.

15

자본구조
Capital Structure

배당, 자기주식매입과 같은 의사결정을 포함하는 자본구조 결정은 매우 중요한데 그 이유는 이러한 자본구조 결정을 올바로 하는 것이 중대한 가치를 창출하기 때문이 아니라 그것을 잘못하는 경우 상당한 가치를 파괴할 수 있기 때문이다. 예를 들어 2006년에 많은 수의 대기업들은 투자은행으로부터 부채수준을 상당히 높이고 주주들에게 상당한 금액(약 500억 달러만큼)을 배당으로 지급하라는 제안을 받았고 이것이 주당이익(EPS)과 주식가치를 높이리라고 생각하였다. 다행히 어느 기업도 이런 식으로 레버리지를 올리는 것을 결정하지 않았다. 만약 그들이 레버리지를 올렸다면 몇몇 기업은 2008년에 시작된 금융위기에서 살아남기 어려웠을 것이다.

기업 자본구조결정의 주요 목적은 기업이 전략적인 목표를 추구하는 데 있어서, 그리고 잠재적인 현금흐름 부족을 견디어내는 데 있어서 충분한 자본을 가지고 있는지 확인하는 것이어야 한다. 만약 기업이 충분한 자본을 가지고 있지 못하면, 좋은 기회를 잡지 못하거나 더욱 안 좋을 경우 재무적 곤경 혹은 파산(혹은 정부의 구제금융을 필요로 하는 상황)에 빠질 것이다. 자본을 너무 많이 보유하는 것은 주주들에게 미래의 배당을 증가시킴으로써 언제나 개선 가능하다.

자본구조결정은 세 가지 쟁점으로 정리할 수 있다. (1) 기업의 자본구조에서 부채와 자기자본의 올바른 비율은 무엇인가? (2) 기업이 단순한 부채와 자기자본을 넘어서 언제 복합적인 자본구조(예, 금융공학)를 사용해야 하는가?(3) 기업이 주주들에게 현금을 돌려주기 위해 배당과 자기주식매입을 어떻게 구성하여 사용해야 하는가?

부채와 자기자본의 조합

부채와 자기자본의 배합을 결정하는 것은 균형을 잡는 조치이다. 자기자본은 경영자들이 예상치 못한 하강국면을 헤쳐나가는 데 혹은 예상치 못한 합병 같은 기회를 활용하는 데 더 많은 유연성을 제공한다. 다른 한편으로 부채는 세금혜택과 재정규율을 제공한다.

부채의 두 가지 효과로서, 실제 가치관련 효과와 상이한 부류의 투자자들에게 수익과 위험을 배분하는 데 미치는 효과를 구분하는 것이 중요하다. 부채는 주주들의 수익을 증폭시킨다. 예를 들어 만약 기업이 10%의 자본수익률을 얻고 자본의 절반을 세후 3%로 빌릴 수 있다면 주주들은 17%의 수익을 벌 수 있다. 하지만 그러한 높은 수익이 가치를 창출하지는 않는데, 그 이유는 주주들이 더 높은 위험을 부담하기 때문이다.

표 15.1은 위험을 설명하고 있다. 부채가 없을 경우 기업은 10%의 수익 혹은 −10%의 손실을 낼 수 있다. 그러나 만약 기업이 50%의 부채와 50%의 주식을 사용한다면 주식 투자자들은 16%의 수익을 내거나 −24%의 손실을 볼 것이다. 부채는 위험을 증가시켜 수익률을 위와 아래로 증폭시킨다. 그러나 같은 수준의 레버리지에 대해서 하방 위험이 상방 이득보다 더 크다.

몇몇 투자자들은 더 높은 기대수익을 위해 더 많은 위험을 기꺼이 받아들일지 모르나, 그것은 그 자체로 가치의 창출은 아니다. 부채가 없다면 모든 가치창출 혹은 가치파괴는 주주들에게 귀속된다. 부채가 있으면 그것이 주주와 채권자 간에 공유된다. 그러나 채권자가 고정수익을 받는 대신 우선변제권을 갖는다.

부채는 양날의 칼과 같다. 부채는 기업 현금흐름에 대한 영향을 통해 가치를 창출하거나 파괴할 수 있다. 긍정적인 측면에서 부채는 세금혜택과 경영규율

[표 15.1] **레버리지가 수익률에 미치는 효과**

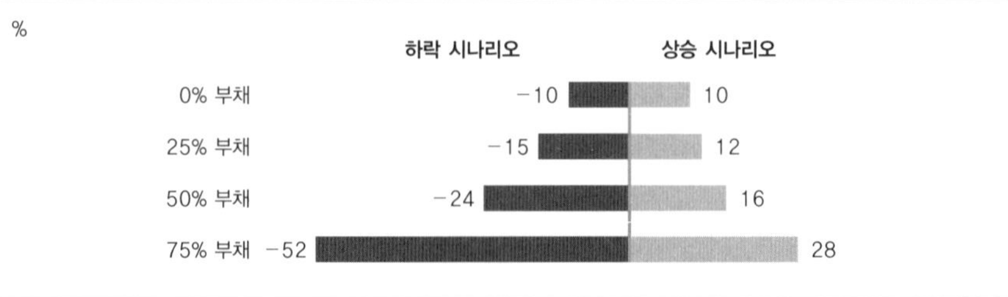

을 통해 기업의 현금흐름을 증가시킬 수 있다. 부정적인 측면에서 부채는 경영의 유연성을 떨어뜨리고 기업의 소비자나 공급자로서의 신용을 떨어뜨림으로써 현금흐름을 줄일 수 있다.

대부분의 국가에서 주주에 대한 배당은 소득에서 공제할 수 없는 데 반해 부채에 대한 이자지급은 소득에서 공제됨에 따라 부채는 세금을 줄여 현금흐름을 증가시킨다. 이자는 세전이익에서 지급되므로 투자자 레벨에서 한 번만 과세된다. 반면 배당과 자본이득은 세후 이익에서 지급되므로 실질적으로 두 번(기업 레벨, 투자자 레벨) 과세 된다.

비록 재무 교과서에서는 종종 이론적으로 부채의 높은 세금혜택 효과를 보여주지만, 실제로 자본구조결정의 관련범위가 적은 투자등급의 대기업에게 그 이득은 훨씬 덜 중요하다. 표 15.2는 실제로 이것이 어떻게 작용하는지 보여준다. BBB에서 A에 이르는 투자 등급을 가진 대부분의 기업들은 약 4.5~10배(EBITA/이자비용)의 이자보상비율을 가지고 있다. 이 범위 안에서 이자보상비율 4.5배의 기업과 10배의 기업간의 가치 차이는 10%를 넘지 않는다.[82] 비록 이자보상비율이 4배 아래로 떨어질 경우 가치곡선이 급상승하지만, 이 기업

[표 15.2] **부채의 세금혜택: 기업 가치에 제한적인 영향**

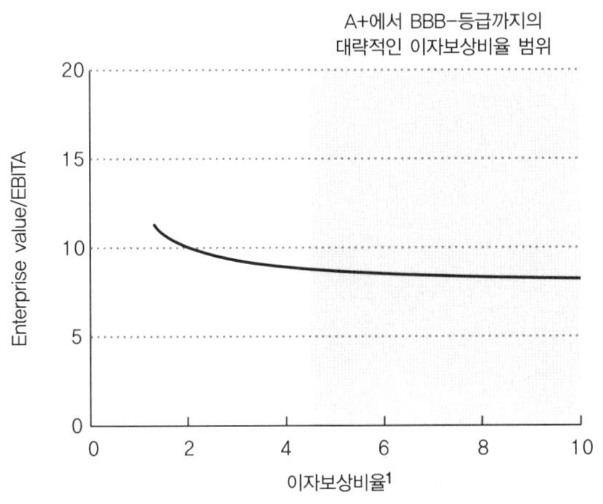

1 EBITA / 이자비용

82 Marc Goedhart, Tim Koller, Werner Rehm, "Marking Capital Structure Support Strategy," McKinsey on Finance 18 (Winter 2006): 12-17.

은 투자등급 아래로 떨어지기 쉽고, 그 결과 기업에게 부과되는 제한적인 채권계약서나 다른 제약들이 부채의 세금혜택을 능가하게 된다.

부채는 또한 경영진에 규율을 부과하여 기업의 현금흐름을 증가시킬 수 있다. 기업은 정기적으로 이자와 원금을 지급해야 하므로 가치 없는 투자 혹은 가치를 창출하지 못하는 합병을 하기 위한 잉여현금흐름을 덜 갖게 된다. 비록 수년에 걸쳐 이러한 주장은 LBO(Leveraged Buyout)거래에서 높은 부채수준을 옹호하는 데 사용되었지만 문제가 있다: 기업은 이러한 규율을 갖기 위해 매우 많은 양의 부채를 사용하는 것이 필요하며, 그러한 부채는 매우 안정적이고 예상 가능한 현금흐름과 제한된 투자기회를 가진 기업들에게만 유용하다.

우리는 부채가 두 가지 방식으로 기업의 현금흐름을 감소시킨다는 것을 언급했다. 첫째로, 많은 양의 부채는 자본적 지출, 합병, R&D, 판매 및 마케팅을 포함한 가치를 창출하기 위한 투자를 하는 기업의 유연성을 감소시킨다. 둘째로, 많은 양의 부채는 기업이 소비자나 공급자로서 사업을 함께 하는 대상으로 덜 바람직하게 하고, 고용주로서 덜 매력적이게 한다.

극단적인 예로, GM과 Chrysler의 시장점유율은 굉장히 하락하였는데 소비자들이 가까운 미래에 존재하지 않을지도 모르는 기업으로부터 차를 사는 것에 대해 우려를 하였기 때문이다. 마찬가지로 공급자들은 일반적으로 높은 부채 부담을 가진 소매업자에게 선급금을 요구하는데, 이것은 낮은 재고로 인해 판매가 저조해지고, 판매 저조는 더 낮은 재고로 이어지는 악순환을 만들기 때문이다.

우리의 견해로는 자본구조를 결정함에 있어 기업이 만드는 유연성과 규율 사이의 상반관계가 가장 중요한 고려사항이며, 이는 어떠한 세금혜택보다 훨씬 중요하다. 대부분의 대기업들은 적어도 투자등급(BBB 또는 그 이상)을 갖는 부채-자기자본의 조합을 목표로 해야 하는데, 그 이유는 일단 투자등급 이하로 강등되면 부채에 중대한 제약이 수반되고 이는 훨씬 큰 비용이 되기 때문이다.

게다가 2008 - 2009년의 신용위기 때 드러났듯이, 투자등급 이하의 부채는 쉽게 조달할 수 있는 것이 아니다. 또한 새로운 투자나 합병을 위한 자금을 조달하는 것은 물론 심지어 만기가 도래하는 현존 부채를 리파이낸싱하는 것도 어려울 수 있다. 대부분의 대기업들은 이러한 지침을 따르고 있으며, 실제로 이들의 90%는 투자등급(BBB 혹은 그 이상)을 가지고 있다.[83]

83 표본은 2009년말 50억불 이상의 시가총액을 갖는 모든 비금융기업들을 포함한다.

건실한 자본구조를 갖추는 것은 어떤 산업에서는 큰 차이를 만들 수 있다. 범용 화학과 제지산업과 같이 주기적이고 자본집약적 산업에서는 이익이 발생한 후에나 투자지출을 하고 있으며, 현금이 있을 때만 새로운 생산시설에 투자한다.[84] 이러한 산업에서는 모든 경쟁업체들이 동시에 투자하여 모든 공장이 동시에 가동되면, 그것이 초과설비와 가격압력으로 이어지는 패턴을 보여왔다. 이러한 사이클 중에서 어떤 기업이 사이클과 반대되는 전략적 자본구조를 개발하고 적정수준이었을 부채보다 적은 수준을 유지한다면, 경쟁업체보다 훨씬 많은 이익을 볼 수도 있을 것이다. 이 기업은 경기가 좋지 않은 시기에 경쟁업체들이 투자할 능력이 없을 때 투자할 능력을 가질 것이다.

당신은 복잡한 모델링 기술을 사용하여 당신의 분석을 연마할 수 있을 것이지만, 궁극적으로 다음과 같은 질문을 할 필요가 있다: 나의 기대 현금흐름은 얼마인가, 무엇이 잘못될 수 있는가, 그리고 어떠한 예상치 못한 기회가 발생할 수 있는가? 결국 당신의 기업이 어려운 시기를 헤쳐나갈 수 있도록 부채 수준을 설정하고, 예상치 못한 기회가 올 경우 이를 이용할 수 있는 능력을 갖추어야 한다.

복합적 재무구조와 금융공학

기업의 재무구조와 관련해서는 Albert Einstein의 충고를 따르는 것이 가장 좋다: "모든 것을 더 이상 단순화 할 수 없을 때까지 가능한 단순하게 하라." 사실 대부분의 대기업들이 이미 이 충고를 따르고 있는데, 이들은 단지 보통주와 일반사채만을 자본의 조달원천으로 이용하고 전환사채나 부외부채 같은 복잡한 구조를 도입하지 않는 경향이 있다.

복잡한 금융상품이나 재무구조가 대기업의 가치를 창출하는 경우는 거의 없지만, 경영자는 적어도 왜 그러한 복잡한 특성들이 가치를 창출하게 되는지를 이해함으로써, 그것들이 언제 어느 상황에서 기업에게 유용한지를 알 필요가 있다.

3장에서 우리는 호텔의 소유와 경영을 분리하는 것이 어떻게 잠재적 세금혜택을 창출하는지에 대한 실례를 논의했다. 즉 REIT 같은 법인세감면혜택의 주

84 Thomas Augat, Eric Bartels, and Florian Budde, "Multiple Choice for the Chemical Industry," The McKinsey Quarterly no.3 (2003): 126-136.

체가 호텔을 소유하지만, 경영은 Marriott와 같은 대규모 호텔기업이 담당하는 것이다. 이러한 거래는 소유주와 경영기업 간의 이해를 조정해야 하므로 결코 단순하지 않다. 예를 들어 그들은 호텔을 개조하는 데 대한 의사결정을 어떻게 할 것인지, 만족스러운 고객 서비스의 표준을 어떻게 정할 것인지 등등에 관해 사전에 규정해놓을 필요가 있다.

금융공학은 거의 언제나 이와 같은 복잡한 구조의 복합체를 만들어 내는데 이런 복합체들은 제대로 관리되지 않으면 사태가 잘못될 수도 있다.[85] 미국의 의류소매 체인인 Mervyn's의 소유주가 경영과 부동산 소유를 분리하려 했을 때 무슨 일이 벌어졌는지 생각해보자.

2004년에 세 개의 사모펀드가 Mervyn's를 12억 달러에 매수하여 두 개의 별도 기업으로 분리하였는데, 한 기업은 모든 부동산을 소유하고 또 다른 기업은 점포 운영을 담당하였다. 점포운영 기업은 부동산소유 기업에게 임대료를 지급하는 형식이었다. 그런데 복잡한 문제는 세 개의 사모펀드가 두 기업에 대해 서로 다른 지분을 보유하고 있었다는 점이다: 한 펀드는 양 기업의 지분을 균등하게 보유했고, 다른 펀드는 부동산 기업을 더 보유했고, 나머지 하나의 펀드는 운영기업 지분을 더 보유했다. 이것은 불행히도 소유주 간 이해 조정이 쉽지 않을 것임을 의미하는데, 실제로 한 펀드가 부동산기업에 더 관심을 갖고 더 높은 임대료를 요구한 반면에 다른 펀드는 더 낮은 임대료를 요구했던 것이다. 비록 Mervyn's가 다른 문제들도 많이 갖고 있었지만, 이러한 소유구조는 기업성과를 개선하는데 더 큰 어려움을 가중시켰다. 결국 Mervyn's는 2008년에 파산 신청을 했고, 모든 점포는 2009년에 문을 닫았다.

가치창출의 핵심원칙과 가치보존의 원칙을 이용하여 복잡한 복합상품을 평가하는 방법을 전환사채 예시를 이용해서 보여주도록 하자. 전환사채는 이자를 지급하며, 채권자는 고정된 가격에 주식으로 전환할 수 있다. 이 전환특성 때문에 채권자는 부채에 대한 낮은 이자율을 수용한다. 2007년에 발행된 전환증권은 약 1,500억 달러에 달한다.

예를 들어 기업 C가 액면 $1,000에 2% 이율로 전환사채를 발행했다고 하자. 채권은 채권자에 의해 주당 $25에 주식으로 전환될 수 있다(이는 액면 $1,000의 전환사채를 전환하여 40주를 얻을 수 있음을 의미함: $1,000/$25).

85 Emily Thornton, "What Have You Done to My Company?" BusinessWeek, December 8, 2008, 40-44.

채권 발행시, 주식은 $20에 거래되었고, 따라서 전환가격은 시장가격보다 약 25% 프리미엄이 반영되어 있다. 3년 후 주식이 주당 $35에 거래된다고 가정하자. 그러면 채권자는 주당 $25에 전환을 결정할 것이고 전환시 $10의 할인을 받는 셈이 된다.

전환사채가 은행가에 의해 어떻게 매매되는지 살펴보자. 기업 입장에서 유리한 점은 전환사채가 일반사채 보다 낮은 이자율을 지급한다는 것이며(여기의 예에서는 2%), 또한 전환되면 기업은 발행시의 시장가격에 대한 프리미엄(주당 $25 vs $20)을 받는다는 것이다. 투자자 입장에서 유리한 점은 주가가 하락하면, 해당 기업이 심각한 재무적 곤경에 처하지 않는 한 보유 채권의 가치가 그리 많이 하락하지 않는다는 것이고, 주가가 상승하면, 그 상승 이득을 공유한다는 것이다(시장가보다 낮은 가격에 주식을 살 수 있는 전환권이 있기 때문임). 이러한 점 때문에 전환사채는 win-win의 포지션을 갖는다. 투자자와 기업 모두는 기업이 일반사채나 주식을 발행한 때보다 더 이득을 보게 된다.

이처럼 듣기엔 좋은 듯 하지만, 가치보존의 원칙은 우리에게 전환사채 발행이 현금흐름에 미치는 영향을 살펴보게 한다. 기업이 전환사채를 발행했을 때 총 영업현금흐름은 변하지 않고, 단지 현금흐름의 배분만 변화한다. 따라서 똑같은 파이를 투자자와 기업이 나누는 것이므로 실제로 양쪽 모두에게 좋은 거래가 될 수는 없다.

전환사채를 설명하는 더 좋은 방법이 하나 있다. 기업 입장에서는 만약 주가가 상승하면, 전환사채권자들이 전환시점의 시장가격보다 할인된 가격에 주식으로 전환할 것이다(채권자들은 전환시점에 $35의 가치를 가진 주식에 주당 $25만을 지급한다). 만약 주식가격이 오르지 않거나 하락하면, 전환사채권자들은 전환하지 않을 것이고, 기업은 모든 부채를 상환해야 할 것이다. 그러므로 기업은 상황이 좋을 때는 주가 상승분을 전환사채권자들과 공유하지만, 투자자들은 주가 하락분을 기업과 분담하지는 않는다(회사가 부도에 처하지 않는다면).

또한 전환사채는 투자자 혹은 채권자들이 기업의 신용위험을 평가하는데 경영자와 차이가 날 때 의미가 있다.[86] 양측의 차이가 크면 신용조건에 대한 합의를 얻기가 힘들거나 불가능할 수 있다. 따라서 신용위험이 높아질수록 전환

86 M. Brennan and E. Schwartz, "The Case for Convertibles," Journal of Applied Corporate Finance 1, no. 2 (1988): 55-64. 참조

사채의 일반사채 요소는 덜 매력적으로 되지만, 전환권 요소는 더 매력적으로 된다는 점이 전환사채가 의미를 갖는 주요 이유가 된다.

금융공학의 또 다른 예는 리스나 자산 증권화 혹은 프로젝트 파이낸싱의 형태로 등장하는 부외부채이다. 현재 본사 건물을 소유 중이지만 그 건물을 다른 기업에 매각한 후 리스로 빌딩을 사용하려는 기업을 생각해보자(매각후 재임대 계약). 리스가 일정한 회계요건을 만족한다면 기업은 그 거래를 임대인에게 매각으로 취급할 수 있으며 거래된 자산 및 그와 관련된 부채를 대차대조표에서 제거할 수 있다. 이는 좋은 거래인 것처럼 보이고, 정말 그럴지도 모른다. 그러나 기업은 자산을 더 이상 소유하지 않게 되며 그로 인하여 건물의 가치 상승(혹은 하락)을 누리지 못하고, 리스기간이 만료되면 그 때의 시장가격으로 리스 조건을 재협상하여야 한다는 점을 고려할 필요가 있다.

또한 기업은 리스계약에서의 의무를 투자자와 신용평가회사에 공개하여야 한다. 정교한 투자자들과 신용평가회사들은 이러한 의무를 부채로 취급하며 기업을 평가할 때 이를 다시 대차대조표에 포함시킨다.

복잡한 재무구조와 금융공학을 이용할 때, 언제나 기업의 영업현금흐름과 투자자들에게 분배되는 현금흐름에 미치는 영향을 파악해야 한다. 이를 통해 자본구조가 가치를 창출하는지 그리고 어떻게 가치를 창출하는지를 이해하는 데 도움이 될 것이다. 그리고 복잡성과 관련하여 필연적으로 발생하는, 의도하지 않았던 잠재적인 결과들을 식별하는 것을 잊지 말아야 할 것이다.

배당과 자기주식매입

대부분의 성공적인 기업들은 궁극적으로 매력적인 자본수익률로 재투자할 수 있는 것보다 더 많은 현금흐름을 창출해낸다. 또한 사용되지 않은 현금을 대차대조표에 쌓아두는 것은 의미가 없으므로 이들 기업들은 주주들에게 현금을 되돌려 줄 필요가 있다.

어떤 경영자들은 주주들에게 현금을 돌려주는 것은 충분한 가치를 창출하는 투자처를 찾지 못한 경영의 실패라고 주장한다. 하지만 현금을 돌려주는 것은 단순한 산수에 지나지 않기 때문에 우리는 이러한 견해에 반대한다. 예를 들어 매년 10억 달러의 세후이익과 20%의 ROIC, 그리고 매년 6%의 매출액성장률이 계획된 기업을 생각해보자. 6%의 성장을 위해서는 매년 3억 달러의 투자가 필요하다(선형의 감가상각을 가정할 때 대체적 자본지출 금액 이상으로). 이는 투자 혹은 주주에게 돌려줄 7억 달러의 여분의 현금흐름이 있음을 의미한다.

경제의 대부분 섹터에서 매년 7억 달러씩 가치를 창출할 수 있는 새 투자기회를 발견하는 것은 쉬운 일이 아니다. 또한 20%의 ROIC로 이 기업은 모든 현금흐름을 흡수하기 위해 매년 20%씩 매출이 증가하여야 한다. 따라서 기업은 상당량의 현금을 주주들에게 돌려주는 것 외에 다른 방도가 없다.

상당수의 선도기업들은 불필요한 잉여현금을 정기적으로 주주들에게 돌려주는 현명한 방법을 도입하였는데 자기주식매입을 통해 배당금 이상의 불필요한 잉여현금을 정기적으로 지급하고 있다. 비록 이들 기업들이 공식적으로 공표된 정책을 가지고 있는 것은 아니지만, 그들의 행위로부터 그들의 정책을 충분히 추론할 수 있을 것이다.

예컨대, IBM은 2008년까지 5년간 550억 달러의 잉여현금흐름을 창출하였고 610억 달러를 주주들에게 되돌려주었다.[87] 주주들에게 배분한 610억 달러 중에서 90억 달러는 배당을 통해서 그리고 520억 달러는 자기주식매입을 통해서 배분되었다. 한편, IBM이 추가적으로 550억 달러를 5년간 사업에 성공적으로 재투자할 수 있었을 것이라는 점은 상상하기 어렵다. 왜냐하면 이미 매년 60억 달러씩을 R&D에 투자했으며 10억 달러 이상을 광고와 홍보에 사용했기 때문이다.

현금을 주주들에게 돌려주는 세 가지 방법이 있다: 정기 배당, 자기주식매입, 그리고 특별 배당이 그것이다. 특별 배당은 자주 사용되지 않는데, 왜냐하면 주주들이 현금을 받기를 원하는지 아니면 자기주식매입을 통해 기업의 가치를 높이는 것을 원하는지를 결정하는 데 있어서 유연성을 주지 않기 때문이다. 따라서 우리는 정기 배당과 자기주식매입에 초점을 맞출 것이다.[88]

우리가 3장에서 언급했듯이, 1980대 초기까지는 주주들에게 배당하는 것의 10% 이하가 자기주식매입을 통하여 이루어졌다. 현재는 약 50~60%의 배당이 자기주식매입의 형태이다. 왜 이런 변화가 일어났는가? 그것은 주로 유연성과 관련된다. 기업들은, 특히 미국의 기업들은 피할 수 없는 어려운 상황에서만 배당을 삭감할 것이라고 투자자들이 기대하고 있다. 2004년에서 2008년까지 매

87 이처럼 IBM은 영업에서 창출한 현금보다 더 많은 현금을 주주들에게 지급할 수 있었는데, 그 이유는 자회사매각(divestitures), 종업원 스톡옵션의 행사, 차입, 그리고 현금 감소를 통해 현금을 창출했기 때문이다.

88 게다가, 대부분의 경영자주식옵션 제도에서 행사가격이 배당금에 대해 조정되지 않기 때문에, 현금을 자기주식매입으로 배분하는 것이 경영자들에게 더 가치가 있게 된다.

출이 5억 달러를 넘는 미국의 기업들 중 단지 5% 만이 배당을 삭감했으며, 그 대부분의 경우는 기업이 심각한 재정 위기에 직면하고 있었던 경우였다. 따라서 기업들은 그들이 지속할 수 있을지 확신하지 못하는 수준의 배당을 지급하는 것을 꺼려하며, 그대신 자기주식을 매입한다.

어떤 투자자들은 자기주식매입을 더 선호하는데, 그 이유는 자기주식매입은 이에 참여할지 혹은 참여하지 않을지를 투자자가 선택할 수 있기 때문이다. 기관투자자들은 배당 재투자에 따르는 거래비용도 없이 자신들의 투자를 유지할 수 있다. 반면 개인투자자들은 자기주식매입에 참여하지 않음으로써 배당소득을 연기하고 미래에 실현될 잠재적인 자본이득으로 돌리는 것이 가능하다.

이론적으로 자기주식매입과 배당의 증가는 기업 경영자가 투자자에게 신호를 보내는 역할을 하며 이것이 기업의 주가에 변화를 가져오게 된다. 자기주식매입에는 세 가지 잠재적인 신호효과가 있는데, 두 가지는 기업가치에 긍정적인 의미를 갖고 다른 하나는 부정적인 의미를 갖는다.

자기주식매입의 부정적인 신호효과는 기업의 투자기회가 소진되었다는 것이며 주주들에게 현금을 되돌려주는 것 보다 더 좋은 방도를 찾지 못했다는 것이다. 이것은 기업이 재투자하는 금액보다 더 많은 현금흐름을 창출하고 있었다는 것을 투자자들이 알지 못했다는 것을 가정한다. 기업이 현금흐름을 더 이상 재투자할 곳이 없다는 것에 주식시장이 놀라는 경우는 거의 없다. 일반적으로 투자자들은 경영자들이 자기주식매입을 결정하기 오래 전에 이를 예상할 수 있는데 왜냐하면 경영자의 선택여지가 많지 않기 때문이다.

자기주식매입의 첫 번째 긍정적인 신호효과는 경영자가 모든 현금흐름을 투자할 수 없다는 것을 깨닫고 주주들에게 현금을 되돌려줌으로써 가치를 손상시키는 곳에 투자하여 현금을 낭비하지 않을 것이라는 신호를 투자자들에게 전달한다는 사실이다. 노련한 투자자들은 일반적으로 자기주식매입의 이러한 점에 주목한다.

두 번째 긍정적인 신호효과는 경영진이 기업의 전망에 대해 낙관적이고 시장에서 주식이 저평가되고 있음을 믿고 있다는 점이다. 역사적으로 자기주식매입을 공표하는 시점에 주가가 올랐다는 점에서 이 견해를 지지하는 학술적인 증거들도 있다. 그러나 주가상승은 영구적이지 않고, 기껏해야 주식시장이 기존의 평가보다 기업 가치가 더 높다는 것을 조금 일찍 인식하는 정도이다.

오늘날 자기주식매입이 많은 기업들에게 더 정기적인 배당형태가 되고, 총액으로 보더라도 배당보다 더 커짐에 따라 이의 신호효과가 감소하였는지에 대해 의문이 있다. 그러나 이에 대한 최근의 연구는 아직 없었다. 대부분의 기업들은 과도한 현금을 보유하고 있을 때 자기주식매입을 하는 경향이 있으며, 이러한 때는 주가가 높을 때와 일치하는 경향이 있기 때문에 기업들이 주가가 저평가되었을 때 체계적으로 주식을 매입하는 것이라고 보기는 어렵다.

자기주식매입이 긍정적인 신호를 보내는 것처럼 배당의 증가 역시 그러하다. 경영자들은 최후의 수단으로 배당을 삭감하기 때문에 배당이 증가한다는 것은 경영자들이 새로 증가한 수준의 배당을 계속 지급할 것이라는 믿음을 준다. 미래에 지속될 필요가 없는 자기주식매입과는 다르게, 이는 미래의 배당지급에 대한 언질이므로 배당이 주는 신호 효과는 아마도 자기주식매입보다 더 강할 것이다.

흔히 자기주식매입이 주당순이익(EPS)을 증가시키기 때문에 기업 가치를 증가시킨다는 주장이 있는데 이는 자세히 들여다보면 설득력이 없는 얘기다. 3장에서 보았듯이 자기주식매입은 산술적으로 EPS를 증가시키기는 하지만, 기업의 레버리지가 높아짐에 따라 더 위험하게 되어 EPS의 증가는 PER의 감소로 상쇄될 것이다. 따라서 주식 가치에 미치는 순 효과는 0이 된다.

요약하면, 과도한 현금흐름을 주주에게 되돌려주는 것은 일반적으로 바람직하다. 하지만 그것 자체가 가치를 창출하지는 않는다. 주주들에게 현금을 되돌려주는 것에 대한 더 적절한 시각은 그것이 낮은 수익의 사업에 투자되는 것을 막는다는 점이다.

잘못 관리된 자본구조는 기업을 재무적인 곤경에 처하게 할 수도 있고 가치의 파괴를 가져올 수도 있으나, 레버리지가 이미 합리적인 수준에 있는 기업들에게는 자본구조를 "최적화"함으로써 가치를 증가시킬 수 있는 잠재력은 제한적이다. 특히 자본수익률 또는 성장률에 대한 개선 효과 측면에서 더욱 그렇다. 소위 최적 자본구조를 위한 미세 조정보다는 경영자들은 기업전략을 뒷받침할 수 있는 충분한 재무적인 유연성을 가지고 있는지 확인하여야 한다.

16

투자자 소통
Investor Communications

투자자 소통의 가치를 결정하는 것은 매우 어렵다. 어떤 사람들은 투자자 소통이 경영자의 시간만 낭비하고 기업의 주가에 별 영향이 없다고 주장한다. 반면에 다른 사람들은 그 정반대의 비현실적인 기대를 하기도 하는데 예를 들어 당신의 IR 담당자가 능력이 있다면 왜 어제 주가가 1.2% 하락하였는지에 대한 이유도 설명해줄 것이라고 기대하는 것이다.

우리는 이 두 가지 견해의 중간 어딘가에 속한다. 훌륭한 통찰력을 갖고 있더라도 단기간의 주가 움직임을 해석하는 것은 사실상 불가능하다. 그리고 비록 당신이 내재가치를 넘어 주가를 지지하는 얘기를 할 수 있다고 하더라도, 당신은 그래서는 안된다. 바람직한 투자자 소통은 기업의 주가가 내재가치에서 벗어나지 않았다는 점을 확인시켜주고 충성스런 투자자 기반을 만들며, 경영자가 투자자들의 얘기를 오해하여 잘못된 전략적 결정을 내리지 않는다는 점을 확인시켜주는 것이다.

종종 간과되지만 투자자 소통의 마지막 요점으로서 투자자들을 경청해야 한다는 것은 투자자 소통이 흥미로운 주요 이유이다. 우리는 기업이 투자자들에게 주의를 기울이면서 때로는 투자자들이 기업에 원하는 것이라고 믿고 중요한 전략적 결정을 내리는 것을 본다. 그러나 너무도 자주 경영자들은 그릇된 투자자들을 경청하기 때문에 이들로부터 들은 것을 어떻게 해석해야 할지 모르는 경우가 많다.

바람직한 투자자 소통은 기업에 대해 투자자들에게 말해주는 것만큼 올바른 투자자들을 경청하는 것이다. 그것은 올바른 투자자들과의 관계를 쌓는 것이며 그들의 수준에서 그들과 소통하는 것이다. 그것은 단기적인 성향을 갖는 투자자와 관계하는 것이 아니며, 어느 증권사 애널리스트에게 주목할 것인지를 조심스럽게 선택하고, 정교한 분석을 방해하는 단순한 헤드라인을 필요로 하는 언론에 지나치게 얽매이지 않는 것이다.

투자자 소통의 목적

바람직한 투자자 소통은 올바른 목적을 갖고 있어야 하는데, 최대한 높은 주가를 달성하려고 하는 것은 현명한 목적이 아니다. 그대신 투자자 소통의 가장 중요한 목적은 경영진이 전망하는 기업의 내재가치와 주가를 일치시키는 것이다.

기업의 내재가치와 주가 간의 격차는 기업의 모든 이해관계자들에게 상당한 불이익을 가져다 준다. 예를 들어 만약 주가가 내재가치를 초과한다면 기업의 실제 성과가 시장에 알려짐에 따라 주가는 궁극적으로 떨어질 것이다. 주가가 하락하게 되면, 종업원의 사기는 저하될 것이며 경영진은 주가가 왜 그렇게 많이 빠르게 떨어지는지 이해하지 못하는 이사회의 우려에 직면하게 될 것이다.

주가가 지나치게 높은 경우에는 경영자로 하여금 투자를 미루게 하거나 유지비용의 지출을 연기하는 등의 단기적인 수단을 도입하여 주가를 계속 높게 유지하도록 조장할 수 있고, 이는 장기적으로 가치의 창출을 방해할 것이다. 역으로, 주가가 지나치게 낮으면 인수합병의 위협과 같은 단점이 발생한다. 또한 주가가 지나치게 낮은 경우 주식을 지급하는 합병이 덜 매력적으로 되고, 경영자와 고용자의 사기가 꺾일 수 있다.

투자자 소통의 두 번째 목적은 기업의 전략, 강점, 약점을 완전히 이해하고 장기적인 것과 단기적인 것을 잘 구별할 수 있는, 정교한 내재적 투자자 그룹으로부터 지지를 이끌어 내는 것이다.

마지막 목적은 당신의 고객, 경쟁자, 그리고 공급자에 대한 지식을 얻는 것이다. 최고의 투자자는 당신의 고객, 공급자 그리고 경쟁자와 대화할 것이고, 그러므로 그들은 상위 경영진에게 더 객관적인 통찰을 제공할 수 있을 것이다.

내재가치와 시장가치

좋은 전략은 상황에 대한 솔직한 평가에서 시작해야 하는 것처럼, 투자자 소통을 위한 전략도 역시 마찬가지이다. 즉 투자자 소통은 기업의 내재가치에 대한 경영진의 시각과 주식시장 가치 간의 격차에 대한 평가에서 시작해야 한다. 실제로 이러한 격차를 살펴보면, 별로 의미 있는 격차가 존재하지 않거나 또는 격차가 존재하는 경우 동종기업 대비 역사적인 성과에 의해 설명되거나, 또는 시장이 전체 산업을 평가하는 방법에 의해 설명되는 것이 일반적이다. 여기서 위장된 예를 하나 살펴보자.

Chemco라고 불리는 대규모 특수 화학회사가 그 동안 매력적인 자본수익률을 얻어 왔으나, 현재 이 회사의 제품라인이 성장률이 낮은 상품군에 속해 Chemco의 매출액성장률은 지체되어 왔다. 최근 Chemco는 높은 ROIC를 갖는 고성장 산업분야의 소규모 기업을 매수하는 전략을 채택했고, 회사의 생산과 유통기술을 활용하여 피인수기업의 성과를 개선하려고 하고 있다. 이러한 전략 하에 첫 번째 합병을 실행한지 18개월이 지난 현재 Chemco 매출의 5%는 고성장 부분에서 발생하고 있다.

Chemco의 경영진들은 회사의 PER가 다른 비교 기업들의 PER를 따라갈 수 있을지에 대해 우려하고 있다. 그들은 기업 저평가의 원인이 회사의 구시대적인 이름이나 담당 애널리스트 수가 적어서 인지 알고 싶어 했다.

우리는 먼저 Chemco의 가치와 동종업체들의 가치 간에 명백한 차이가 존재하는지를 분석하기 시작했다. 몇몇 동종업체의 매출은 100% 고성장 부문에 집중되어 있었고, 이는 Chemco의 고성장 부문 매출비중 5%보다 훨씬 높았다. 또한 몇몇 동종업체는 진행중인 큰 규모의 사업구조조정으로 인해 현재의 이익은 매우 낮았다. 이들 동종업체들을 이익배수(Enterprise Value/EBITA)를 기준으로 분류해보면, Chemco와 매우 밀접한 동종업체는 이익배수가 Chemco와 거의 일치하였으나, 고성장 부문의 동종업체들은 더 높았다(표 16.1 참조). 세 번째 그룹의 동종업체들의 이익배수도 높았지만 이는 사업구조조정으로 현재의 이익이 낮았기 때문이었다. 표 16.1은 Chemco 및 밀접한 동종업체들이 낮은 ROIC를 가지고 있었고 성장률도 다른 기업들보다 더 낮았음을 보여주고 있다. 따라서 Chemco의 가치는 밀접한 동종업체들의 성과와 비교해 일관성이 있는 것으로 판단되었다.

다음으로 우리는 각 기업에 대한 현금흐름할인(DCF) 모형을 구축하고, 어느 수준의 미래 성과가 현재 주가와 일치하게 되는지를 추정함으로써 Chemco와 동종업체들의 주가를 거꾸로 추정하였다. 만약 Chemco가 매출을 매년 2% 증가시키고 대부분의 현재 마진율과 자본회전율을 유지한다면, 현금흐름할인의 가치는 현재 주가와 일치하게 되는 것으로 나타났다. 이 성장률은 밀접

[표 16.1] **Chemco : 밀접한 동종업체와 일관성 있는 가치**

	Enterprise value/EBITA	ROIC(2009, %)	조직의 성장 (2007-2009, %)
Chemco	8.6	20.5	2.0
밀접한 동종업체들			
California Co.	8.5	19.5	3.1
Texas, Inc.	8.0	12.2	2.5
Florida Associates	6.8	16.1	1.9
고성장 부문 동종업체들			
Vermont, Inc.	9.7	33.0	10.0
Montana Co.	11.2	33.9	11.8
사업구조조정 기업들			
Bretagne Co.	9.3	10.0	3.4
Normandy, Inc.	12.2	5.1	1.2

한 동종업체들의 내재적 성장률과는 일치하는 것이었으나 고성장 부문 기업들보다는 낮은 것이었다.

어떤 투자자가 중요한가?

당신의 투자자가 누구인지가 중요한가? 기업의 내재가치를 주가와 일치시키는 것을 돕는 데 있어서 어떤 유형의 투자자 기반이 다른 유형의 투자자 기반보다 더 나은지는 명확하지 않다. 그러나 경영진이 기업의 투자자 기반을 이해하는 것은 시장이 중요한 사건이나 전략적인 결정에 대해 어떻게 반응할지를 예상하는 데 유용한 직관을 줄 수 있고, 효과적이고 효율적인 IR 활동을 할 수 있도록 도움을 줄 수 있다.

7장에서 본 바와 같이, 성장주 대 가치주와 같은 전통적인 투자자 분류체계는 투자자들이 포트폴리오를 어떻게 구성하는지에 대해 얕은 이해만을 도울 뿐이라는 점을 보았다. 성장주 투자자들이 시가대장부가 비율이 높은 기업에 투자하는 경향이 있지만, 매출성장이 높은 기업은 아니라는 점을 보았다(만약 높은 ROIC를 가지고 있다면 저성장 기업은 높은 가치배수를 가지게 된다는 점을 기억하라).

아마도 더 큰 문제는 성장주 투자자들이 더 높은 가치배수를 가진 주식을 소유하는 경향이 있기 때문에, 경영진들이 성장주 투자자들에게 기업의 주식을 더 잘 마케팅함으로써 기업의 가치배수를 증가시킬 수 있다는 그릇된 믿음을 경영진이 가질 수 있다는 것이다. 여기서 사실 인과관계는 역으로 성립하게 된다: 주가가 최근 충분히 상승하여 성장주로 분류되게 된 기업들을 분석해보면, 성장주 투자자들의 유입이 주가 상승을 촉진한 것인지가 명백하지 않았다. 오히려, 성장주 투자자들은 높은 가치배수에 반응한 것이고, 주가가 이미 오른 후에 유입된 것이다.

또한 7장에서 본 바와 같이, 우리는 투자자의 포트폴리오 설립 전략 간의 차이에 근거한 투자자 분류체계를 도입하였다. 이 체계는 어떤 투자자들이 주가를 움직이는지에 대한 더 나은 이해를 제공하며, 다음의 네 가지의 투자자 그룹을 정의하였다. 그것은 내재적(intrinsic), 거래적(trading), 기계적(mechanical), 그리고 유사 인덱스(closet indexers) 투자자그룹이다. 처음의 두 그룹은 주가를 움직이는 가장 중요한 그룹이나 서로 다른 방법을 통하여 가격을 움직인다. 거래적투자자는 가까운 시일의 사건에 대한 예측에 근거(분기 이익과 제품 발표 등) 하여 매매한다. 그들은 단기간에 들어오고 나가기 때문에 많은 거래량을 발생시키지만 장기간의 가격에 미치는 영향은 미미하다. 사실 그들은 기업의 주식 가격이 내재가치 대비 높은지 낮은지는 신경쓰지 않으며 단지 가까운 시일에 주식 가격이 오를지 내릴지 만을 신경쓴다.

내재적 투자자들은 주가에 가장 많이 영향을 준다(기업의 중요 이벤트에 의해 촉발되는 단기의 변동성을 제외). 다른 그룹과 비교할 때 이들 투자자들은 일반적으로 포트폴리오에 적은 수의 기업만을 가지고 있으므로, 이들이 투자한 것의 내재가치에 대해 더 깊고 자세한 조사를 할 수 있다. 그들은 또한 장기 전망을 가지고 있는 경향이 있어서 주식도 더 오랜 시간 보유한다.

내재적 투자자들은 자신들의 연구에 근거하여 주식의 가치가 얼마가 되어야 하는지 견해를 형성한다. 만약 주가가 내재가치보다 일정 마진 이상으로 오르면 내재적 투자자들은 팔 것이다. 만약 주가가 내재적 투자자들이 판단하는 진정한 가치를 하회한다면 이들 투자자들은 이 주식을 상당량 사들여 가격의 바닥을 형성할 것이다. 서로 다른 내재적 투자자들이 보유한 기업의 가치에 대한 관점의 차이는 특정 주식의 거래 범위의 상한과 하한을 형성하는 경향이 있다.

그렇다면, 기업들이 투자자 소통 노력을 내재적 투자자에게 맞추어야 한다는 것은 명백하다. 만약 내재적 투자자들이 기업의 가치를 당신의 견해와 일치되게 보고 있다면 그들이 주가를 움직이는 데 중요한 역할을 담당하기 때문에 시장 전체는 당신과 동일하게 기업을 평가할 가능성이 높다. 장기적인 가치 창출에 대한 그들의 이해는 단기 변동성이 있는 기간들을 넘어 다른 투자자들보다 더 오래 주식을 보유할 것임을 의미한다(그들이 이 기간들을 기업의 근본적 가치에 중요한 변화를 반영하는 게 아니라고 믿는 한). 이들은 또한, 시장이 당신의 기업을 어떻게 생각하고 있는지 이해하기를 원한다면 당신이 경청해야할 투자자들이다.

기업에게 수수께끼는, 기업 최대 주주의 일부일지 모르는 유사 인덱스 투자자(closet indexers)를 어떻게 다루어야 하는가이다. 유사 인덱스 투자자들은 그들의 포트폴리오에 200개 이상의 다른 기업들을 가지고 있고, 그들이 보유한 대부분의 종목은 S&P500지수에서의 기업 규모에 비례한다. 유사 인덱스 투자자들이 당신의 기업 혹은 산업을 과대평가 혹은 과소평가하는지 검사해보자. 만약 그렇다면 그들을 관련 기업 혹은 산업에 대한 내재적 투자자 그룹으로 옮겨라. 만약 그렇지 않다면 그들을 인덱스 투자자로 두어라.

CEO와 CFO의 업무는 상당히 많은 시간을 필요로 하기 때문에, 이들이 기업 경영 대신에 투자자들에게 너무 많은 시간을 소비하지 않도록 해야 한다. CEO가 개인적으로 어느 고객들에게 시간을 할애해야 할지 결정해야 하는 것처럼, CEO와 CFO는 어느 투자자들에게 시간을 할애해야 할지 결정해야 한다. 우리의 투자자 분류는 CEO와 CFO가 내재적 투자자라는 작은 집단에 그들의 시간을 집중해야 하고, 거래적 투자자나 인덱스 투자자들과의 상호관계는 IR 책임자에게 위임해야 함을 명확하게 보여준다. 사실 IR 부서의 중요한 역할 중 하나는 어느 투자자들과 CEO, CFO가 관계를 발전시켜야 하는지 분석적으로 결정하고, 그러한 관계를 촉진하고, CEO와 CFO를 대신하여 우선순위가 떨어지는 투자자들을 다루는 문지기가 되는 것이다. 이러한 문지기 역할은 투자자들에게 인기는 없을지 모르지만 필수적인 역할이다.

물론 CEO와 CFO가 증권사 애널리스트를 무시할 수는 없으며, 이들의 역할은 시간에 따라 변화해왔다. 이들의 과업은 고객을 지원하는 것이며, 그들의 가장 중요한 고객은 거래 수수료를 가장 많이 발생시키는 거래 중심적 투자자(trading-oriented investor)들이다. 노련한 거래적(trading) (그리고 내재적) 투자자들은 애널리스트가 주식에 대해 매수 혹은 보유 추천을 내는 것에 덜 관심을 가지며(매도 추천은 거의 존재하지 않는다), 기업에 대한 최신의 소식을 접하는 것을 선호한다. 그러므로 증권사 애널리스트들은 단기 이벤트와 곧 있을 이익발표에 초점을 맞추어 고객에게 소식을 전달하는 첫 번째 사람이 되려고 노력한다.

실제, 증권사 애널리스트 셋 중 하나 정도가 산업의 역동성, 기업의 전략, 기회, 그리고 위험에 대해 깊은 이해를 가지고 있다고 한다. 이러한 증권사 애널리스트는 접근방식에서 내재적 투자자와 매우 유사하다. 따라서 증권사 애널리스트들에 대한 합리적인 대응방법은 그들의 이해관계와 접근방법에 따라 거래적 투자자와 유사한 애널리스트와 내재적 투자자와 유사한 애널리스트로 구분하여, 후자에 더 주의를 기울이는 것이다.

내재적 투자자와의 소통

내재적 투자자들은 현명하고, 당신의 사업을 이해하기 위해 상당한 노력을 기울인다. 그들은 결과의 투명성, 기업 성과에 대한 경영진의 솔직한 평가, 그리고 기업 목표와 전략에 관한 직관적인 설명을 원한다. 그들은 경영진으로 하여금 그들과의 현명한 소통에 시간을 소비하도록 요구함으로써 주가를 결정하는 데 나름대로 역할을 담당한다.

하지만 많은 기업들이 성과, 쟁점, 그리고 기회들에 대한 상세한 토론을 제공하는 데 주저하며, 그것이 보고이익을 관리하는데 유연성을 줄이거나 경쟁자에게 민감한 정보를 드러낼 것이라고 주장한다. 그러나 우리의 경험으로는 기업의 경쟁자, 소비자, 그리고 공급자들은 이미 경영자들이 기대하는 수준 이상으로 사업에 대해 잘 알고 있다.

예컨대, 자동차 제조업체가 공식적으로 발표하지 않은 신차 모델을 찾아 공개하는데 몰두하고 있는 작은 규모의 산업이 있다. 또한 기업의 경쟁자들은 정기적으로 기업의 고객 및 공급자들과 대화를 하는데, 이들은 자신의 이익에 부합하면 언제라도 기업에 대한 정보를 공유하는 데 주저하지 않을 것이다. 그러므로 회사에 대한 자세한 정보를 드러내는 것은 생각하는 것만큼 기업에 부정적인 영향을 미치지 않을 것이므로, 이를 염두에 두고 투명성의 비용과 혜택을 평가하여야 한다.

어떤 경우에는 더 투명한 기업 경영을 통해 경쟁자들보다 이점을 얻을 수도 있다. 경영자가 느끼기에 틀림없이 경쟁회사를 앞설 수 있도록 하는 새로운 기술, 제품, 또는 제조과정을 개발했다고 가정해보자. 또한 경영자는 경쟁회사가 이들 혁신을 모방할 수 없을 것이라고 믿는다. 전략적 차원에서, 경쟁회사보다 크게 앞서 있다고 믿는다면 이러한 혁신을 공개하는 것은 경쟁회사가 경쟁하려 하는 것을 위축시킬 수 있다. 투자자의 관점에서 혁신의 공개는 경쟁회사에 비해 해당 기업의 주가를 끌어올릴 수 있으며, 따라서 잠재적인 파트너나 핵심 종업원들에게 해당 기업이 더 매력적이게 보일 수 있다.

정교한 투자자들은 기업의 개별 사업들의 가치를 합산함으로써 기업의 전체 가치에 대한 그들의 견해를 만들어 나간다. 그러므로 그들은 전체 결과들에 크게 관심 갖지 않는다: 이들은 단순한 평균에 지나지 않으며, 기업의 개별 사업이 미래의 성장률이나 투하자본수익률을 위해 어떻게 구성되어 있는지에 관해 유용한 통찰을 거의 주지 않기 때문이다. 많은 기업들에서 기업의 시장 가치와 경영진의 평가 간의 일치를 원하는 경영진들은 개별 사업들의 성과를 투명하게 공개할 필요가 있다.

그렇다면 과연 어느 정도까지의 공개가 충분할 것인가? 재무자료와 관련해서는, 어떤 사업이 얼마의 가치를 창출할 수 있는지 평가하는 데 얼마나 유용한가에 달려있다. 예를 들어 IBM은 매출증가를 사업단위 수준 내에서 일정한 통화표시로 공개하였다. Nestle은 제품과 지역의 수준에서 그러한 정보를 공개하였다. 이런 종류의 상세한 재무정보는 투자자들에게 매우 도움이 되지만, 경쟁자들에게는 사업모델에 대한 통찰도 주지 않으며 전략적 이점의 원천들에 대해서도 아무런 통찰을 주지 않는다.

경험적으로 보면, 기업들은 각 사업 단위에 대한 상세한 손익계산서를 적어도 EBITA 직전의 이익 수준까지 제공하여야 한다. 그들은 또한 대차대조표의 모든 영업항목 – 유형고정자산(PP&E), 외상매출금, 재고, 그리고 외상매입금 – 을 연결재무제표의 수치와 일치하도록 알려주어야 한다. 단일 사업을 영위하는 기업도 전략적으로 민감한 정보를 제공하지 않으면서 공개내용을 개선할 수 있다. 미국의 식료품 체인인 Whole Foods Market은 표 16.2에 보이는 것과 같이 점포의 연령에 따른 ROIC를 제공한다. 이는 투자자에게 기업의 경제적인 라이프 사이클에 대한 깊은 통찰을 제시한다.

영업자료와 관련해서 무엇을 공개할 것인지는 사업이나 사업단위의 가치를 창출하는 핵심요인들에 달려있다. 이상적으로, 이것들은 경영진이 전략적 혹은 영업적 결정을 내리는 데 사용하는 측정치가 되어야 한다. 철강 및 항공과 같은 산업의 기업들은 이 산업 가치창출의 핵심요인이 되는 에너지의 사용과 비용

[표 16.2] **Whole Foods: 점포의 연령에 따른 ROIC**

비교대상 점포(2008년 1분기)	점포 수	평균 크기 (평방피트)	성장률 (%)	ROIC (%)
11년 이상	64	28,300	5.4	78
8~11년	28	33,400	4.0	55
5~8년	41	33,900	8.3	41
2~5년	41	44,600	11.7	22
2년 미만(5개의 이전 점포 포함)	15	58,100	37.7	-2

출처: Whole Foods 2007년 사업보고서, 2008년 3월 투자자 보고서 및 WholeFoods.com

뿐만 아니라 정기적인 매출액과 평균 가격을 공개한다. 하드웨어 소매업자인 Lowe's는 표 16.3에서 보는 것처럼 거래 회수와 평균 가격표와 같은 가치창출 요인에 관한 유용한 정보를 제공한다.

내재적 투자자들이 건전한 투자결정을 하기 위해서는 경영자들이 자신의 기업과 사업에 대한 공개적인 평가에서 정직해야 한다. 그러나 경영자들은 일반적으로 정보공개에 솔직하지 못하다. 대부분의 경영자 보고와 발간물은 지난 해의 성과에 대한 축하와 단점에 대한 단편적인 평가만을 제공하는 것이 보통이다. 예컨대, 가격 하락을 통해 제품 마진을 떨어뜨리면서도 어떻게 성장을 이끌었는지와 같은 전략적인 상반관계의 영향을 논하는 경우는 거의 없다. 한 해 동안 무슨 일이 일어났는지, 그리고 좋은 시기에도 저성과를 기록한 부문이 어디인지 밝히는 기업은 투자자들로 하여금 경영진의 수준과 미래의 가치창출

[표 16.3] **Lowe's: 고객 거래와 평균 가격표**

다른 측정치	2007	2006	2005
비교대상 점포 매출(감소)/증가 (%)	5.1	–	6.1
→ 고객 거래 회수(백만 단위)	720	680	639
→ 평균 가격표	$67.05	$68.98	$67.67
연말			
점포의 수	1,534	1,385	1,234
매장 면적(백만 평방피트)	174	157	140
평균 점포 크기(천 평방피트)	113	113	113
평균 자산 ROA (%)	9.5	11.7	11.9
평균 자기자본 ROE (%)	17.7	20.8	21.5

출처: 기업의 SEC 보고서류

을 위한 잠재력을 평가하는 데 도움을 줄 것이다.

더욱 중요한 것은, 전략적 결정이 잘못 되어갈 때 경영진이 무엇을 배웠는지를 투자자들은 알기를 원한다. 특히 내재적 투자자들은 모든 사업이 위험을 수반하며 이들 모두가 수지를 맞출 수 없음을 이해한다. 내재적 투자자들은 솔직함에 가치를 두며, 만약 경영진의 판단에 신뢰를 부여할 충분한 정보가 사전적으로 주어진다면 이를 이해하고 기업을 지지할 것이다.

한 포트폴리오 매니저가 말하길, "나는 내부자 정보를 원하지 않는다. 하지만 나는 경영진이 그들의 성과에 대해 말할 때 내 눈을 쳐다보길 원한다. 만약 그들이 토론이나 설명을 회피한다면, 우리는 그 숫자가 아무리 매력적으로 보이더라도 투자하지 않을 것이다"

Progressive Insurance의 사례를 생각해보자. 이 기업은 2006년의 3분기에 빠른 성장을 촉진하기 위해 보험료를 낮추었는데, 이것은 CEO인 Glenn Renwick가 장기 고객 증가를 위해 마진을 희생하는 것이라고 묘사했던 바가 있다. Renwick는 "우리는 다른 대안의 성과를 알 수 없지만, 고객 증가에 초점을 둔 것은 잘한 것으로 생각한다"라고 인정했다. 그러나 이 전략이 계획된 대로 풀리지 않게 되자, Renwick는 2007년의 사업보고서에서 주주들에게 보내는 편지의 첫 두 문장에서 직접적으로 그 주제를 언급했다: "수익성과 보험료가 모두 하락하였고 이것은 우리가 실행했던 가격전략의 결과에 기인하는 것이다." 그 전략은 "우리가 기대했던 총 매출 증가를 가져오지 못했다." 장기 투자자들은 경영진에 베팅할 때 이런 솔직한 평가를 선호한다.

이익 가이던스

많은 경영자들이 다음 분기나 다음 해의 예상 주당순이익(EPS)에 대한 가이던스(guidance)를 발표하는 관례는, 때때로 귀찮더라도 금융시장과 소통하는 데 필수적인 부분이다. 우리는 경영자에게 이러한 가이던스에 관하여 설문조사를 했으며 그들이 가이던스를 발표하는 것에서 세 가지 주요한 이점을 찾고 있음을 확인했다: 더 높은 가치평가, 더 낮은 주가 변동성, 그리고 개선된 유동성. 하지만 우리의 분석결과 이러한 이점들이 실현되었는지에 대한 근거는 찾을 수 없었다.

EPS 가이던스 대신, 우리는 경영자들이 생산량 목표(volume targets), 매출액 목표(revenue targets), 그리고 비용 절감 계획과 같은 기업성과를 구성

[표 16.4] **가이던스의 TRS에 대한 영향**

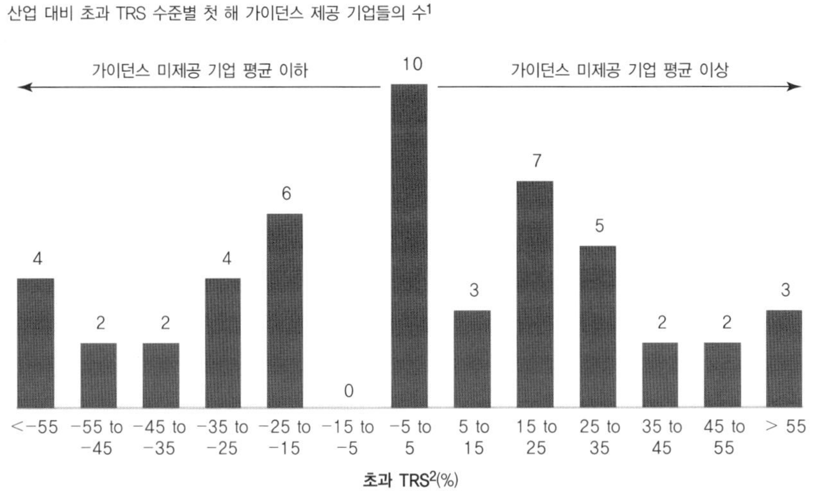

1 50개의 가이던스 제공 기업 표본, 모두 소비재상품 산업임

2 초과 TRS는 가이던스 제공을 시작한 첫 해의 TRS에서 같은 해의 가이던스 미제공 기업들의 TRS 중앙값을 뺀 값으로 계산됨

출처 : Thomson First Call, McKinsey Corporatie Performance Center 분석자료

하는 폭넓은 영업측면의 측정치를 투자자에게 제공해야 한다고 생각한다.[89] 경영자들은 이러한 정보를 회계연도 초에 제시할 수 있으며 중대한 변화가 있을 경우 최신 정보를 공개할 수도 있다.

EPS 가이던스를 제공하는 기업들이 더 높은 가치평가로 보상받는지를 확인하기 위해서 우리는 가이던스 제공 기업과 미제공 기업의 이익배수를 산업별로 비교하였다. 대부분의 산업에서 두 그룹의 이익배수 분포는 통계적으로 별 차이가 없었다. 또한 기대했던 것과는 반대로, 기업들이 가이던스를 제공하기 시작한 연도에 그들의 주주총수익률(TRS)은 표 16.4에서 보이는 바와 같이 가이던스 미제공 기업들과 별로 다르지 않았다. 기업이 가이던스를 제공하기 시작한 연도에 TRS는 시장보다 높거나 낮을 확률이 거의 같았다.

주가 변동성에 관한 점에서, 우리는 기업이 이익 가이던스를 제공하기 시작할 때 주가의 상승 혹은 하락 가능성은 가이던스를 제공하지 않은 기업과 다르지 않

89 Peggy Hsieh, Timothy Koller, and S. R. Rajan, "The Misguided Practice of Earnings Guidance," McKinsey on Finance (Spring 2006): 1-5

다는 것을 발견했다. 마지막으로, 우리는 기업이 이익 가이던스를 제공하기 시작할 때, 경영진이 기대하는 것처럼 가이던스를 제공하지 않은 기업들보다 거래량이 증가하는 것을 발견했다. 하지만 그 효과는 다음 연도에 사라지고 말았다.

우리가 경영자에게 가이던스를 그만두라고 조언했을 때, 많은 경영자들은 주가가 하락하고 변동성이 커질 것을 걱정했다. 하지만 가이던스 제공을 중단한 126개 기업을 분석한 결과, 시장의 나머지 기업들처럼 주주수익률의 높고 낮을 확률이 비슷했다. 즉, 126개의 가이던스 제공 중단 기업들 중에서 58개는 가이던스 제공을 중단한 연도에 시장보다 높은 수익률을 보였고, 68개는 더 낮게 나타났다.

또한 가이던스 중단 기업들 중 시장보다 낮은 수익률을 보인 기업들은 그들의 좋지 않은 성과에 기인한 것이지 가이던스 중단 그 자체 때문이 아님을 보였다. 예를 들어 가이던스를 중단하고 낮은 자본수익률을 경험한 기업들 중 3분의 2는 시장보다 낮은 TRS를 보였다. 그러나 ROIC가 증가한 기업들에 대해서는 단지 3분의 1만이 시장보다 낮은 TRS를 보였다.

우리의 결론은 가이던스를 제공하는 것이 기업과 투자자에게 아무런 실질적인 이익이 없다는 것이다. 반대로 가이던스는 실질적인 비용을 들이고 의도하지 않은 불행한 결과를 야기할 수도 있다. 예컨대, 이익 예측의 어려움으로 인해 실제 이익이 분기예측에 빗나가는 경우 경영진이 고통스런 경험을 감내해야 하는 경우가 자주 발생한다. 이것은 경영진이 장기 투자를 희생하여 단기에 과도하게 집중하게 하고, 안정성의 환상을 만들기 위하여 분기마다 부적절하게 이익을 조작하는 강력한 유인이 될 수 있다. 또한, 내재적 투자자들은 이익이 본래 예측하기 어렵다는 것을 잘 알고 있다. 이러한 이유로, 그들은 분기별 EPS 가이던스를 제공하지 않는 기업을 더 선호한다.

Coca-Cola가 2002년 말에 가이던스 제공을 중단했을 때, 경영진은 단기적 가이던스를 제공하는 것이 사업들을 구축하고 장기적인 성공을 위한 전략적 주도권에 집중하는 것에 방해가 된다고 결론지었다. 당시 CFO였던 Gary Fayard는 취약한 가이던스를 제시하기 보다는 가이던스 중단 조치가 장기 목표에 새로이 집중하는 신호를 보냈다고 믿었다. 시장은 이에 동의하였고 부정적으로 반응하지 않았다: Coke의 주가는 안정적으로 유지되었다.[90]

한 가지 대안으로, 우리는 경영자들이 회계연도 초에 단기, 중기, 그리고 장

90 David M. Katz, "Nothing but the Real Thing," CFO (March 2003), http://cfo.com.

기적인 사업들의 실질적인 가치창출 동력에 대한 점추정치(point estimates) 대신 범위값 형식의 가이던스를 제공하는 것이 유리할 것으로 생각한다. 또한 경영자들은 그들의 목표치에 의미 있는 변화가 있을 때는 언제나 이 가이던스를 갱신해주어야 한다.

어떤 기업들은 인플레이션에 대한 다양한 가정 하에서 매출성장의 가능한 범위를 제시하거나, 필요하다면 개별 사업단위들의 성장에 대해서도 논의한다. IT 연구기업인 Gartner는 사업 단위별 성장 목표, 마진 개선 목표, 그리고 자본지출 목표 등과 같은 장기 목표의 범위를 설정한다. 다른 기업들은 투자자들이 성장의 지속성을 평가하는 데 도움을 줄 수 있는 가치창출의 요인들에 대한 정보를 제공한다. 예컨대 Humana는 건강보험의 예상 회원수에 대한 가이던스 뿐만 아니라 회원이 감소될 것으로 예상되는 상품에 대한 가이던스도 제공한다.

이상적으로, 기업들은 투자자들이 외부 요인들에 대한 평가에 기반하여 성과예측을 할 수 있도록 유용한 정보를 제공할 것이다. 예컨대, 원자재 개발 산업에서 금, 구리, 또는 원유와 같은 자원의 가격은 변동성이 심하다. 이러한 기업에서는 경영진의 미래 가격에 대한 예측이 투자자보다 반드시 나은것은 아니다. 그러므로, 이러한 산업에서는 생산목표가 매출 목표보다 투자자에게 훨씬 유용하다.

마찬가지로 환율은 예측하기 어렵지만 주어진 해에 다국적기업의 이익에 5% 혹은 그 이상의 영향을 준다. 기업은 환율예측을 피해야 하고, EPS 목표에 환율예측을 넣지 말아야 한다. 그대신 기업은 그들의 목표를 일정한 환율에서 논해야 하며, 이것이 투자자들에게 성과예측에 대한 훨씬 명확한 그림을 줄 것이다.

투자자들을 경청하기

투자자 소통의 마지막 요소는 투자자들을 경청하는 것이다. 이것은 경쟁력 있는 지식을 얻기 위해 잃을 게 없는 주장이다. 하지만 기업이 어떤 전략을 추구해야 하는지에 대한 투자자의 의견들(투자자의 의견으로 표명되거나 또는 질문 형대로 표현되거나), 특히 이 의견들이 상위 경영자가 장기 가치창출에 최선이라고 믿는 전략과 반대되고 있을 때 과연 어느 정도까지 경영자가 투자자 의견에 영향을 받아야 하는가?

이에 대한 정답은 다시 투자자 분류, 그리고 투자자 자신의 전략이라는 관점에서 투자자가 제안한 의견의 타당성에 대한 해석 여하에 달려 있다. 그리고 예를 들어, 거래적(trading)투자자(가장 목소리가 크고 자주 목소리를 내는 경향이 있는 투자자)는 이벤트에 기반하여 거래전략을 세우므로 그들은 잦은 발표를 선호하며 거래적인 기회를 만드는 단기 활동을 선호한다. 내재적 투자자는 반대로, 장기적인 전략적 주도권과 기업 및 산업을 움직이는 보다 넓은 동력에 관심을 가진다. 투자자 그룹별로 의견들을 나누어 보는 것은 경영자가 경쟁적 시각들을 정리하여 살펴보는 데 도움을 준다. 우리는 일반적으로 경영자가 투자자로부터 받은 의견을 분류할 때 내재적 투자자의 의견이 가장 도움이 된다는 점을 발견했다.

결국 경영자는 투자자들에 비해 기업, 능력, 기회, 그리고 위협에 대해 더 많은 정보를 가지고 있다. 경영자 본인의 전략적 선택에 대해 확신을 가질 필요가 있고 이를 투자자에게 전달할 필요가 있다. 경영자가 모든 투자자들을 기쁘게 할 것으로 기대하긴 어려우며, 경영자는 장기의 가치창출에 적절한 것들을 실행해야 한다.

만약 다른 첨단기술 기업들이 합병을 한다면 IBM도 거대한 합병을 추구하여야 하느냐는 질문에 대해 우리는 IBM의 CEO인 Sam Palmisano의 최근 답변을 좋아한다. 그는 자신 있게 IBM의 전략을 설명했다: "우리는 우리가 확장할 수 있고 영향력을 발휘할 수 있는 지적 재산을 찾고 있습니다. 우리는 전세계 170여 개국에 진출한 독특한 기반을 가진 업체입니다. 다른 사람들이 뭐라고 하든 관계없이, 우리는 거대 합병을 선호하지 않습니다. 왜냐하면 이미 확장 될대로 확장된 것을 확장하기는 어렵기 때문입니다. 얼마나 많은 거대 합병들이 WACC에도 못 미치는 프리미엄에 자금을 회수했는지 상기해보십시오."[91]

91 2010 IBM 투자자 브리핑, 5월 12일, 2010년.

17

가치창출을 위한 경영
Managing for Value

가치를 창출하고 가치창출의 4대 원칙을 적용하는 데 있어서 가장 어려운 문제는 단기적인 이익 및 자본수익률을 얻는 것과 장기적인 가치창출을 위한 투자를 계속하는 것 간의 적절한 균형을 찾는 것이라고 할 수 있다.[92] 이러한 균형을 찾을 수 있도록 회사의 경영방침을 설정하는 일은 최고경영진의 책임이다.

대기업들은 많은 사업부문과 시장, 이해관계자, 그리고 경영관리의 단계들로 복잡하게 얽혀 있고, 이것은 경영자로 하여금 단기적인 이익에 편향된 의사결정을 내리도록 하는데 그 이유는 단기적인 이익이 가장 가시적인 성과측정치가 되기 때문이다. 우리가 알고 있는 어떤 대기업은 소규모 사업단위들 중 몇몇은 대규모의 성공적인 사업으로 성장할 것이라고 믿고 인내심을 바탕으로 이들 소규모 사업단위들을 육성함으로써 성공적인 유산을 쌓아왔다. 그러나 최근 이 기업은 더 이상 육성할 소규모 사업단위들이 없어졌는데, 이것은 단기 이익을 부양하기 위해 새로운 사업을 찾는 노력을 포기한 결과라고 할 수 있다.

소비재로부터 헬스케어, 은행에 이르기까지 몇몇 대기업들은 매출성장률보다 이익성장률의 목표를 더 높게 설정한 것을 볼 수 있다. 이것은 명확하고 대담한 성과목표라고 할 수 있고 이미 건실한 사업에서는 일반적으로 몇 년간은 잘 이행될 수 있다. 그러나 매출보다 이익이 더 빠르게 성장을 계속하기 위해서는 사업의 성장에 필요한 비용을 절감하거나 또는 향후 몇 년간 낮거나 마이너

92 여기서 장기 가치창출을 위한 투자는 단지 고정자산에 대한 투자 뿐만 아니라, 신제품개발, 신지역시장, 고객 등과 같은 당장 비용으로 지출되는 투자를 포함함.

스의 마진율을 가질 수 있는 새로운 시장에 대한 투자를 포기하는 수 밖에 없다. 이렇게 대담하지만 지속가능하지 않은 성과목표를 채택하는 회사들은 보통 후회하게 된다.

앞의 9장에서 Graham, Harvey, and Rajgopal이 실행한 서베이를 언급했었는데 400명의 CFO들에게 자신의 회사가 이익목표를 달성하지 못할 가능성이 크다면 무엇을 할 것인가를 질문하였다. 응답자의 80%가 단기 목표를 달성하기 위해 장기 성과를 해치더라도 마케팅이나 제품개발과 같은 자의적인 비용들을 감소시키겠다고 응답했다. 또한 거의 40%의 응답자는 고객들에게 인센티브를 제공하여 고객의 매입을 조기에 실현시키려고 한다는 결과를 보여주었다.

대부분의 경영진은 미래 가치창출을 애초부터 속이려고 계획하지는 않지만 투자자와 증권분석가, 언론, 이사진 그리고 내부 경영과정 등 다양한 요인들에 의해서 단기 성과에 집중하도록 강요 받는다. 이러한 단기 편향성을 극복하는 쉬운 방법은 없다. 어쩌면 단기 이익성장률과 ROIC를 경쟁업체의 성장률과 ROIC보다 낮추는 게 필요할지 모른다. 이보다 더 큰 문제는 회사가 투자자나 언론에게 당기의 이익마진율이나 이익성장률이 경쟁업체보다 낮아진 경우, 그 이유가 열등한 경영성과 때문이 아니고 미래 성장을 위해 투자지출을 하였기 때문이라고 증명하는 것은 거의 불가능하다는 점이다.

이러한 단기 편향성을 극복하고 건실한 성과문화를 유지하기 위해서는 몇 가지 핵심적인 경영과정에서 변화를 필요로 한다. 성과측정에 있어서 장기와 단기의 성과 측정치를 적절하게 조합하고, 재무적 결과를 예상할 수 있는 영업 측정치에 더 강조하는 방법으로 회사의 복잡성을 고려해야 한다. 경영자 보상은 단순한 이익 벤치마크나 단기적인 총주주수익률(TRS) 측정치에서 벗어나야 한다. 전략적 계획과 예산 수립은 포트폴리오 재구성, 신성장 플랫폼 구축, 그리고 성장관련 자원재배분과 같은 역학관계들을 모두 포괄해야 한다. 그리고 이사진(board of directors)은 피할 수 없는 상반관계(trade-off)를 이해함으로써, 경영진(management)의 장기 기업가치창출에 중요한 의사결정을 지지하거나 견제할 수 있어야 한다.

가치창출을 위한 조직

대부분의 대기업 경영 프로세스에서 발견되는 공통적인 문제는 종종 경영활동들이 너무 높은 상부수준에서 이루어진다는 점이다. 가치 창출은 전체 회사 차원에서보다는 특정 고객부문에 대한 개별 제품이나 서비스로부터 나오는 현금흐름에 의해 이루어진다는 것을 기억해야 한다(다만 복수의 사업을 가진 기업들은 그러한 가치를 12장에서 논의했던 메커니즘을 통해 확대시키기도 한다). 따라서 성과측정이나 보상, 계획 등의 경영과정은 회사가 적절히 세분화된 수준에서 의사결정을 하는 방향으로 이루어져야 한다.

많은 대기업들은 관련 사업단위들을 모아서 구성된 사업부문(때때로 그룹 또는 섹터라고 불림)과 같은 조직단위를 이용한다. 이러한 사업부문 구조는 경영자들을 상위업무에 대해 훈련시키고 CEO에 대한 직접적인 보고서의 양을 제한하기 위해 발전되어 온 형태이다. 그러나 이것은 사업과 운영의 투명성을 낮출 수도 있고, 회사의 활발한 가치창출 활동들에 방해가 될 수도 있다. 예를 들면 작은 사업단위 책임자는 유망한 신기술 투자기회를 관찰할 수 있지만, 이내 자신의 사업단위가 충분한 연구개발 예산이 없다는 이유로 기각시켜버릴 수 있다. 만약 아이디어가 지휘계통을 따라 올라가면서 구체화될 수 있다면 자금지원을 받게 될 수도 있을 것이다. 이처럼 세분화된 조직의 가시성이 결여된 점은 미래 가치창출에 장벽이 될 수 있다.

전형적으로 100억 달러 이상의 매출을 올리는 기업은 대게 20 내지 50개의 분리된 경영성과 단위를 갖고 있다. 너무 많은 사업단위를 경영하는 것은 CEO와 직원들의 업무부담을 증가시킬 수도 있지만, 그 반대의 경우도 종종 있다. 즉 작은 사업단위를 이용하는 것이 실제 경영의 복잡성을 덜어줄 수도 있는데, 이것은 경영자들이 진정으로 성과를 결정하는 소수의 측정치를 식별하고 감독하는 것이 더 용이해지기 때문이다.

여러 가지 전략들과 경제적 측면들을 복잡한 사업부문들로 통합하고 전체적인 전략과 성과를 파악하려고 과도한 시간을 소비하기 보다는 CEO는 더 빠르고 구체적이고 급진적인 의사결정들을 더 상세한 사업단위 수준에서 더 많이 할 수 있어야 한다. 이러한 세분화된 접근방법을 통해서 CEO들과 CFO들은 각 사업단위의 장기 발전을 주도하는 데 적극적인 역할을 수행할 수 있도록 보다 나은 고급정보를 보유하고 있어야 한다.

또한 이러한 조직구조는 돈과 인재를 가치창출에 활발히 재배분하는 것을 더 용이하게 해준다. 어떤 글로벌 기술회사는 더 세분화된 접근방법을 사용함으로써 R&D 우선순위를 바꾸게 되었다고 한다. 소수의 영업단위들로만 구성된 종전의 조직 하에서는 회사 전체 이익목표를 맞추기 위하여 각 영업단위가 귀중한 재생에너지 기술에 대한 R&D 지출을 정기적으로 줄여나갔던 것이다.

그러나 일단 회사가 보고단위들을 재정의하고, 이러한 기술과 그 응용기술들이 자신의 보고단위가 된 이후에는 해당 기술의 장기 수익창출 잠재력을 기준으로 R&D 지출이 대폭 증가하게 되었다.

성과 측정

성과측정은 대기업의 영업방식의 많은 부분을 결정하게 된다. 단일의 성과측정치로서의 회계적 이익이나 이익성장률은 가치창출을 가져오지 못한다는 것에 대해 이 책에서 광범위하게 논의한 바 있다. ROIC와 매출액 성장률로 이익을 보완해주는 것이 올바른 방향을 향한 첫 조치가 되는데, 그럼으로써 다른 회사가 더 효율적으로 자본을 배분할 수 있는 부문에 회사의 이익을 과잉 지출하지 않고 실제로 가치창출에 연결되도록 도와주게 된다. 그러나 이익, ROIC, 그리고 매출액성장률은 과거 지향적임을 명심해야 한다. 이것들은 미래 성장과 ROIC의 개선을 위해 사업이 얼마나 적절하게 배치되어 있는지에 대해서는 말해주지 않는다.

우리가 아는 한 회사는 4년간 지속적인 이익성장과 높은 ROIC를 기록한 특정 사업단위를 보유하고 있었다. 그 사업단위의 재무성과는 너무 좋았기 때문에 회사 본부의 경영진은 그 사업단위 이익의 원천들에 관하여 별로 의문을 갖지 않았으나, 결국 나중에 너무 늦게 문제점이 밝혀지게 되었다. 알고 보니 그 사업단위는 가격인상과 마케팅 및 광고비 절감을 통해 이익을 창출하고 있었던 것이었다. 높은 가격과 줄어든 광고비는 경쟁업체에게 시장점유율을 가져갈 수 있도록 허용해준 셈이었다. 따라서 이익이 증가하고 ROIC는 높았지만, 시장점유율은 하락하고 있었던 것이었다.

이 회사가 알게 된 그 다음의 사실은 그 사업단위가 더 이상 가격을 인상할 수 없는 상태였고, 시장점유율은 계속 하락하고 있다는 것이었다. 결국 이 회사는 그 사업의 제품가격을 인하하고 광고비를 증가하는 방향으로 그 사업을 재조정해야만 했다. 또한 회사가 잃었던 시장점유율을 회복하는 데까지는 여러 해가 걸렸다. 만약 회사 경영진과 이사진이 그 사업단위의 이익증가 원천을 일찌감치 분석해보았다면 이를 바로잡을 조치를 조기에 취했을 것이다. 이 예는 경영진과 이사진은 어려움을 겪는 사업단위에 대해서뿐만 아니라 높은 실적의 사업단위에 대해서도 문제가 없는지 조사해야 할 의무가 있음을 알려준다.

좋은 성과측정방법은 회사나 사업단위가 재무적 성과를 지속하고 개선하기

[표 17.1] **성과와 건전성 측정치**

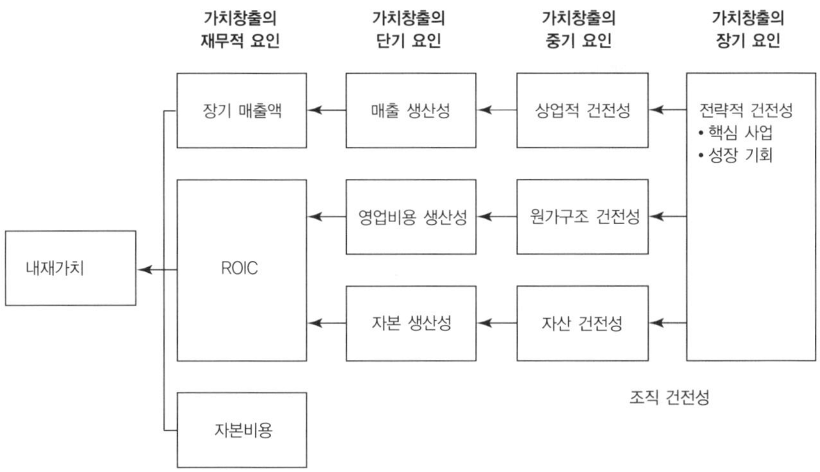

에 적절하게 배치되어 있는지를 명시적으로 관리함으로써 재무적 성과측정치의 단기 편향성을 극복하는 데 도움을 줄 수 있어야 한다. 이것은 소위 어떤 사업의 건전성(health)이라고 불리는 것이며, 이것의 몇 가지 연계된 측정치들은 어떤 재무적 성과가 얻어졌는지 알려주고 미래 성과의 잠재력에 대한 통찰력을 제공해준다. 이렇게 성과와 건전성 모두를 체계적으로 측정하는 예가 표 17.1에 나타나 있다.

표의 왼편에는 가치창출의 재무적 요인들인 매출액 성장률과 ROIC를 보여주고 있다. 그리고 그 오른편에는 사업의 단기, 중기, 장기 건전성을 나타내는 측정치를 보여주고 있다. 모든 사업이 그에 맞는 적절한 측정치가 필요하겠지만 표 17.1에 나타난 8가지 일반적인 카테고리는 회사가 모든 중요한 영역을 체계적으로 관리하는가를 확인하는 출발점으로 사용될 수 있을 것이다.

단기 가치창출 동인들은 ROIC와 성장률에 대한 직접적인 지렛대 역할을 한다. 이들은 현재의 성장률과 ROIC가 지속될 수 있는지, 개선되고 있는지, 또는 가까운 장래에 하락할 것인지를 알려준다. 이들에는 먼저 매출 생산성(sales productivity) 측정치가 있는데, 이것은 시장점유율이나 경쟁업체 대비 가격 프리미엄 부과 가능성, 그리고 판매인력의 생산성과 같은 것을 포함한다. 또한 영업비용 생산성(operating-cost productivity) 측정치는 자동차를 제조하고 배달하는 데 필요한 부품원가와 재작업률 등을 포함한다.

중기 가치창출 요인들은 어떤 회사가 매출액성장률과 ROIC를 다음 1년 또는 5년간(또는 제약회사와 같이 더 긴 제품수명주기를 갖는 회사들은 더 긴 기간 동안) 유지하고 개선할 수 있는지를 알려준다. 이들 측정치는 단기 측정치보다 계량화하기 더 어려울 수 있고 연간 또는 더 긴 기간 동안에 대해서 측정된다.

중기적인 상업적 건전성(commercial health) 측정치는 그 회사의 제품라인, 브랜드 강도, 고객만족도 등을 포함하여 현재의 매출액 성장률이 지속되고 개선될 수 있는지를 알려준다. 원가구조(cost structure) 측정치는 어떤 회사가 향후 3년에서 5년까지 경쟁업체 대비 원가를 잘 관리할 수 있는지를 측정한다. 이들 측정치는 경쟁업체 대비 원가우위를 유지하기 위한 계속적인 개선 프로그램이나 노력들이 얼마나 진행되고 있는지를 평가한다. 자산 건전성(asset health) 측정치는 어떤 회사가 자산을 얼마나 잘 유지하고 자산 생산성을 일관되게 개선하고 있는지를 보여준다. 예를 들면 호텔이나 식당체인은 자산 건전성의 중요 요인으로서 리모델링 프로젝트들 간격의 평균 시간을 측정할 수 있을 것이다.

장기 전략적 건전성을 위한 측정치는 신성장 영역들을 찾아내고 활용하는 회사의 과정과 경쟁업체들의 위협에 대한 경쟁우위를 지속할 수 있는 회사의 능력을 포함한다. 장기 전략적 건전성 측정치는 단기 또는 중기 측정치보다 정성적일 수 있고, 환경변화에 대해 대처할 능력을 측정하는 것으로 볼 수 있다. 몇몇 예들은 신기술, 고객선호도 변화, 고객 접대의 새로운 방법, 그리고 파괴적인 경쟁위협들을 포함한다.

마지막 카테고리는 조직 건전성(organizational health)인데, 이것은 회사가 그 성과를 지속하고 개선하는 데 필요한 인재와 기술, 문화를 보유하고 있는지를 측정한다. 다른 측정치들과 같이 여기서도 중요한 것은 산업별로 차이가 있다는 점이다. 이 측정치의 한 단면은 인재들의 필요한 흐름이다. 제약회사들은 매우 정밀한 과학적 혁신 리더십능력을 오랫동안 필요로 하지만 상대적으로 일반 경영자들은 그리 필요로 하지 않는다. 이것은 개인적 치료방법들이 제품시장에 확산되는 추세와 함께 변화할 수 있다. 소매업자들은 역사적으로 잘 훈련된 점포관리자들과 소수의 훌륭한 머천다이저, 그리고 많은 경우에서 고객서비스 지향성을 지닌 점포 직원들을 필요로 한다.

이상과 같은 분석틀은 Robert Kaplan과 David Norton이 1992년에 Harvard Business Review에 발표한 논문에서 소개된 균형성과표(balanced scorecard)의 개념과 몇 가지 공통적인 요인들이 있다.[93] 수많은 조직들은 그 이후 균형성과표의 개념을 지지하고 실행하여왔다. Kaplan과 Norton은 고객만족과 내부 사업과정, 학습, 그리고 매출액 성장률이 장기 성과의 중요한 결정요인이라고 주장한다.

비록 건전성 측정치 개념은 Kaplan과 Norton의 비재무적 측정치와 닮았지만, 우리는 그들처럼 특별한 수정 없이 바로 적용하는 것에 대해서는 지지하지 않는다. 그대신 우리는 회사들이 자신들의 산업과 전략에 맞게 조정된 측정치를 사용할 것을 권장한다. 예를 들면 제품혁신은 하나의 산업 내 기업들에게 중요하지만, 다른 산업에서는 원가통제와 고객만족이 더 중요할 수도 있다. 마찬가지로 개별 기업(또는 사업단위)은 제품생명주기의 어느 시기에 있느냐에 따라 가치창출의 요인들이 달라질 수 있다.

경영자 보상

기업 경영이 복잡하고 수많은 의사결정을 내려야 함에도 불구하고, 대부분의 회사들은 아직도 경영자 보상을 기계적으로 회계적 이익이나 TRS와 연계시키고 있고, 아마도 매출액 성장률을 포함한 한두 개의 추가적인 측정치와 연계시키고 있다. 우리는 회사들이 경영진 성과에 대한 평가와 보상체계를 근본적으로 변화해야 한다고 믿는다. 구체적으로 단기적이고 기계적인 공식에 의존하는 것에서 벗어나 경영진이 얼마나 효과적으로 회사의 장기 가치창출을 주도하였는지 심도 있는 평가를 통해 보완해야 한다.

이러한 좀더 균형잡힌 접근방법은 더 많은 주관적 판단과 더 많은 시간을 요구하지만, 그러한 노력은 충분한 가치가 있다. 예를 들면 우리 회사에서 고위 파트너들로 구성된 위원회는 매년 각 파트너를 평가하는 데 3~4주 정도를 소비한다. 또한 위원회의 각 위원은 자신이 평가하는 5~8명의 파트너들에 관하여 동료들과 인터뷰하는 데 2~3주 정도를 소비한다. 그리고 나서 위원회는 그 동안 찾은 결과들을 의논하기 위해 1주 동안 만나고, 평가 대상 파트너의 발전과 승진 및 보상에 관한 의사결정을 하게 된다. 이것은 상당한 양의 시간과 노력이 들어가는 일이지만, 단순히 기계적인 접근방법의 문제점을 극복하게 해준다.

93 Robert S. Kaplan and David P. Norton, "The Balanced Scorecard: Measures That Drive Performance," Harvard Business Review 80, no. 1 (January 1992): 71?79 참조.

우리와 같은 접근방법은 결코 주관적인 것만이 아니며, 객관적인 사실들도 단순한 공식에 의한 보상이 아닌 비기계적인 방법의 투입변수로 활용하게 된다. 한 회사에 대한 건전성 성과표와 같이 개인에 대한 성과표도 총체적인 측정치에 따라 균형을 잡아야 한다. 예를 들면 재무적 성과에 기초하여 경영자 보상 수준을 정하는 것 이외에도 제품개발과 고객만족 및 직원개발 목표들과 관련한 업적으로 평가할 수도 있다.

우리는 경영자 보상을 회사의 주가 성과와 연계하는 현재의 관행은, 특히 주식옵션을 사용하는 것은 장기 성과를 목표로 경영하고자 하는 유인을 제공하지 못한다고 믿는다. 첫째, 7장에서 보여주었듯이, 1~3년 동안의 회사의 주식 성과의 많은 부분은 회사나 경영진에 의한 것이라기보다는 광범위한 시장 움직임에 의해 더 크게 영향을 받는다. 1980년대부터 1990년대 말까지의 주가 상승은 경영자의 활동에 기인하기보다는 주로 이자율 하락과 견실한 경제성장에 기인하는 바가 크다. 그 반대로 2008년의 전반적인 주가 하락은 개별 기업의 성과와 무관한 것이었다.

둘째, 4장에서 보았듯이, 단기적인 주가 움직임은 실제 기업의 성과보다는 기대(회사 및 섹터에 대한)의 변화에 의해 대부분 주도된다. 섹터의 경쟁업체 대비 주가 성과를 사용하는 것은 올바른 방향으로 가는 간단하고 적절한 조치가 될 수 있지만, 우리는 아직도 전체 패키지 중에서 그러한 측정치에 대해 적은 가중치를 주고자 한다.

전략 기획과 예산의 수립

성과측정 및 보상과 함께, 전략 기획과 예산의 수립과정은 기업문화를 만들고 조직 전체의 행동양식을 결정한다. 그러나 이러한 과정의 생산성과 효과성에 대해 만족하는 고위 경영자들은 많지 않다. 너무나 자주 이러한 과정은 구조적으로 단기에 편향되어 있고, 장기적인 가치창출을 위해 필요한 조치들을 방해하기도 한다.

본 장의 앞부분에서 말했듯이, 전략적 계획과 예산수립은 공식적인 업무 흐름이나 각 사업단위가 완성해야 할 템플릿과는 관계가 거의 없다. 이들 과정은 회사 내에서 정보가 주어진 상태에서 열린 토론을 통해 바람직한 의사결정에 도달하게 될 때 비로소 효과를 발휘하게 된다. 그러나 많은 회사들의 경우 연례 예산수립에 지나치게 집중하면서 전략적 계획수립과정이 제대로 진행되지 않았다. 즉 전략과정의 너무나 많은 부분이 깔끔한 다년간 재무예측을 제시하는 데 목적을 두고 이루어졌고, 어떤 사업이 사업포트폴리오에 포함되어야 할지 또는 유기적인 성장과 후천적인 성장의 어떤 조합이 가치를 창출할 수 있는지와 같은 중요한 질문은 배제되었다.

전략적 계획수립이 가치창출에 기여하도록 개선하는 방법은 여러 가지가 있다. 첫째, 전략적 계획수립과 예산수립 과정 간의 관계를 끊는 것이다. 전략적 계획수립 과정은 실제 이상으로 미화된 3~5년의 예산문제로 재부상되지 않도록 예산수립과 다른 일정으로 운영되어야 한다.

둘째, 사업단위의 전략적 계획수립 과정은 상세한 재무예측으로부터 떨어져서 장기 가치창출의 주요 요인들에 집중되어야 하며, 가장 중요한 것은 해당 사업단위가 직면하고 있는 이슈와 기회들에 대한 토론으로 이어져야 한다. 50개의 세부항목으로 구성된 하나의 상향식 재무예측 보고서보다는 아마도 각 사업단위가 투자 소요금액들과 함께 이슈와 기회들을 정리하는 데 도움이 될 수 있는 10개 세부항목으로 구성된 세 개의 재무시나리오 보고서를 작성하는 것이 유용할 것이다.

회사들은 또한 사업단위(business unit)의 전략 수립과 구분되는 독립적인 전사전략(stand-alone corporate strategy)수립 과정을 구축해야 한다. 전사전략수립 과정은 더 바람직한 소유구조와 성장 플랫폼 및 자원 재배분을 위한 기회들을 이해할 수 있도록 구성되어야 한다.

사업단위 및 전사 전략적 토론들은 사업퇴출이나 유망한 성장기회에 대한 투자지출의 대폭적인 증가, 또는 자산 집중도 축소를 위한 과감한 조치들과 같은 현상유지상태에 대한 급진적인 변화들을 포함해야 한다.

예산수립 과정은 많은 회사들에 있어서 너무 하향식으로 되어 있고 전략수립 과정과 동떨어져 있다. 경영진은 어떤 성장기회에 대한 투자는(대차대조표보다는 손익계산서 작성과정에 따르게 되는 제품 또는 시장개발을 위한 투자를 의미함) 전략 토론과정에서 이미 승인되었다고 종종 말을 한다. 그러나 예산수립을 위한 시간이 되면, 지출할 자금이 없게 된다.

게다가 너무나 많은 예산 수립과정들이 모든 사업단위에게 동일하게 적용되도록 구성되어 있어서 각 사업단위는 특유한 사정에 관계없이 일정한 양만큼 비용을 절감하거나 일정한 비율로 성장하도록 요구된다. 전체 회사에 대해 10% 주당이익 성장률을 할당하는 방식의 하향식 목표로 시작하지 않는 예산수립과정에는 나름대로 가치가 있다. 하향식 목표는 각 사업단위의 잠재력과 필요 투자액에 대한 사려 깊은 분석을 통해 설정되었을 때만 의미가 있게 된다.

더 좋은 방법은 전사조직(corporate center)이 우선 각 사업단위를 위한 올바른 목표와 예산을 이해하기 위해 함께 작업하는 것이다. 모든 사업단위의 목표와 예산을 합계한 이후, 회사는 통합된 결과를 좋아하지 않을 수도 있다. 그래도 괜찮다. 만약 어떤 회사가 이런 숙제를 마쳤다면 단순한 공식에 의해 모든 사업단위가 동일한 비율로 비용을 삭감하기 보다는 상대적인 가치창출 잠재력에 따라 어느 사업단위가 비용을 삭감해야 하는지 알게 된다. 한층 더 좋은 점은 이러한 과정을 통해 회사가 모든 사업단위의 기회들을 완전히 파악할 수 있는 위치에 있지 않다는 것을 깨닫게 해준다는 점이며, 이것은 회사가 특정 사업단위에 대한 최상의 소유자인지에 대한 사려 깊은 논의를 촉진하게 된다.

이사회

또 다른 중요한 경영과정으로서 이사회가 일하는 방식과 회사의 최고경영자에게 영향력을 행사하는 방식에 관한 것이 있다. 많은 이사진들은, 경영진이 용감하게 장기적인 의사결정을 하도록 도움을 주는 대신에 대개 무심코 그 반대 행동을 취하여 단기 이익에 집중하도록 권장한다. 이러한 현상은 경영자 보상 설계와 같이 이사진들이 직접적으로 의사결정을 하는 과정에서 나타날 수도 있고, 다른 성과 측정치를 제외할 만큼 EPS에 집중하도록 이사진들이 요구하는 과정에서도 나타날 수 있다.

그렇다고 이사진들이 경영자들에게 단기적 성과를 위해 압력을 행사하지 말라는 것은 아니다. 왜냐하면 건실한 성과윤리는 오늘 사업이 어떻게 진행되고 있느냐 에서부터 시작하기 때문이다. 그러나 투자자들의 영원한 대표로서 이사진의 업무는 회사의 경영진이 현재의 이익/ROIC와 미래 수익성을 위한 성장 간에 올바른 균형을 잡도록 하는 것이다. 경영진이 가치창출 대안들에 대한 복잡한 판단을 내리기 위해서는 이사회가 무엇을 가져올 수 있는가가 중요한데 예를 들면 가혹한 질문을 할만큼 충분한 심리적인 간극과 자유, 그리고 다양한 시각 등이 요구된다.

많은 이사회 토론은 회사 전체 또는 기껏해야 소수의 사업부문들에서 벌어들인 이익과 같은 통합적인 재무성과에 집중된다. 이전에 논의했던 것처럼, 이것만으로는 충분하지 않다. 상부의 재무성과들은 고위 경영진이 미래를 위해 준비하고 있는 의사결정들을 이사회가 이해하는 데 도움을 주지 못한다. 만약 이사회가 통합된 결과에만 집중한다면, 경영진도 마찬가지가 될 것이다. 이사회나 경영진 모두 성과 측정치에만 집중할 것이 아니고 건전성 측정치와 사업단위별로 세분화된 결과에도 집중해야 한다. 만약 사업들이 20, 30 또는 50개 단위의 수준에서 관리되어야 할 필요가 있다면, 이사회도 같은 수준에서 성과들을 바라보아야 한다.

그러나 실제로 20개 또는 그 이상의 사업단위 전략과 성과들에 대해서 이들의 재무적 성과뿐만 아니라 미래 성장과 가치창출의 잠재력 측면을 이해하는 것은 매우 방대한 작업이다. 그러나 이들 작업에 이사진들이 실제로 소비하는 시간은 놀라울 정도로 적으며, 특히 많은 대기업들의 복잡성을 고려한다면 더욱 그러할 것이다.

우리 몇몇 동료들이 상장회사 또는 사모펀드 소유회사의 이사진을 역임했던 20명의 이사들을 인터뷰해보았다.[94] 그 결과 평균적으로 사모펀드 소유회사의 이사진들이 그들의 역할 수행을 위해 소비하는 시간은 상장회사의 이사진들이 소비하는 시간보다 세배나 많은 것으로 나타났다(54 대 19). 이러한 차이의 대부분은 공식적인 이사회에서 소비한 시간에서가 아니라, 현장 방문이나 경영진과의 임시회의, 전화 및 이메일 등에 소비한 시간에서 나온 것이다. 더욱이 상장회사 이사진들은 그들의 제한된 시간 중에서 많은 부분을 전략과 성과관리에 소비하기 보다는 위험회피 방안을 마련하는 데 소비하는 것으로 나타났다. 한 피면접자가 상장회사 이사진들에 대해 다름과 같이 말했다. "초점은 수박 겉 핥기 식이며, 다루어야 할 것들은 제대로 다루지만, 그에 대한 제대로 된 산출은 전달하지 않는다."

우리 동료에 의하면, "성과관리 문화의 본질과 강도는 아마도 두 회사의 경우에서 가장 뚜렷한 차이를 보이는 부분이다. 사모펀드 이사진들에 대해서 한 피면접자는 '쉴새 없이 가치창출의 지렛대에 집중'하는 것으로 묘사했다…. 대조적으로 상장회사 이사진들은 근본적인 가치창출의 지렛대에 훨씬 덜 집중하지만 분기 이익목표 달성에는 더 집중한다…. [상장회사 이사진들은] 예산통제나 단기 회계적 이익의 전달, 그리고 투자자들을 진정시키는데 더 초점을 둔다."

이사진들은 또한 경영진들을 단기 편향성에서 벗어나게 하고 그들의 시간

94 Viral Acharya, Conor Kehoe, and Michael Reynor, "The Voice of Experience: Public versus Private Equity," McKinsey on Finance, Spring 2009, 16-21 참조.

이 분산되는 것을 회피하려면, 회사의 주가 성과를 완전히 이해해야 한다. 예를 들면 한 회사의 이사진들은 재무 웹사이트에 보고된 자사의 PER가 많은 경쟁업체들의 PER보다 약 20% 정도 낮은 것에 걱정하고 있었다. 그러나 심층분석을 위해 경쟁업체들의 자본구조와 비영업항목들의 차이를 조정한 후의 이 회사의 가치배수(Enterprise Value/EBITA로 측정됨)를 계산해보니 경쟁업체와 유사한 수준으로 나타났다. 이것이 명확해지자 CEO와 이사진들은 해당 산업의 외부 압력에 비추어 어떻게 장기 성장률을 유지할 것인가와 같은 좀더 중요한 이슈에 관한 대화를 시작하게 되었다.

상장회사의 이사진과 의장이 가치창출에 관한 중요한 문제에 대하여 최고경영진과 함께 작업할 때 그 결과는 놀라울 정도로 대단하다. 한 사례가 있는데, 어느 대기업의 CEO와 CFO는 견실한 성장률과 ROIC에도 불구하고 회사가 사업부문들에 가치를 부가시키지 못하고 있다는 것을 알았다. 이사진과 경영진은 긴밀한 협력 하에 과연 회사가 계속 존속해야 하는가라는 근본적인 질문을 던졌다. 그들은 회사가 계속 존속하기 보다는 몇 개의 독립적이면서 집중화된 회사로 나누기로 결정하였다. 결국 하나의 회사로서 타협해야 하는 입장에서 벗어나 독립적인 회사들로서 그들의 전략과 성과궤적을 바꾸었고, 주주들에게 실질적으로 더 많은 가치를 창출해주었다.

이사진들이 가치창출에 어떻게 도움을 줄 수 있는가에 대한 비결을 알려주는 것은 쉽지 않다. 회사와 산업의 수요는 서로 다르고, 기존 이사진과 의장 및 CEO들의 습관과 선호도도 서로 다르다. 따라서 우리는 다음과 같은 몇 가지 제안을 한다.

첫째, 개별 사업단위들의 성과와 전략 및 성장기회에 대한 이사진들의 심층적인 이해를 증진하기 위한 방법을 찾는다. 가치창출은 회사 수준이 아니라 사업단위 수준에서 발생하며, 따라서 이사진들은 이러한 사업단위 수준의 통찰력을 갖추고 토론할 필요가 있다.

이를 위한 한 가지 접근방법은 성과관리와 전략위원회를 구성하는 것인데, 미국과 유럽 상장회사 이사진들의 10%이하가 그러한 위원회를 운영하고 있음을 인식할 필요가 있다. 이러한 위원회는 이사진들이 현재 성과의 결정요인들뿐만 아니라 미래 가치창출을 위한 각 사업단위의 위치를 완전히 이해하고 있다는 것을 확실히 하기 위하여 핵심 사업단위들의 성과를 더 깊이 조사하는 일을 담당할 수 있다. 어떤 회사는 위원회의 구성원에게 다른 이사진보다도 더 많은 시간을 일하도록 요구하기도 한다.

또 하나의 대안은 각 주요 사업에 대하여 이사진의 전문성을 보다 심화시키는 메커니즘을 만드는 것이다. 예를 들면 개별 이사회 구성원들이나 소규모 위원회들을 특정한 사업단위와 연관지어 놓는 것이다. 이렇게 사업단위와 연관된 이사진 또는 위원회는 정기적으로 해당 사업단위 책임자와 CFO를 만나서 사업단위의 전략과 성과를 더 자세히 평가한다. 전체 이사회가 전략과 성과관리 업무를 이러한 위원회나 그 하부 위원회에 전부 맡길 수는 없지만, 위원회의 헌신적인 구성원들이 제공할 수 있는 통찰력으로부터 혜택을 볼 수도 있다.

회사와 사업단위 성과에 대해 더 많은 통찰력을 얻을 수 있는 또 다른 방법은 이사진들에게 직접 직원을 지원해주는 것이다. 해당 직원들은 성과와 건전성, 가치창출을 위한 기회, 그리고 위험에 대한 편향되지 않은 심층적인 분석을 제공할 수 있을 것이다. 예를 들면 이사회 또는 그 하부 위원회는 주요 사업부문과 회사 전체에 대한 성과와 전망을 비판적으로 검토하는 비공식적인 시간을 CFO나 지정된 직원들과 함께 가질 수 있다. CFO나 직원은 주요 경쟁위험과 기회를 식별하고 독립적으로 사업에 대한 장기 전망을 평가하는 작업을 수행할 수 있을 것이다. 이것은 내부 감사가 이사진과 비공식적으로 만나서 내부통제에 관해 의논하는 방식과 유사하다. 많은 경영진들, 특히 사업단위 책임자들은 자신들의 사무실에서 여과되지 않은 정보들이 이사진에게 전달되는 것에 대해 불편하게 생각할지 모르지만, 책임감 있는 이사진들은 대화와 신뢰를 증진하기 위하여 그러한 정보를 이용할 것으로 믿는다.

복잡한 대기업에서 단기 재무성과를 장기 가치창출과 함께 균형을 잡아야 할 때 이사진들을 적절하게 준비시키고 다른 경영과정들을 올바르게 바로 잡는 것은 쉽지 않다. 여기서 위험요인은 지나친 단순화를 통해 단기 이익에 편중된 경영이 될 수도 있다는 점이다. 만약 회사들이 단기 성과를 유지하면서 장기가치를 창출할 수 있는 보다 세분화된 의사결정 방법을 찾지 못한다면, 자신들이 이미 너무 크고 복잡해진 게 아닌가 자문해보아야 할 것이다.

부록 A

가치 공식
The Math of Value

본 부록은 가치창출의 원칙을 간단한 수식과 도출 과정을 통해 보여준다. 먼저 기업가치를 성장률 및 ROIC와 연결 지어주는 아래 식을 핵심가치창출요인 공식(key value driver formula)이라 부르기로 한다:

$$\text{Value} = \frac{\text{NOPLAT}_{t=1}\left(1 - \frac{g}{\text{ROIC}}\right)}{\text{WACC} - g}$$

이 공식을 도출하기 위해서는 먼저 다음과 같은 변수들이 정의되어야 한다:

세후순영업이익(Net Operating Profit Less Adjusted Taxes: NOPLAT)은 기업의 핵심사업으로부터 창출된 이익에서 소득세를 제외한 부분을 지칭한다.

투하자본수익률(Return On Invested Capital: ROIC)은 기업에 투자된 1달러당 벌어들이는 수익을 지칭한다:

$$\text{ROIC} = \frac{\text{NOPLAT}}{\text{Invested Capital}}$$

투하자본(invested capital)은 기업이 핵심사업 – 주로 자산, 공장, 설비, 운전자본 등 – 에 투자한 누적금액을 말한다.

가중평균자본비용(Weighted Average Cost of Capital: WACC)은 투자자들이 기업에 투자하여 얻을 것으로 기대하는 수익률을 말하며, 따라서 잉여현금흐름(Free Cash Flow: FCF)의 적절한 할인율이다.

성장률(growth: g)은 기업의 NOPLAT과 현금흐름이 매년 증가하는 비율을 말한다.

순투자액(net investment)은 전년 대비 투하자본의 증가를 말한다:

$$\text{Net Investment} = \text{Invested Captial}_{t+1} - \text{Invested Captial}_t$$

잉여현금흐름(Free Cash Flow: FCF)은 자본투자를 제외하고 남은 기업의 핵심사업에서 창출된 현금흐름이다:

$$\text{FCF} = \text{NOPLAT} - \text{Net Investment}$$

투자율(Investment Rate: IR)은 NOPLAT 중에서 기업에 재투자되는 부분의 비율이다:

$$\text{IR} = \frac{\text{Net Investment}}{\text{NOPLAT}}$$

이제 위에서 정의한 핵심가치창출요인 공식을 도출하기 위하여 기업 수익과 NOPLAT이 일정한 비율로 증가하는 것을 가정하고, 또한 매년 NOPLAT의 일정 비율만큼 투자한다고 가정하자. 매년 NOPLAT의 일정 비율만큼 투자한다는 가정은 위의 FCF 식에서 보듯이 잉여현금흐름도 NOPLAT과 같은 비율로 증가하는 것을 의미한다. 따라서 기업의 잉여현금흐름이 일정한 비율로 증가하는 경우에 대하여 이미 잘 알려진 영구현금흐름 공식을 적용하면 아래와 같은 기업가치를 얻게 된다:

$$\text{Value} = \frac{\text{FCF}_{t=1}}{\text{WACC} - g}$$

이러한 영구현금흐름 공식은 이미 재무와 수학에서 잘 알려져 있다.[95] 여기서 잉여현금흐름 FCF를 NOPLAT과 투자율에 대하여 표현하면 다음과 같다:

$$\begin{aligned} \text{FCF} &= \text{NOPLAT} - \text{Net Investment} \\ &= \text{NOPLAT}(\text{NOPLAT} \times \text{IR}) \\ &= \text{NOPLAT}(1 - \text{IR}) \end{aligned}$$

95 이 공식의 유도 과정이 궁금하다면, T. E. Copeland and J. Fred Weston, Financial Theory and Corporate Policy, 3rd edition (Reading, MA: Addison Wesley, 1988), Appendix A를 참고하시오.

2장에서 NOPLAT 성장률(g)은 투하자본수익률(ROIC)과 투자율(IR)의 곱으로 표현될 수 있음을 보았다.[96]

$$g = \text{ROIC} \times \text{IR}$$

이 식을 IR에 대하여 표현하면,

$$\text{IR} = \frac{g}{\text{ROIC}}$$

이제 IR 식을 위의 FCF 식에 대입한다:

$$\text{FCF} = \text{NOPLAT}\left(1 - \frac{g}{\text{ROIC}}\right)$$

끝으로 이 FCF 식을 영구현금흐름 공식에 대입하면 핵심가치창출요인 공식을 얻는다:

$$\text{Value} = \frac{\text{NOPLAT}_{t=1}\left(1 - \frac{g}{\text{ROIC}}\right)}{\text{WACC} - g}$$

표 2.3에서 예시로 보았던 Value 기업과 Volume 기업에 대한 미래 이익과 현금흐름 예측치를 위의 핵심가치창출요인 공식에 대입하면 표 2.3의 현금흐름할인법으로 계산한 결과와 동일한 결과를 얻게 됨을 확인할 수 있다:

기업	$\text{NOPLAT}_{t=1}$	**성장률**(%)	ROIC(%)	WACC(%)	**가치**
Volume Inc.	100	5	10	10	1,000
Value Inc.	100	5	20	10	1,500

이러한 핵심가치창출요인 공식은 **기업재무의 도(Tao: 道)**라고도 불리는데, 이는 기업가치가 ROIC, 성장률, 그리고 자본비용과 같은 경제적 가치창출의 근본적인 요인들과 직결되어 있음을 보여주기 때문이다. 이 공식이 가치평가의 핵심을 담고 있다고 해도 과언이 아니며, 그 밖의 것들은 단지 지엽적인 내

96 엄밀히 말하여 신규 또는 추가 자본투자에 대한 수익률을 사용해야 하나, 여기에서는 간단하게 정리하기 위하여 전체 ROIC와 추가 자본투자에 대한 ROIC가 같다고 가정하기로 한다.

용이라고 할 수 있다. 그러나 이 공식은 ROIC와 성장률이 미래에도 일정하다고 가정하고 있기 때문에 실제적용에는 한계가 있다. 대부분의 기업들에 있어서 ROIC와 성장률과 같은 핵심가치창출 요인들이 미래에 변화할 것이므로 더 유연한 모델이 필요할 것이다. 그럼에도 이 공식은 가치창출 요인들을 명확히 보여준다는 점에서 직관적으로 매우 유용하다.

또한 핵심가치창출요인 공식을 이용하면, ROIC와 성장률이 주가이익비율(Price-to-Earnings Ratio: PER)이나 시가대장부가 비율(Market-to-Book Ratio: MBR)과 같은 이익배수의 결정요인이 되고 있음을 알 수 있다. 이를 보기 위하여 핵심가치창출요인 공식의 양변을 NOPLAT으로 나누어 보자:

$$\frac{\text{Value}}{\text{NOPLAT}_{t=1}} = \frac{\left(1 - \frac{g}{\text{ROIC}}\right)}{\text{WACC} - g}$$

여기서 좌변은 기업의 이익배수 PER와 동일하며, 우변의 ROIC와 예상 성장률에 의해 결정됨을 알 수 있다. 또한 핵심가치창출요인 공식은 아래와 같이 가치-대-투하자본 식으로 변형되어 MBR과 같은 이익배수로 표현될 수 있다. 먼저 NOPLAT에 대한 아래의 항등식에서 시작하자:

$$\text{NOPLAT} = \text{Invested Capital} \times \text{ROIC}$$

위와 같이 정의된 NOPLAT을 핵심가치창출요인 공식에 대입한다:

$$\text{Value} = \frac{\text{Invested Capital} \times \text{ROIC} \;\times\; \left(1 - \frac{g}{\text{ROIC}}\right)}{\text{WACC} - g}$$

마지막으로 양변을 투하자본으로 나누면 가치-대-투하자본 식을 얻는다:

$$\frac{\text{Value}}{\text{Invested Capital}} = \text{ROIC}\left(\frac{1 - \frac{g}{\text{ROIC}}}{\text{WACC} - g}\right)$$

부록 B

이익배수의 올바른 사용

The Use of Earnings Multiples

이익배수, 특히 주가이익비율(P/E Ratio: PER)은 기업가치를 요약하여 보여주는 데 많이 사용된다. 우리는 2장에서 기업가치와 이익배수가 ROIC와 성장률로 설명될 수 있음을 보았다. 그러나 실제로 이익배수를 분석하거나 해석하는 일은 결코 쉽지 않다. 게다가 이익배수를 표면적으로만 분석하다가는 잘못된 결론에 이르기 십상이다. 이 부록에서는 이러한 오류를 방지하기 위하여 이익배수를 정확히 분석하는 데 필요한 몇 가지 요령에 대하여 설명하고 있다.

최근 어떤 기업이 이익배수를 높이려면 무엇을 해야 하는지 우리에게 문의를 해왔다. 이 기업의 PER는 11로서 동종기업들의 PER 14보다 약 25 % 정도 저평가되어 있었다. 이것에 대해 이 기업 경영진은 시장이 이 기업의 전략이나 실적을 잘 이해하지 못하기 때문이라고 믿었으나, 알고 보니 이 기업은 동종기업들에 비해 훨씬 많은 양의 부채를 가지고 있었다. 결국 우리는 이 기업이 동종기업과 비슷한 수준의 부채를 보유하게 되면 PER도 역시 14 정도가 될 것이라고 말해주었다.

여기서 PER의 저평가 현상은 시장 투자자들의 저평가 때문이 아니라 단순한 계산의 문제였던 것이다. 즉 기업의 부채가 많을수록 다른 조건이 일정하다면 PER는 낮아지게 마련이다. 이것은 기업의 부채가 증가함에 따라 그 기업의 위험이 높아져서 요구되는 자본비용도 높아져 결국 PER는 떨어지기 때문이다.

이 예시는 이익배수를 표면적으로만 사용하고 해석하는 경우 직면하는 위험을 알려준다. 비교 가능한 기업들을 제대로 비교하는 것인지 회계 자료들을 자세히 들여다 보고 확인할 필요가 있는 것이다. 이익배수 분석을 제대로 한다면 기업 및 가치평가에 대하여 유용한 통찰력을 제공할 수 있으나, 잘못된 분석으로 잘못된 결론에 도달하게 된다면 분석을 하지 않는 것만도 못한 결과를 낳을 수 있다.

많은 성공적인 투자자들은 이익배수를 이용하여 잠재적인 투자처를 가려내면서도 이의 신중한 사용을 강조한다. 예를 들어 벤 그레햄(Ben Graham)의 신봉자들은 이익배수를 측정할 때 회계장부에 보고된 이익자료를 그대로 사용하기 보다는 **이익 창출력(earnings power)**이라는 값을 추정해낸다.[97] 이것은 회계적 이익을 여러 가지 항목에 대해서 조정한 것인데 비경상적 이익과 비용, 경기변동주기 중 현재 상황, 자본구조 등이 포함된다. 이러한 자료와 정보를 사용하여 지속 가능한 이익수준을 추정하는 것이다.

요즘은 정교한 투자자나 은행가일수록 추정 EV/EBITA(Enterprise Value-to-EBITA)와 같은 기업가치배수를 더 많이 사용한다. 이것은 기업가치를 비교하는 데 있어서 보다 의미 있는 비교를 가능하게 해주며, 신문이나 웹사이트에 제공되는 단순 PER와 같은 이익배수보다 세가지 측면에서 더 개선된 값이다. 첫째, 영업외 항목들을 제외한다. 둘째, 자본구조 차이로 인한 영향을 제거한다. 셋째, 미래 이익 추정치를 사용함으로써 기업의 경기변동주기에 따라 달라지는 이익수준을 보다 잘 반영한다.

이처럼 이익배수를 적절히 조정하고 세밀하게 계산해보면, 동일 산업군 내 기업들의 이익배수 값이 거의 수렴하게 되는 현상을 볼 수 있다. 표 B.1에는 몇몇 대형 제약사들의 PER와 EV/EBITA가 나타나 있다. 과거 회계자료에 근거한 단순 PER는 12에서 38정도로 나타나지만, 1년 후 추정 EV/EBITA을 사용하면 12에서 17정도로 줄어들며, 4년 후 추정 EV/EBITA를 사용하면 기업간의 차이는 거의 사라진다.[98] 물론 이처럼 제약산업 내 기업들의 4년 후 추정 EV/EBITA들이 서로 수렴하는 현상은 매우 이례적인 결과인데, 이는 신약개발이나 특허만료와 같은 사건들이 이미 잘 알려져 있는 탓에 단기적인 이익예측은 상대적으로 용이하기 때문이다. 그러나, 장기적으로 어느 기업이 성공할

97 Bruce C. N. Greenwald, Judd Kahn, Paul D. Sonkin, and Michael van Biema, Value Investing: From Graham to Buffett and Beyond (New York: John Wiley & Sons, 2001).

98 대부분의 경우 이익배수는 기업가치배수보다 높은데, 이는 이익배수가 세후이익을 사용하는데 반해, 대부분의 기업가치배수는 더 높은 값인 세전이익을 사용하기 때문이다.

[표 B.1] **예상 기업가치배수는 전통적인 주가/이익배수보다 적은 편차를 보인다**

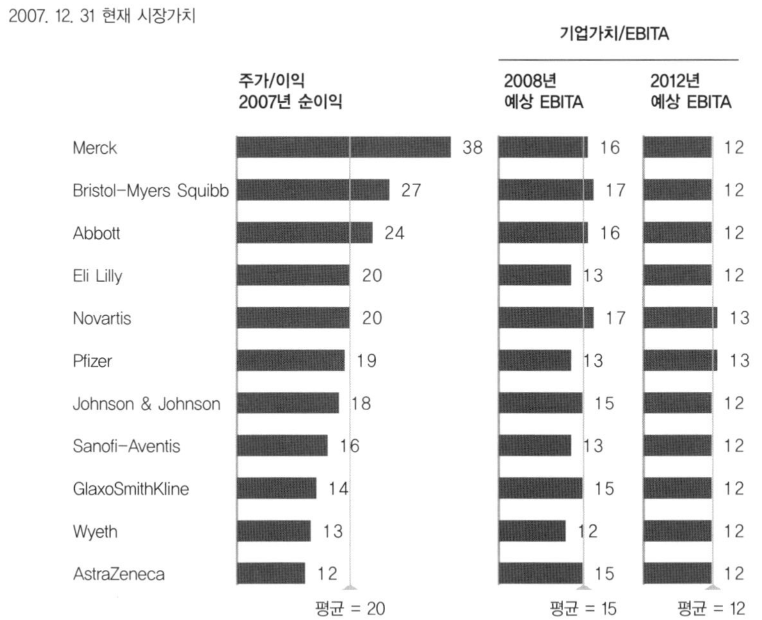

출처: Compustat, McKinsey Corporate Performance Center 분석자료

지에 대해서는 신약 발명 능력 여하 등에 따라 많이 달라지기 때문에 예측이 어렵다.

이익배수는 성장률과 자본수익률의 조합에 따라 달라지기 때문에, 성장률과 ROIC 예측치가 유사한 기업끼리 이익배수를 비교하는 것이 필수적이다. 이익배수를 비교할 때 흔히 범하는 실수는 기업 간 성과 차이를 무시한 채 단순히 이익배수를 동종산업 내 다른 기업들의 평균과 비교하는 것이다. 또 다른 흔한 실수는 동종기업들 중에서도 비슷한 성과를 내는 동종기업 대신 상이한 성과를 보이는 동종기업들과 비교하는 경우도 많다는 것이다. 이처럼 적절한 비교기업군을 식별하지 못한 상태에서 배수들의 비교 결과는 무의미하다고 할 수 있다.

표 B.2는 여섯 개 기술집약 기업들의 EV/EBITA 배수와 추정 성과를 보여주고 있다. 우리의 고객이었던 기업 C는 결국 이 표의 왼쪽 칼럼만을 보고 동종기업들에 비해 이익배수가 낮다고 불평했었다. 그러나 추정 성과까지 고려하게 되

[표 B.2] **이익배수의 비교를 위해서는 동종 유사업체를 비교 대상으로 해야 한다**

	기업가치 배수	컨센서스 추정 재무성과		
	EV/EBITA(비율)	2010-2013년 매출 증가율(CAGR)	2010년 EBITA 마진율(%)	성과특성
기업 A	7	5	12	저성장률, 저마진율
기업 B	7	3	6	
기업 C	9	4	21	저성장률, 고마진율
기업 D	9	3	24	
기업 E	11	7	18	고성장률, 고마진율
기업 F	13	8	23	

출처: McKinsey Corporate Performance Center 분석자료, Datastream

면 이익배수가 낮은 것이 설명이 된다. 즉 추정 성과에 따라 표의 기업들을 세 그룹으로 나누어 보면 각기 다른 EV/EBITA 배수를 보이고 있다. 저성장률과 저마진율을 보이는 기업들은 EV/EBITA 배수가 7인데 반해, 저성장률과 고마진율을 보이는 기업들의 배수는 9, 그리고 고성장률과 고마진율을 보이는 기업들의 배수는 11~13으로서 가장 높은 값을 보이고 있다.

찾아보기(한글)

ㄱ
가이익비율 / 245
가중평균자본비용 / 241
가치 무시 / 6
가치 중시 경영 / 10
가치공식 / 241
가치보존 / 5, 29
가치의 핵심 / 4
가치창출을 위한 경영 / 227
가치평가배수 / 114, 170
가치핵심 / 15
거래적 / 217
경기후퇴 / 77
경영자 보상 / 233
경영진 / 228
구조-행동-성과 / 123
규모에 대한 수익체증 / 7
금융위기 / 101
기계적 / 217
기계적 투자자 / 70
기대 쳇바퀴 / 5, 41
기술주 / 96
기업담보차입매수 / 97
기준모델 / 84

ㄴ
내재적 / 217
네 가지 가치창출 / 4

ㄷ
단기투자자 / 97
독립적인 전사전략 / 235
동일매장매출 / 100

ㄹ
롤업전략 / 182

ㅁ
매출 생산성 / 231
멀티비즈니스 / 157
미디어주 / 96

ㅂ
배수확장 / 36
벤처캐피탈 / 57
변형 합병 참여 / 183
분리독립 / 91, 97

ㅅ
사업 포트폴리오 / 155
사업단위 / 235
사후과잉확신 편견 / 91
산업구조분석모형 / 123
상업적 건전성 / 232
생명주기 / 56
성과 측정 / 230
성장 / 141
성장률 / 242
세후순영업이익 / 241
순투자액 / 242
승자독식 / 97
시가대장부가 비율 / 244
시장가-장부가 비율 / 66

ㅇ
액티브 매니저 / 70
어닝 미스 / 111
어닝 서프라이즈 / 111
역설계 / 47
영업권 / 116
영업비용 생산성 / 231
예산의 수립 / 234
원가구조 / 232
위험 / 187
위험 문화 / 198
유사 인덱스 / 217
유사 지수추종자 / 70
유용성 편견 / 91
이사진 / 228
이사회 / 236
이익 창출력 / 246
이익배수 / 215, 245
이익조정 / 105
인수합병 / 173
잉여현금흐름 / 242

ㅈ
자본구조 / 201
재평가 / 36
저가 매수 / 183
저축대부조합 / 102
전략 기획 / 234
전사조직 / 236
조직 건전성 / 232
종업원 주식매수선택권 / 116
주가수익비율 / 4
주가이익비율 / 244
주당순이익 / 105, 211
주식시장 버블 / 89
주주수익률 / 157
주주총수익률 / 10, 42

ㅊ
최고재무책임자 / 105
최상의 소유자 / 6

ㅌ
통신주 / 96
투자논리 / 91
투자율 / 242
투자자 소통 / 213
투하자본 / 241
투하자본수익률 / 41, 241

ㅍ
폰지사기 / 97

ㅎ
핵심가치창출요인 공식 / 241
현금흐름할인 / 97, 215
현금흐름할인가치 / 103
확증편견 / 91

찾아보기(영문)

A
active manager / 70
anchored model / 84
availability bias / 91

B
best owner / 6
board of directors / 228
business unit / 235

C
Capital Structure / 201
carve-out / 91
CFO / 105
Chief Financial Officers / 105
Closet Indexers / 70, 217
commercial health / 232
Competitive Strategy / 123
confirmation bias / 91
conservation of value / 5, 29
core of value / 4, 15
corporate center / 236
cost structure / 232

D
day trader / 97
DCF / 97, 215
Discounted Cash Flow / 97

E
Earnings Management / 105
earnings miss / 111
Earnings Multiples / 245
Earnings Per Share / 105
earnings power / 246
earnings surprise / 111
EBITA / 203, 215
employee stock option / 116
Enterprise Value / 215
enterprise value-to-EBITA / 246
EPS / 105, 211
EV/EBITA / 246
expectations treadmill / 5

F
FCF / 242
five forces / 123
free cash flow / 242

G

GAAP / 116
Generally Accepted Accounting Principles / 116
goodwill / 116
Growth / 141, 242

H

hindsight bias / 91

I

IFRS / 117
increasing returns to scale / 7
International Financial Reporting Standards / 117
intrinsic / 217
invested capital / 241
Investment rate / 242
investment thesis / 91
Investor Communications / 213
IR / 242

K

key value driver formula / 241

L

LBO / 204
leveraged buyout / 204
leveraged-buyout / 97
life cycle / 56
long-run, intrinsic discounted cash flow value / 103

M

management / 228
Managing for Value / 227
market-book ratios / 66
market-to-book ratio / 244
MBR / 244
mechanical / 217
Mechanical Investors / 70
Media / 96
Mergers and Acquisitions / 173
multibusiness / 157
multiple expansion / 36

N

net investment / 242
Net operating profit less adjusted taxes / 241
NOPLAT / 241

O

operating-cost productivity / 231
organizational health / 232

P

P/E ratio / 245
PER / 4, 244, 245
Ponzi scheme / 97
Price to Earnings Ratio / 4
price-to-earnings ratio / 244
recession / 77
rerating / 36

R

Return on invested capital / 241
reverse engineering / 47
Risk / 187
ROIC / 41, 241

S

sales productivity / 231
same-store sales / 100

savings and loan institutions / 102
SCP / 123
shareholder returns / 157
spin-off / 97
stand-alone corporate strategy / 235
Stock Market Bubbles / 89
Structure-Conduct-Performance / 123

T
Technology / 96
Telecommunications / 96
The Math of Value / 241
TMT / 96
Total Returns to Shareholders / 10
trading / 217
TRS / 10, 42

V
valuation multiple / 114
valuation multiples / 170
Venture Capital / 57

W
WACC / 241
Weighted Average Cost of Capital / 241
winner take all / 97

역자 소개

고봉찬(Bong-Chan Kho), bkho@snu.ac.kr

서울대학교 경영대학 학사
서울대학교 대학원 경영학과 석사
Ohio State University 경영학 박사

주요 경력

현, 서울대학교 경영대학 교수
서울대학교 경영대학 MBA 부학장
Asia-Pacific Journal of Financial Studies (SSCI 저널) 편집위원장
한국거래소 주가지수운영위원회 위원
한국거래소 선물옵션시장발전위원회 위원
국민연금기금 투자정책전문위원회 위원
공무원연금관리공단 위험관리위원회 위원
금융감독원 IPO 태스크포스 자문위원
한국도로공사 투자및자금운용심의위원회 위원
공공기금 운용평가단 위원

특기사항

매경 이코노미스트 수상
한국증권학회 최우수논문상 수상
한국재무관리학회 우수논문상 수상
서울대학교 우수연구상, 우수강의상 수상

주요 연구실적

"What Factors Drive Global Stock Returns?", *Review of Financial Studies*, 2011
"Financial Globalization, Governance, and the Evolution of the Home Bias", *Journal of Accounting Research*, 2009
"Do Domestic Investors Have an Edge? The Trading Experience of Foreign Investors in Korea", *Review of Financial Studies*, 2005
"US banks, Crises, and Bailouts: From Mexico to LTCM", *American Economic Review*, 2000
"Do Foreign Investors Destabilize Stock Markets? The Korean Experience in 1997", *Journal of Financial Economics*, 1999
"Time-varying Risk Premia, Volatility, and Technical Trading Rule Profits: Evidence from Foreign Currency Futures Markets", *Journal of Financial Economics*, 1996

국내외 저명학술지 게재논문 다수

인　쇄　2011년 11월 16일 초판 1쇄
발　행　2012년 2월 24일 초판 2쇄

저　자	McKINSEY & COMPANY Tim Koller, Richard Dobbs, Bill Huyett
역　자	고봉찬
발 행 인	채희만
출판기획	안성일
영　업	박지훈, 박지인
편집진행	이승훈, 장은화, 백진주
관　리	최은정
북디자인	가인커뮤니케이션(070-8861-0525)
발 행 처	**INFINITYBOOKS**
주　소	서울특별시 마포구 서교동 460-35
대표전화	02)302-8441
팩　스	02)6085-0777
Homepage	www.infinitybooks.co.kr
E-mail	helloworld@infinitybooks.co.kr
I S B N	978-89-92649-70-4
등록번호	제313-2010-241호
판매정가	18,000원